한국석탑 장엄조식

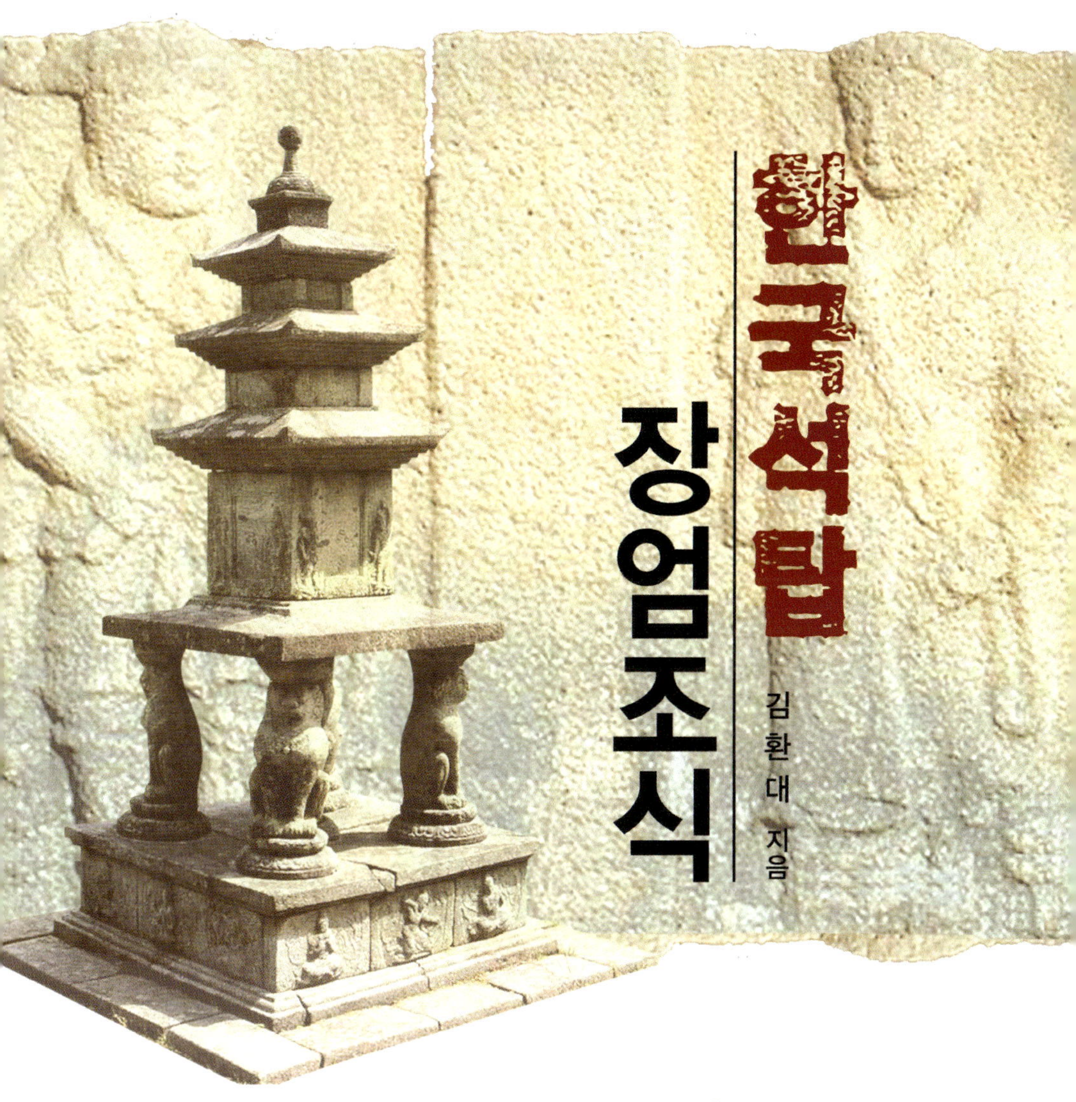

한국석탑
장엄조식
김환대 지음
KSi 한국학술정보㈜

》》》 책머리에

화려한 석탑의 장엄 세계

우리나라에 불교가 도입된 이후 불교문화의 상징으로 자리잡은 탑은 시대의 흐름에 따라 다양한 형태와 형식으로 변화와 발전을 거듭하였다. 그 가운데 석탑들은 많은 수에 못지않게 다양한 변화를 가져오는데 화려한 장엄의 조각들은 대표적이라 할 수 있다.

장엄이란 보통 웅장하고 위엄이 있음을 말하며 불·보살 등을 장식하는 것으로 여러 가지 부조(浮彫)의 형태로 나타난다. 장엄은 탑 내에 봉안되어 있는 사리의 수호(守護)와 공양(供養)에 근본적인 뜻이 있다.

석탑에서는 기단부나 탑신부에 이르기까지 나타나는데 이는 여러 조각상들을 배치하여 하늘의 세계인 천상계(天上界)를 표현하고자 한 것으로 보인다.

대표적인 장엄으로는 인왕상, 사천왕상, 팔부중상, 십이지상, 사방불, 보살상, 공양상, 비천상, 천인상, 사자상, 감실 및 문비, 안상, 상륜부 등이 있다. 이처럼 석탑에 나타나는 표면 장엄들은 그 어느 조형물들보다도 다양하고 다채롭다.

이 책은 이들 장엄과 관련된 내용을 석탑의 분포 현황을 중심으로 국보, 보물, 지방문화재 등의 장엄 조각 현황을 중심으로 파악하여 통계를 내고 분석하였다.

탑에서 장엄을 비교해 보면 다양하다는 것을 알 수 있는데, 전국의 수많은 석탑을 일일이 다 살펴보는 것은 무리가 따른다.

현장을 몇 차례 이상 답사하고 미처 보지 못한 것들을 확인하고 그 지역 내의 안내자의 도움으로 어려운 길을 찾고 오랜 기간 이 모든 과정을 거쳐 미약하나마 하나의 자료로 엮어 낸 것이다.

부족한 사진 자료들은 현지의 문화유산 답사 동호인 여러분들의 도움을 많이 받았는데, 귀한 사진 자료를 제공해 주신 창원의 김성태 님, 대구의 김희권 님, 서울의 송봉주 님, 원주의 김태범 님, 청주의 권희수 님, 정찬선 님, 김해의 박정수 님, 부산의 정영철 님 이외 많은 부분들을 도와주신 분들께 고마움의 마음과 깊은 감사를 드린다.

우리 땅의 문화유적을 사랑하는 이들과 석탑을 찾아 답사하시는 분들께 보탬이 되는 작은 책이 되길 바란다. 지금도 알려지지 않은 석탑들이 세월의 그림자처럼 꾸밈없이 그 자리에서 기다리고 있을 것 같다. 끝으로 뜨거운 애정과 관심으로 앞으로도 꾸준히 부족한 부분들은 채워 나갈 것을 약속한다.

문화유산을 사랑하는 이들과 함께 하는 책이 되길 바라며……

2008. 9. 8.

감은사지 석탑의 실루엣을 그리며

김환대

CONTENTS

금강역사상(金剛力士像)

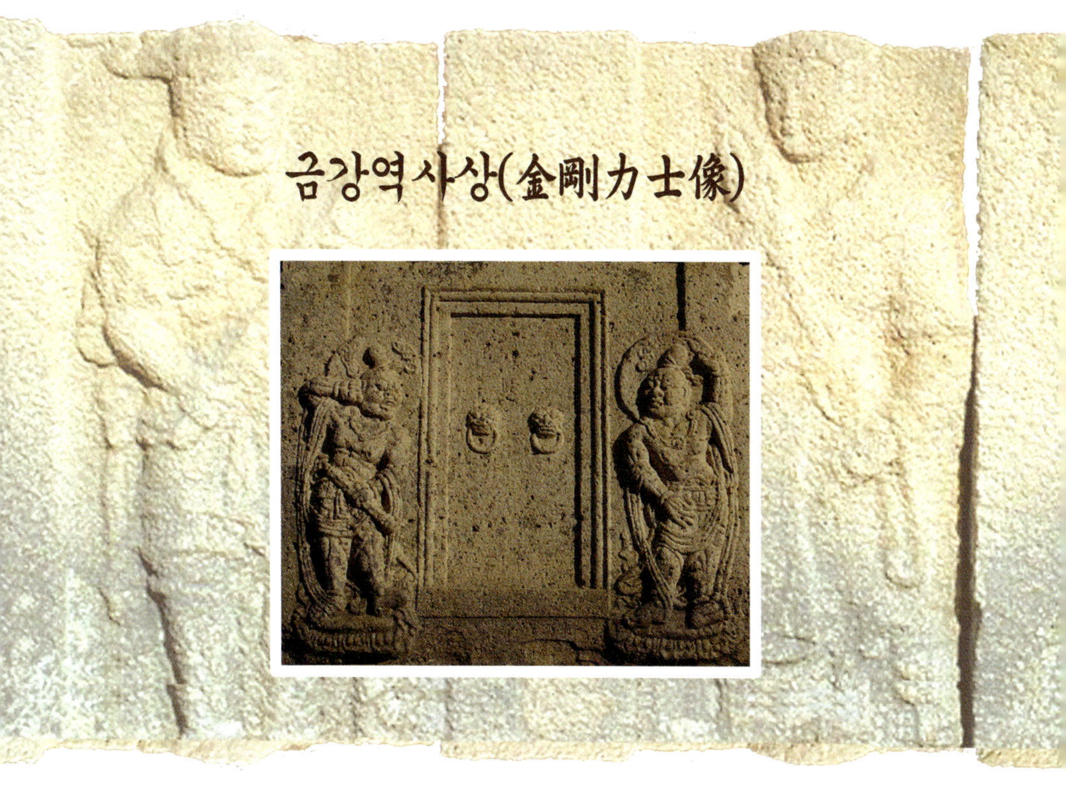

금강역사상 金剛力士像

　금강역사상은 이왕(二王) 또는 이천왕(二天王), 인왕(仁王) 등 여러 가지 이름으로도 다양하게 불리었다. 이렇게 하나의 이름이 아닌 여러 가지 이름으로 불리게 된 것은 우리나라의 신이 아니고, 인도 재래의 문을 지키던 인도의 약차신(藥叉神)을 불교화 시켰기 때문인 것으로 보인다.

　금강역사상은 석탑 부조상으로서는 현재 가장 먼저 나타난 신장상으로 인왕상(仁王像)으로 흔히 쓰이고 있다.

　금강역사상은 사찰의 문이나 입구를 지키며 한 쌍으로 있다. 처음에는 갑옷을 입은 신장형으로 표현되었지만 차츰 반나(半裸)의 몸에 천의(天衣)를 두르고 팔을 들어 왕성한 힘을 강조하는 역사(力士)의 모습으로 변하게 되었다. 보통 두 신을 마주보게 하여 절의 문과 입구 좌우에 세운 것으로 사악한 것이 성스러운 경내에 들어오는 것을 막는 수문장 역할을 한다. 한 상은 입을 벌리고 손에 금강저(金剛杵)와 같은 무기를 들고 있고, 다른 한 상은 입을 꽉 다물고 주먹으로 치려는 권법 자세를 하고 있으나 그 형상은 항상 일정한 것은 아니다. 금강역사상의 형상에 대해서는 『증일아함경』, 『대일경』, 『대보적경』, 『법구비구경』 등의 많은 경전에서 항상 석존 주위에 협시하여 금강저를 잡은 모습이라고 말하고 있다.

　금강역사상이 조상된 예는 이미 서기전 2세기의 바르후트나 산치의 탑문에서부터 시작해서 불교의 동전(東傳)에 따라 중앙아시아로 전파되어 현재 쿰트라 지방의 벽화에도 금강저를 잡은 수호신장이 그려져 있다. 중앙아시아를 거쳐 중국에 이르면 특히 6세기부터 9세기에 걸쳐 운강, 용문, 맥적산, 돈황, 천룡산 등 석굴 사원에 조각, 부조, 그림 등의 형태로 다수의 예가 남아 있다. 중국에서는 다른 나라보다 많은 수의 금강역사가 제작되었고, 각 시대에 따라 모습도 다양하게 변화가 이루어진다.

이 신은 온갖 비밀스런 사적(事蹟)을 알고 있을 뿐만 아니라, 5백의 야차신(夜叉神)을 거느리면서 현겁(賢劫) 천불(千佛)의 법을 수호한다고 한다. 보통 사찰의 왼쪽에는 밀적금강(密迹金剛), 오른쪽에는 나라연금강(那羅延金剛)이 서 있다. 이 중 나라연금강은 천상계(天上界)의 역사로서 그 힘의 세기가 코끼리의 백만 배나 된다고 한다.

밀적금강은 손에 금강저를 쥐고 항상 부처님을 호위하는 야차신의 우두머리로서, 부처님의 비밀스런 사적을 모두 듣겠다는 서원을 세웠으므로 ‘밀적’이라는 이름을 얻었다고 한다. 이들 두 역사의 머리 뒤에는 커다란 원형의 두광이 있다. 이 두광은 이들이 단순하게 힘만 센 존재가 아니라 신성한 지혜를 고루 갖추고 있음을 상징하는 것이다. 그 모습을 살펴보면 나라연금강은 입을 크게 열어 ‘아’ 하는 소리를 내면서 공격하는 자세를 취하게 되며, 밀적금강은 입을 굳게 다문 채 방어하는 자세를 취하게 된다. 흔히 입을 열고 있는 금강역사를 ‘아금강역사’, 입을 다물고 있는 역사를 ‘훔금강역사’라고 하는데, 이때의 ‘아’는 범어의 첫 글자이고 ‘훔’은 끝 글자이다.

두 금강역사의 입은 시작과 끝을 연결하는 영원과 통일과 완성을 상징하는 것이다. 불교의 경전 속에는 금강역사의 모습과 금강역사의 형식, 유래, 위력 등이 일련의 사건과 함께 잘 묘사되어 있다.

이처럼 금강역사상은 기본적으로 문의 좌우에 배치되어 있어 탑파를 수호하고 불법의 세계를 수호하는 신장상이다.

현재까지는 신라 석탑에 금강역사상이 부조되어 있는 탑은 총 11기(석탑 9기, 전탑 2기)가 있는데, 전남 광양시 옥룡면 운평리에 있는 보물 제112호인 중흥산성 삼층석탑을 제외하고 모두 탑신부에 배치되어 있다. 신라 석탑을 살펴보면 대체적으로 4면에 4쌍식이나 1면에 1쌍만을 배치하는 형식이 일반적으로 보인다. 경주 분황사 석탑에서 나타나기 시작한 금강역사상은 탑의 문비에 부조상으로 배치

금강역사상(인왕상)이 새겨진 석탑

석 탑 명	부조상의 형식	부조상 위치
경주 분황사 석탑	4면 4쌍(총 8구)	1층 탑신
안동 조탑동 오층전탑	1면 1쌍(총 2구)	1층 탑신
경주 서악리 삼층석탑	1면 1쌍(총 2구)	1층 탑신
경주 장항리사지 서 오층석탑	4면 4쌍(총 8구)	1층 탑신
경주 장항리사지 동 오층석탑	4면 4쌍(총 8구)	1층 탑신
국립경주박물관 석탑	4면 4쌍(총 8구)	1층 탑신
화엄사사사자 삼층석탑	1면 1쌍(총 2구)	1층 탑신
안동 동부동 오층전탑	1면 1쌍(총 2구)	2층 탑신
간월사지 남 삼층석탑	4면 4쌍(총 8구)	1층 탑신
간월사지 북 삼층석탑	4면 4쌍(총 8구)	1층 탑신
중흥산성 삼층석탑	1면 1쌍(총2구)	상층 기단

되었다가 특히 통일신라시대가 되면 석탑의 표면 장식으로 많이 나
타난다. 그러다가 고려시대 석탑 기단부에서는 전혀 나타나지 않는

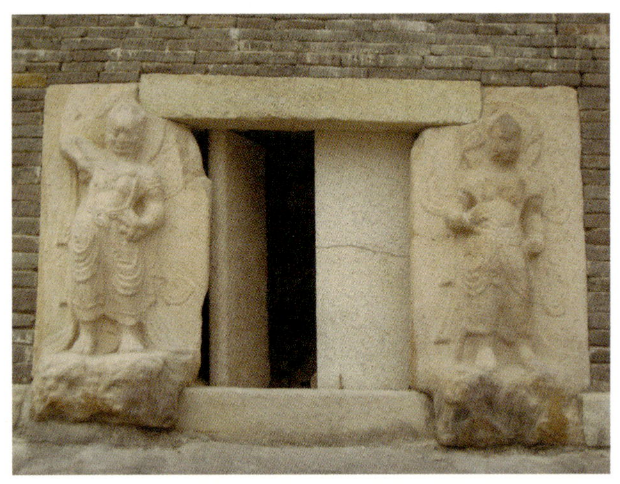

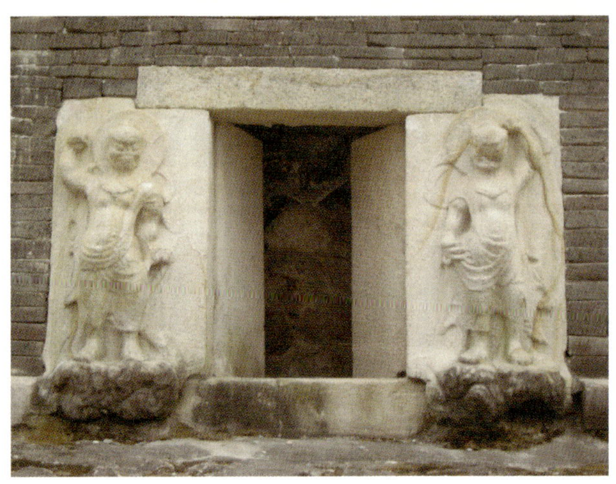

분황사 석탑 금강역사상

양상을 보이고 있다. 금강역사상의 자세는 크게 권법자세와 무기를
든 자세, 권법과 무기를 든 자세 등으로 나누어 살펴볼 수 있다.

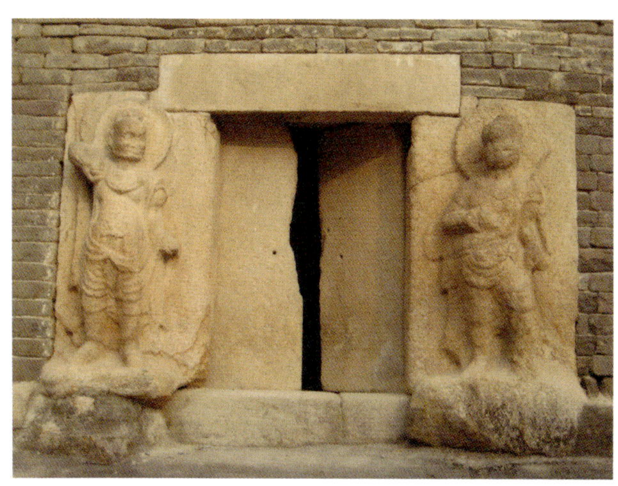

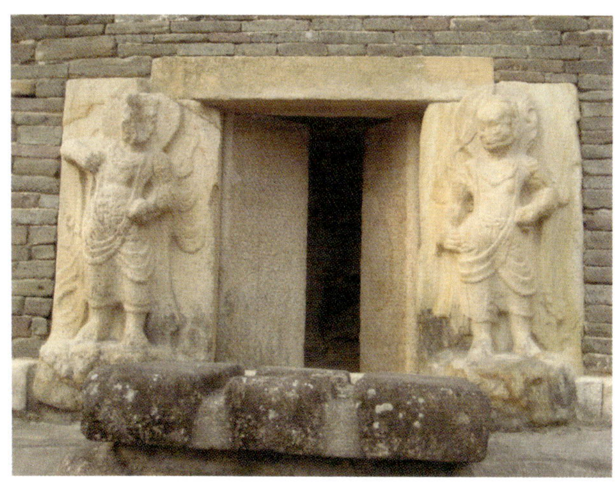

분황사 석탑 금강역사상

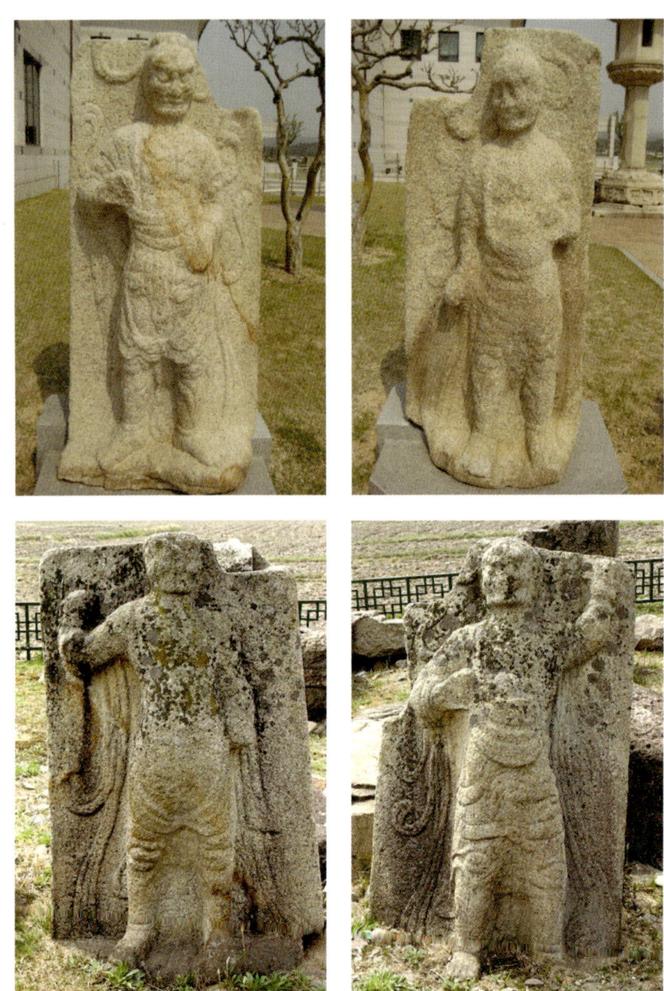

경주 구황동 절터 금강역사상

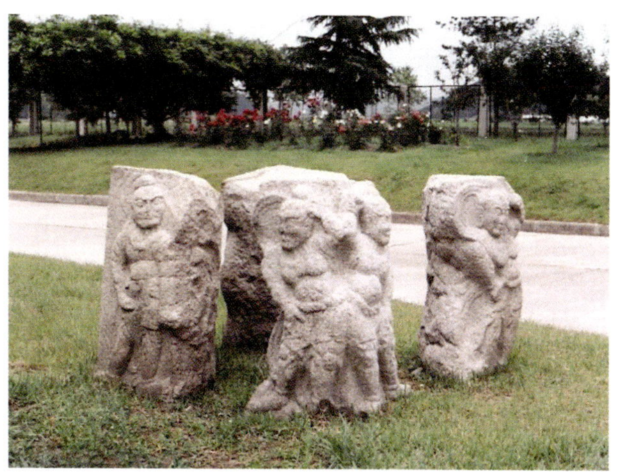

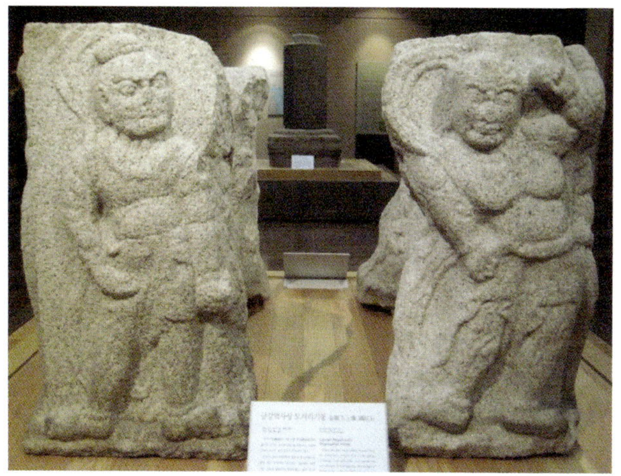

국립경주박물관 금강역사상

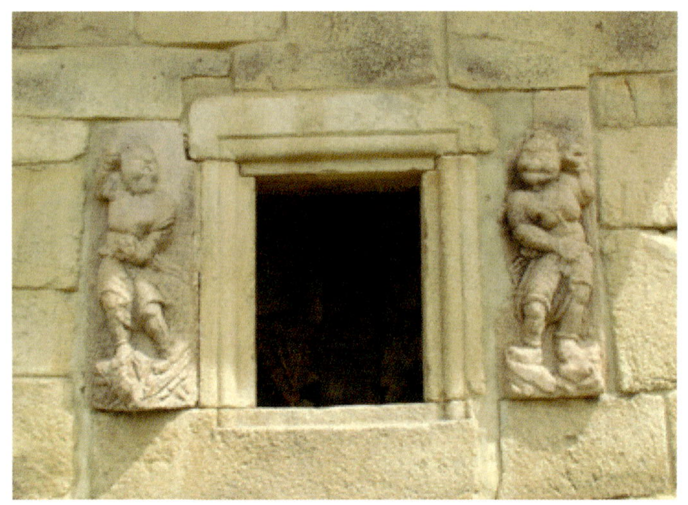

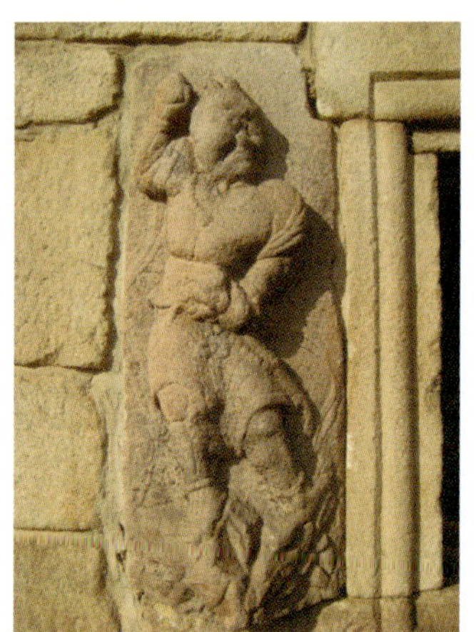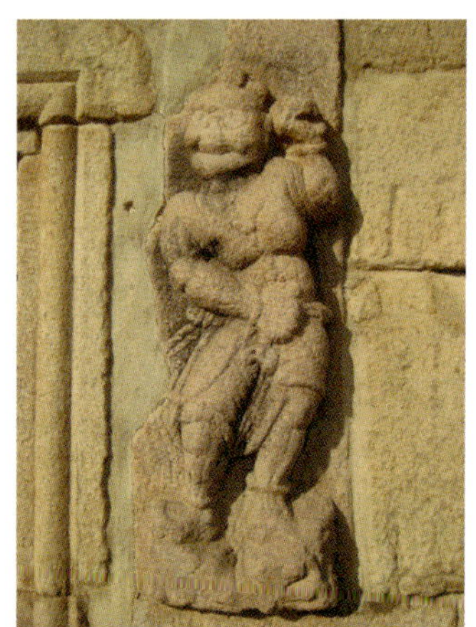

안동 조탑동 오층전탑 금강역사상

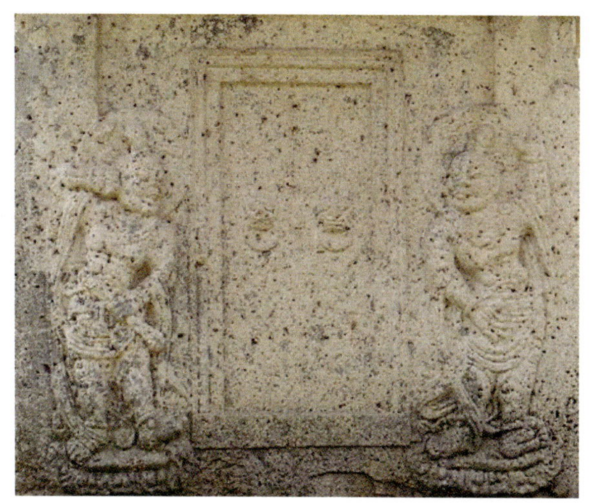

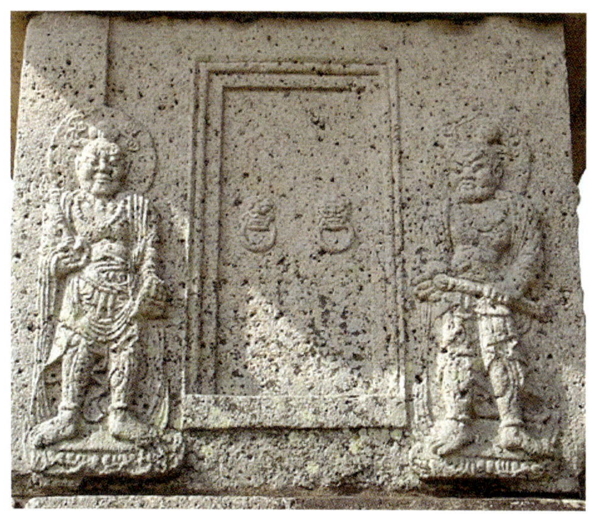

장항리사지 석탑 금강역사상

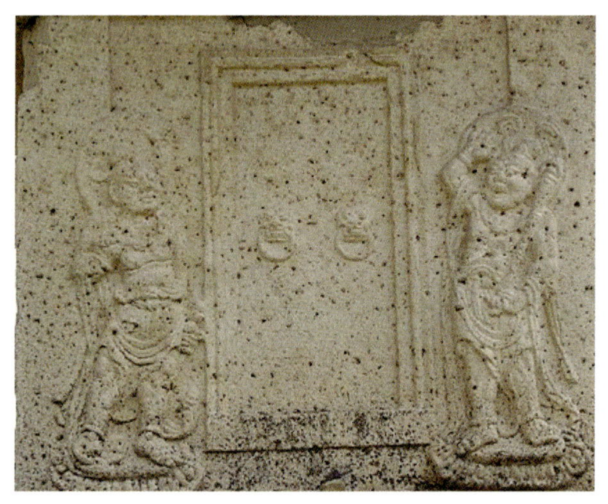

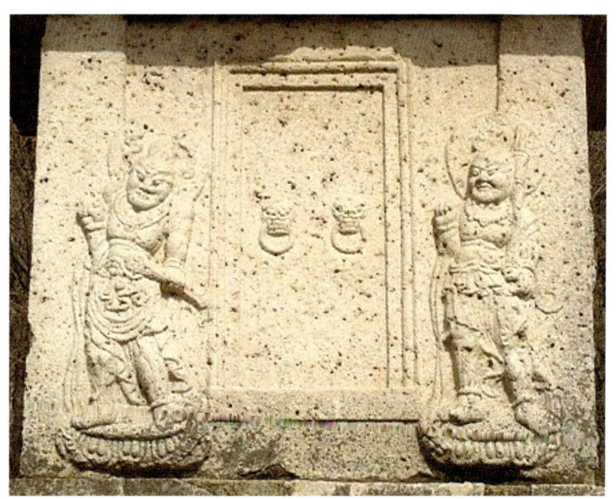

장항리사지 석탑 금강역사상

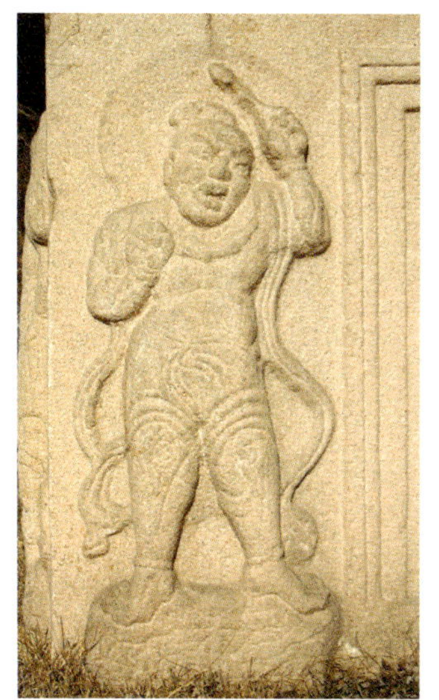
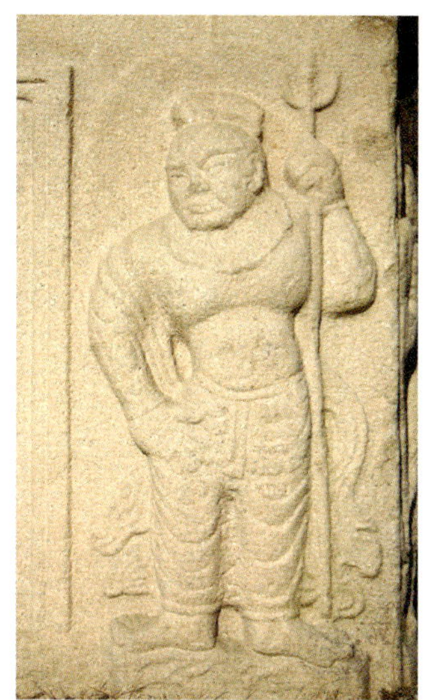
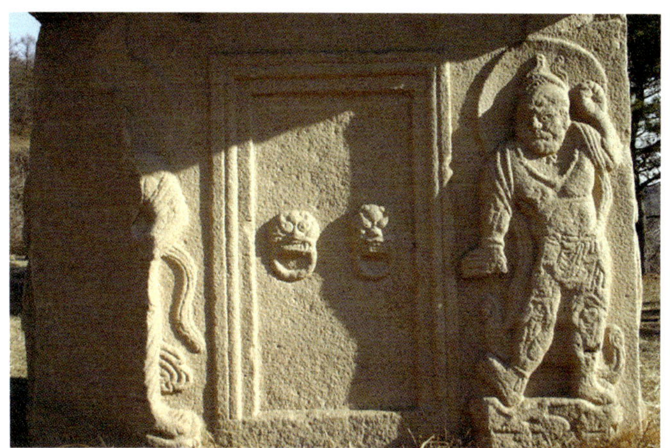

장항리사지 석탑 금강역사상

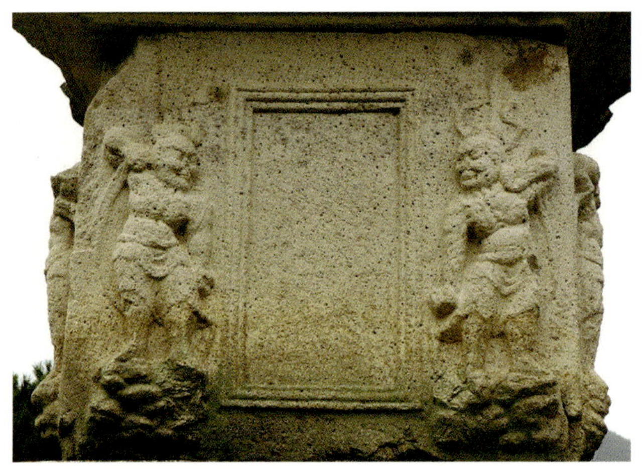

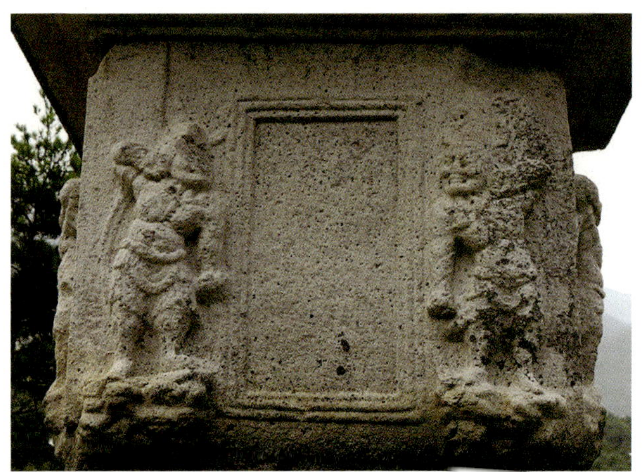

간월사지 삼층석탑 금강역사상

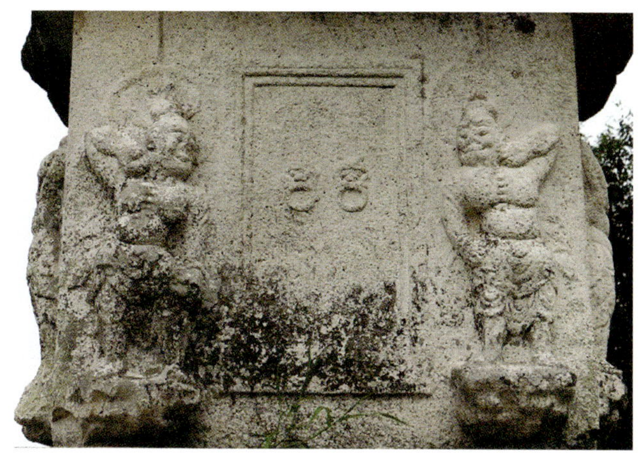

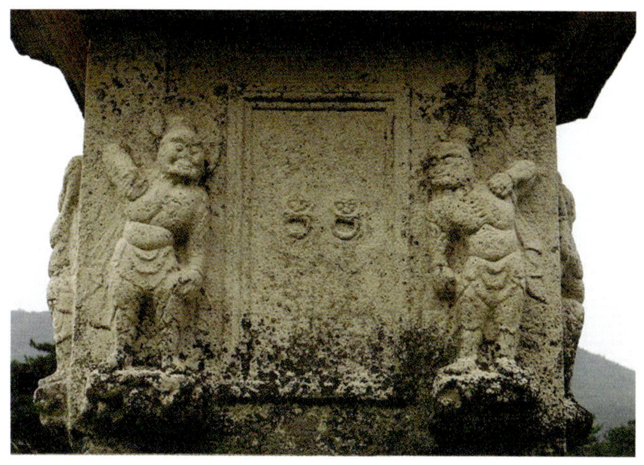

간월사지 석탑 금강역사상

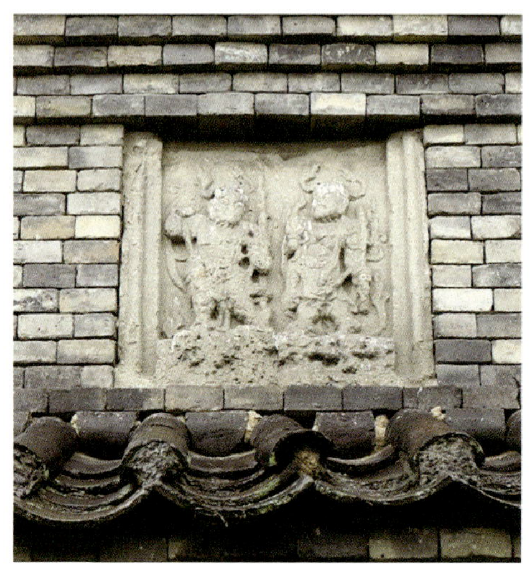

안동 동부동 오층전탑 금강역사상

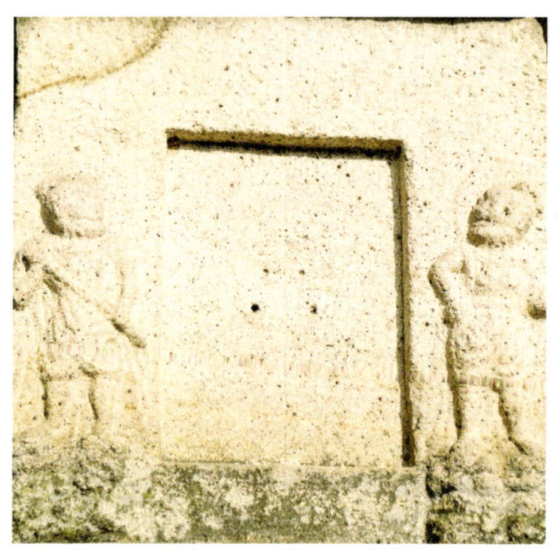

경주 서악리 삼층석탑 금강역사상

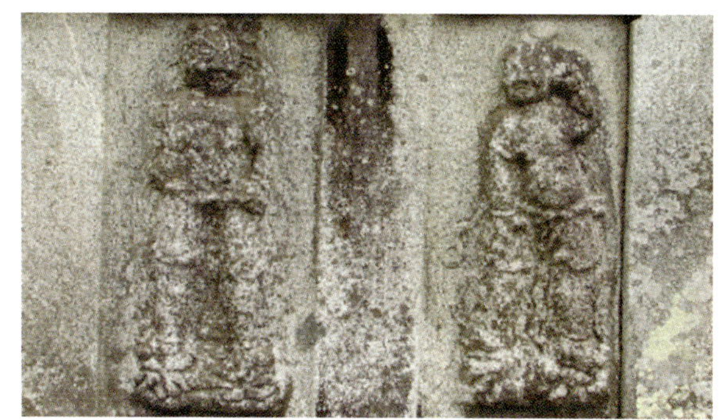

광양 중흥산성 삼층석탑 금강역사상

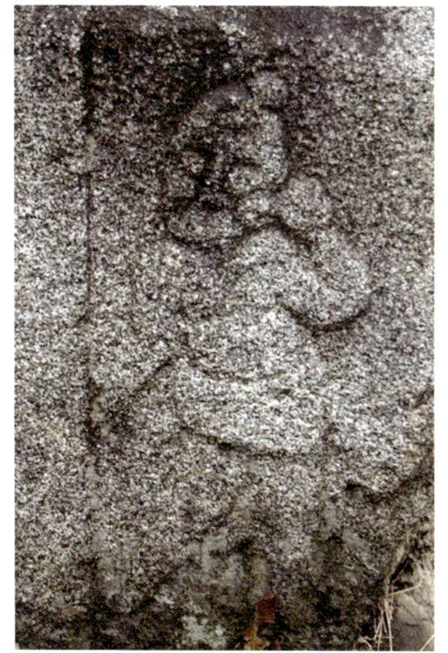

충북대학교 삼층석탑 금강역사상

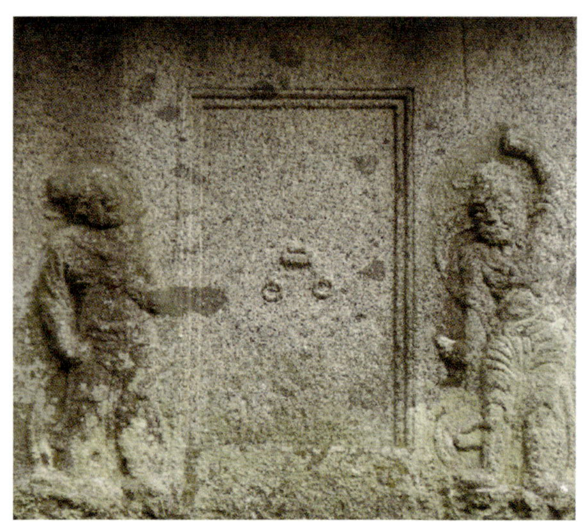

화엄사 사사자삼층석탑 금강역사상

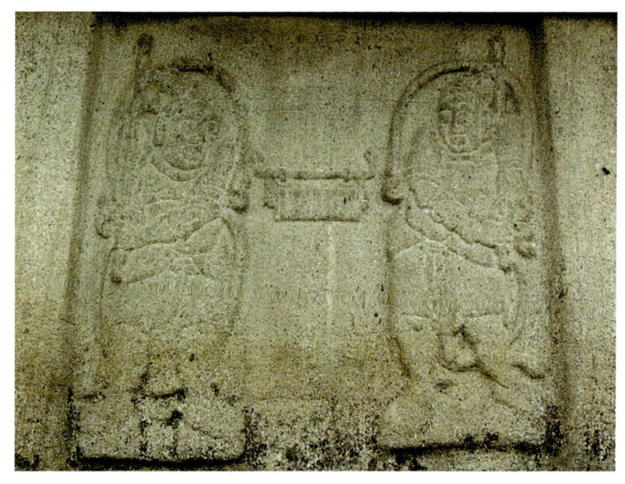

예천 개심사지 오층석탑 금강역사상

사천왕상(四天王像)

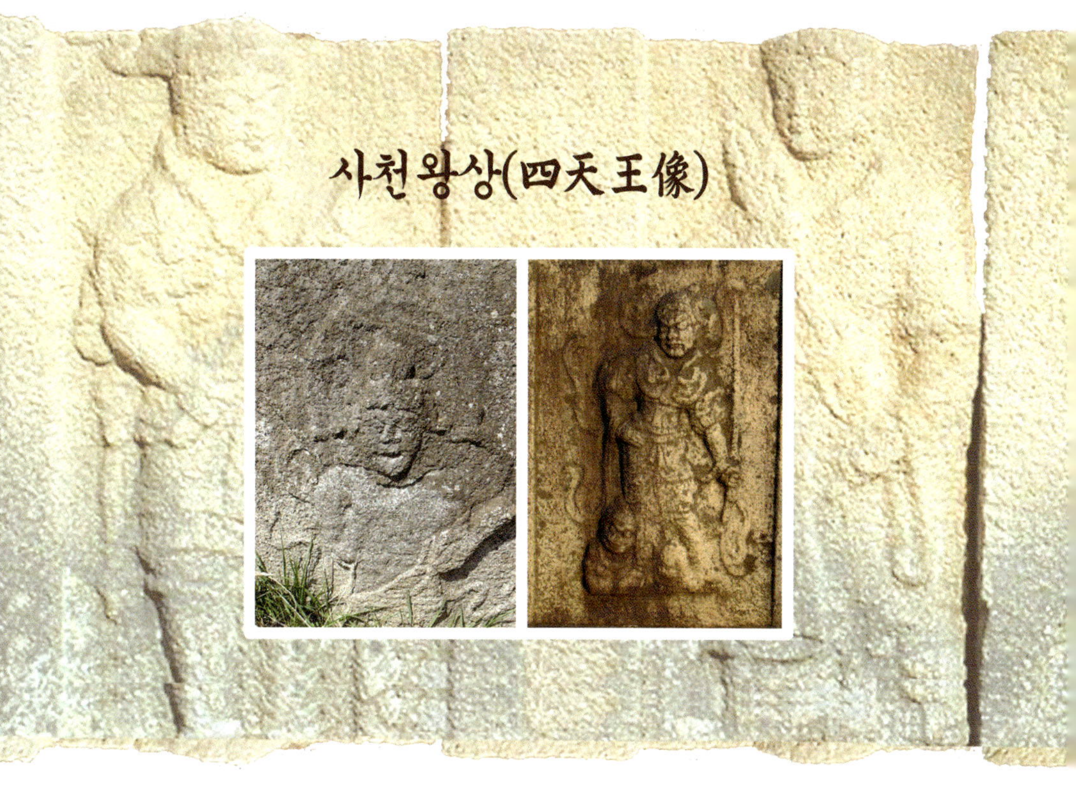

사천왕상 四天王像

　사천왕(四天王)은 사대천왕(四大天王) 또는 호세천왕(護世天王)이라 하여 원래 고대 인도 신화에서 사방을 지키는 방위신이었으나 불교에 흡수되어 33천 중의 사왕천을 지배하는 천신들로 자리잡았다.

　이들은 세계의 중심인 수미산(須彌山)의 중턱 지점에서 각각 그들의 권속과 아래 동서남북의 4주(州)를 지배하면서, 불법을 수호하며 중생들을 바른 길로 이끄는 역할을 한다.

　사천왕은 불교 본래의 신이 아니며 인도에서 숭상하던 귀신의 왕이었으며 그 표현에 있어서도 특별한 규제가 없었다. 인도에서는 귀족 혹은 귀인의 모습으로 표현되었으나 중국으로 건너오는 동안에 차츰 험상궂은 무인상으로 변했다. 위로는 제석천(帝釋天)을 받들고 밑으로는 팔부중(八部衆)을 거느린다.

　고대 인도의 바르후트 탑에 증장천이 묘사된 것으로 보아 서기전 2세기경부터 불교에 유입된 듯하다. 사천왕 신앙은 인도에서부터 시작되어 일찍이 『장아함경』, 『증일아함경』 등을 비롯하여 많은 경론에서 사천왕의 공덕을 설명하고 있지만, 널리 믿어지고 도상화된 것은 『금광명경』이 유행된 다음부터이다. 『금광명경』은 서기 4세기경 인도에서 성립된 경전으로, 417년에 담무참에 의해 처음으로 한역되어 진체삼장이 증보하여 5만 권이 되고, 수나라 때는 보귀가 이 두 종류를 합하여 8권으로 만들었다. 그 뒤 중국 당나라에 와서는 703년 의정이 새로 범본에서 『금광명최승왕경(金光明最勝王經)』 10권을 한역하기에 이르렀다. 특히 이 경전은 국가가 위태로울 때 사천왕의 힘으로 외적을 물리칠 수 있다는 것 때문에 국가적으로 위기가 있을 때 널리 유행하여 가장 대표적인 호국경전으로 유행하였다.

사천왕상은 비불교적인 수호신이지만 불교화하여 불법을 지키는 선신(善神)으로 전환됨으로써 이에 대한 신앙이 일찍부터 이루어졌음을 알 수 있다.

우리나라의 경우는 삼국시대부터 조성된 것으로 보이며, 통일신라 하대인 9세기 후반에 이르러 석탑뿐만 아니라 부도, 석등 등 다방면의 석조물이 조성되었다.

우리나라 사천왕의 방위개념은 고려 때까지는 보탑을 들고 있는 북방 다문천왕을 기준으로 나머지 천왕들은 모두 칼 또는 창을 들며, 그 배치는 향하여 오른쪽에 동, 북방천왕, 왼쪽에 남, 서방천왕을 위치케 함으로써 동, 서, 남, 북이 X형을 이룬다. 그러나 조선시대 후기에 이르면 지물이 약간 달라져 동방천왕은 칼, 남방천왕은 비파, 서방천왕은 용과 여의주(또는 새끼줄), 북방천왕은 당(깃대)과 보탑을 들게 되는 것이 보통이다. 하지만 17세기 이후 불화나 사천왕상에서는 구례 천은사 아미타도(보물 제924호, 1776년 작)에서 볼 수 있는 것처럼 방위는 동, 북과 남, 서 그대로이지만 지물이 달라져 동방지국천은 칼을, 북방다문천은 당, 탑이 아닌 비파를, 남방증장천은 비파 대신 칼을 들며, 서방광목천은 당과 탑을 들어 결국은 향하여 우측에 동, 북방천왕 대신 동, 남방천왕, 좌측에 남, 서방천왕이 아닌 서, 북방천왕을 배치한 방위개념으로 바뀌는 꼴이 됨으로써,

동, 서, 남, 북으로 Z형을 이루게 된다.

사천왕상은 팔부중보다는 격상이 높지만 수량이 적은데 그것은 신앙적 성격 자체가 사리 수호의 일차적인 부조상이기 때문이며, 일반적으로 기단부보다는 1층 탑신에 배치되는 경향이 있다.

사천왕의 명칭

◎ 지국천왕(持國天王)

수미산 동쪽 세계를 지키는 안민(安民)의 신으로서 선한 이에게는 복을 주고, 악한 자에게 벌을 주며 정법(正法)을 받들어 국토를 지키고 인간을 고루 보살피는 역할을 한다. 보주(寶珠)나 칼·창·비파를 들고 있다. 그의 휘하에는 술과 고기를 먹지 않고 귀신의 향기만 맡고 사는 음악의 신 건달바(乾達婆, 간다르바)를 거느리고 있다.

◎ 광목천왕(廣目天王)

수미산의 서쪽을 지키며, 백은타(白銀埵)에 살고 있으면서, 용신(龍神)을 거느리고 입은 벌리고 있으며 눈을 부릅떠 위엄으로써 나쁜 것들을 물리친다. 삼지창이나 삼차극, 용이나 여의주 등을 지니고 나타나며, 사찰마다 달리 표현되고 있다.

◎ 증장천왕(增長天王)

수미산의 남쪽 유리타(琉璃埵)에 살고 있으면서 남방을 맡은 천왕으로 길고 넓게 남의 선근(善根) 중생의 이익을 증대 시키는 신이며, 손에는 주로 창과 칼을 잡고 있다.

◎ 다문천왕(多聞天王)

수미산의 북쪽을 수호하며 지키는 신으로, 불법을 두루 듣고 있다. 고대 인도 신화에서는 악령의 수장이나 바다와 강의 신으로 나타난다. 사천왕마다 들고 있는 지물(持物)이 다른데, 왼손이나 오른손에는 대부분 보탑(寶塔)을 받쳐 들고 있어 사천왕 중 가장 구별하기가 쉽다.

우리나라의 사천왕 신앙

우리나라의 사천왕 신앙은 삼국시대부터 불교수용과 함께 시작되었다고 집작되나, 구체적인 예는 남아 있지 않다. 그러나『금광명경』에 나오는 고사(故事)를 인용한『삼국유사三國遺事』의 기록을 통해『금광명경(金光明經)』에 대한 이해가 일찍부터 이루어지고 있었음을 알 수 있다. 신라의 경우는 적어도 통일할 즈음부터인 것 같다.

『금광명경』이 언제 신라에 전해졌는지는 현재 알 수 없다. 그러나 그것이 전래된 이후의 문헌 기록을 통하여 신라의 『금광명경』에 대한 신앙의 양상을 찾아볼 수 있다.

『삼국유사』에 의하면 문무왕 19년(679)에 사천왕사를 낭산(狼山)에 창건하고 유가법사 명랑(明朗)의 말을 좇아서 당군을 물리쳤다고 하였으니 이는 『금광명경』, 『사천왕품』에서 설하는 바에 의거한 것임에 틀림없을 것이다. 사천왕사의 창건과 관계있는 명랑의 문두루 비법(文豆蔞秘法)이 행해진 것은 이보다 10년 앞선 668년이었다. 이 밖에도 영묘사에 천왕상이 있었다는 기록이나 감은사탑 사리기(682)에 사천왕상이 조각된 사실, 양지 스님이 영묘사 천왕상과 사천왕사의 사천왕상을 조성하였다는 사실은 당시 사천왕 신앙이 얼마나 널리 퍼져 있었나 하는 것을 보여주는 좋은 예이다.

사천왕 신앙은 고려시대에도 그대로 이어졌는데, 특히 외적의 침입이 많아 사회가 불안했던 때에는 국난 극복을 위한 『금광명경』 도량이 자주 설치되었다. 문종 때인 1074년 사천왕사에서 27일 동안 문두루 도량을 설하여 번병(藩兵)을 기도했다든지, 예종 3년(1108)에 여진족이 쳐들어 왔을 때 비사문사(毘沙門寺)에 사천왕 도량을 설치하였고, 고종 4년(1217)에는 신덕전에 사천왕도량을 개설했다는 『고려사』의 기록은 호법 신앙으로서의 사천왕 신앙이 크게 유행하였음을 말해 주고 있다.

석 탑 명	부조상의 위치	비 고
화엄사4사자 삼층석탑	1층 탑신	전남 구례
남산 승소곡 삼층석탑	1층 탑신	국립경주박물관
경주박물관 석탑 1, 2	1층 탑신	경북 경주
의성 관덕동 삼층석탑	상층기단	경북 의성
황룡사지 서편 석탑	1층 탑신	경북 경주
원원사지 동 삼층석탑	1층 탑신	경북 경주
원원사지 서 삼층석탑	1층 탑신	경북 경주
화엄사 서 오층석탑	1층 탑신	전남 구례
중흥산성 삼층석탑	상층기단	전남 광양
현일동 삼층석탑	1층 탑신	경북 영양
화천동 삼층석탑	1층 탑신	경북 영양
동본동 삼층석탑	상층기단	경북 예천
승안사지 삼층석탑	1층 탑신	경남 함양

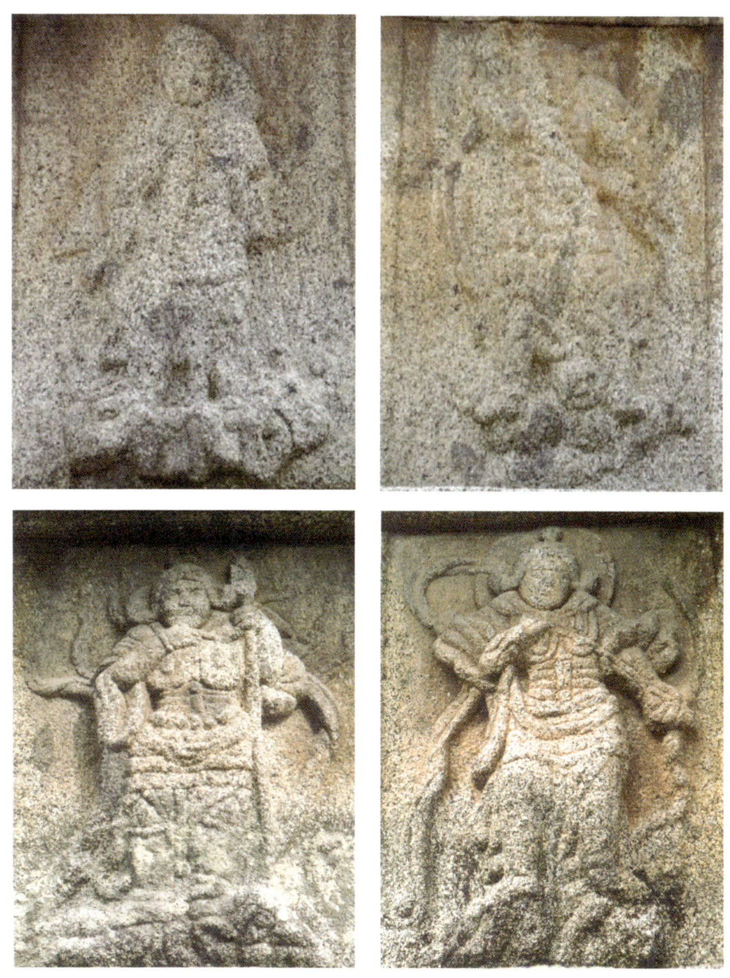

화엄사 서 오층석탑 사천왕

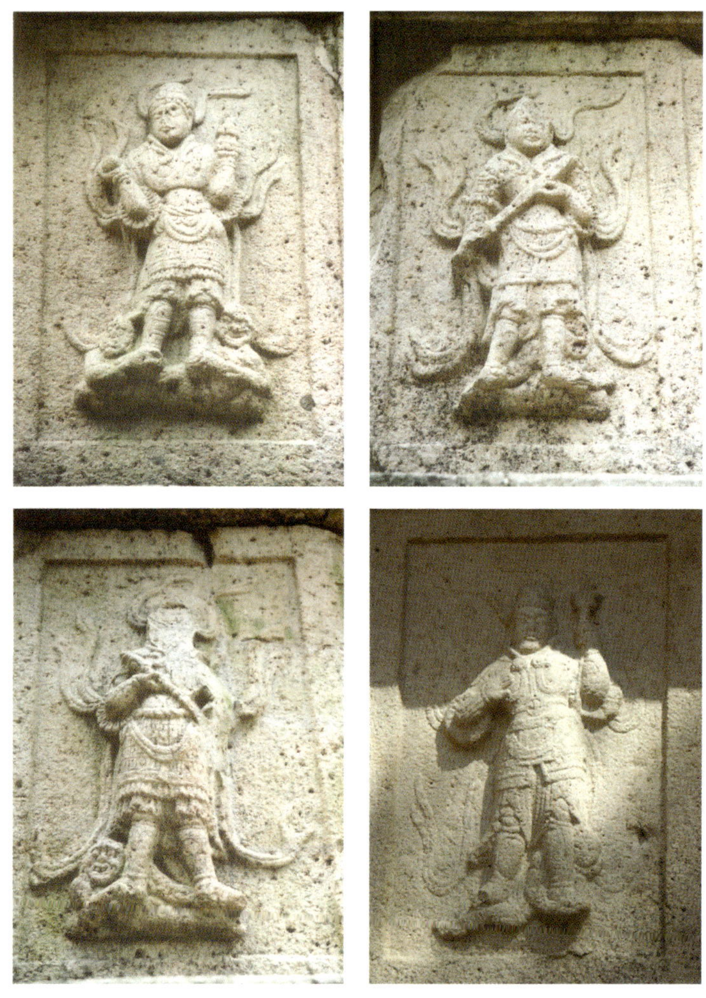

원원사지 삼층석탑 사천왕

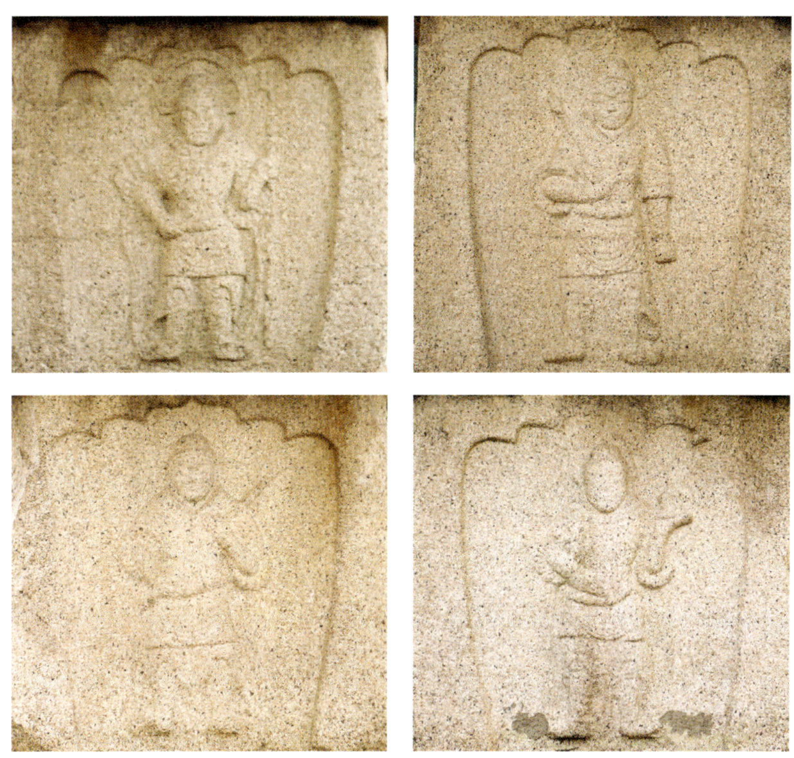

경주남산 승소곡 삼층석탑 사천왕 현)국립경주박물관 소장

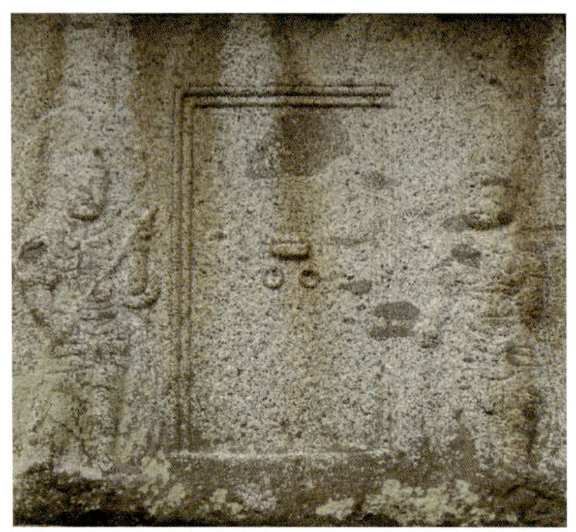

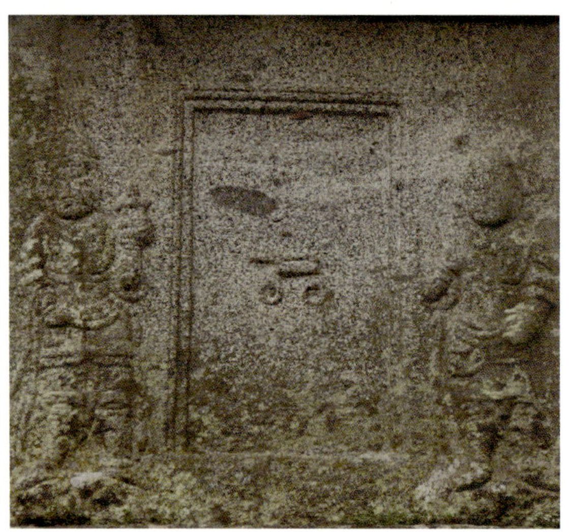

화엄사 사사자 삼층석탑 사천왕

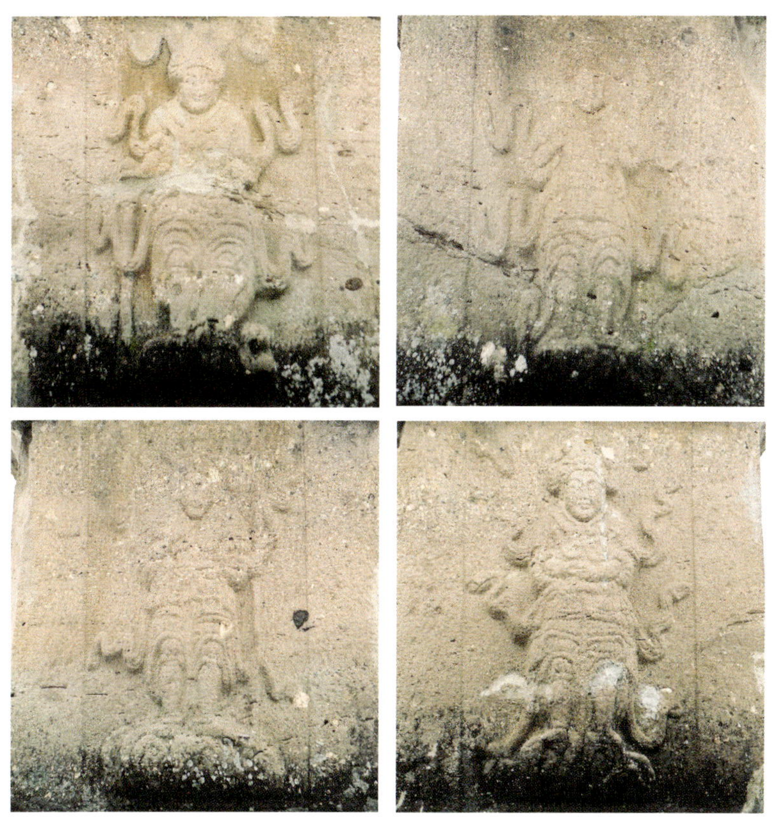

영양 화천동 삼층석탑 사천왕

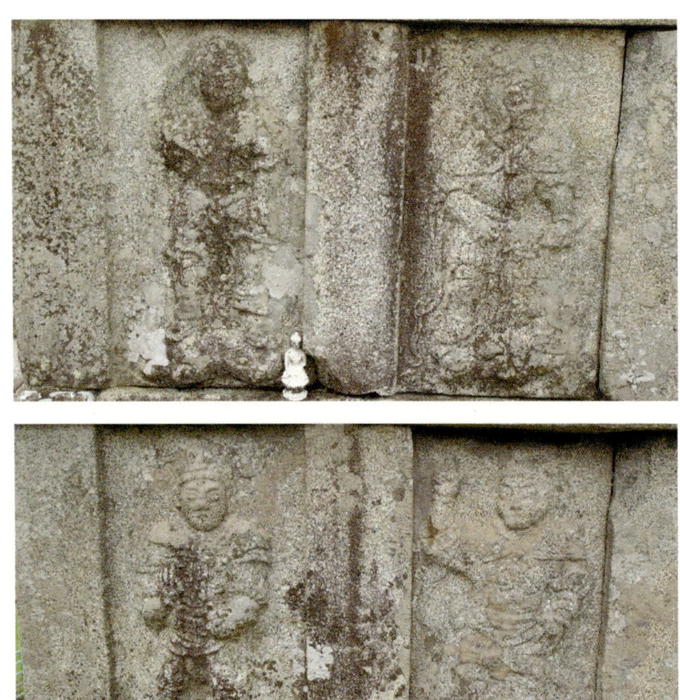

중흥산성 삼층석탑 사천왕

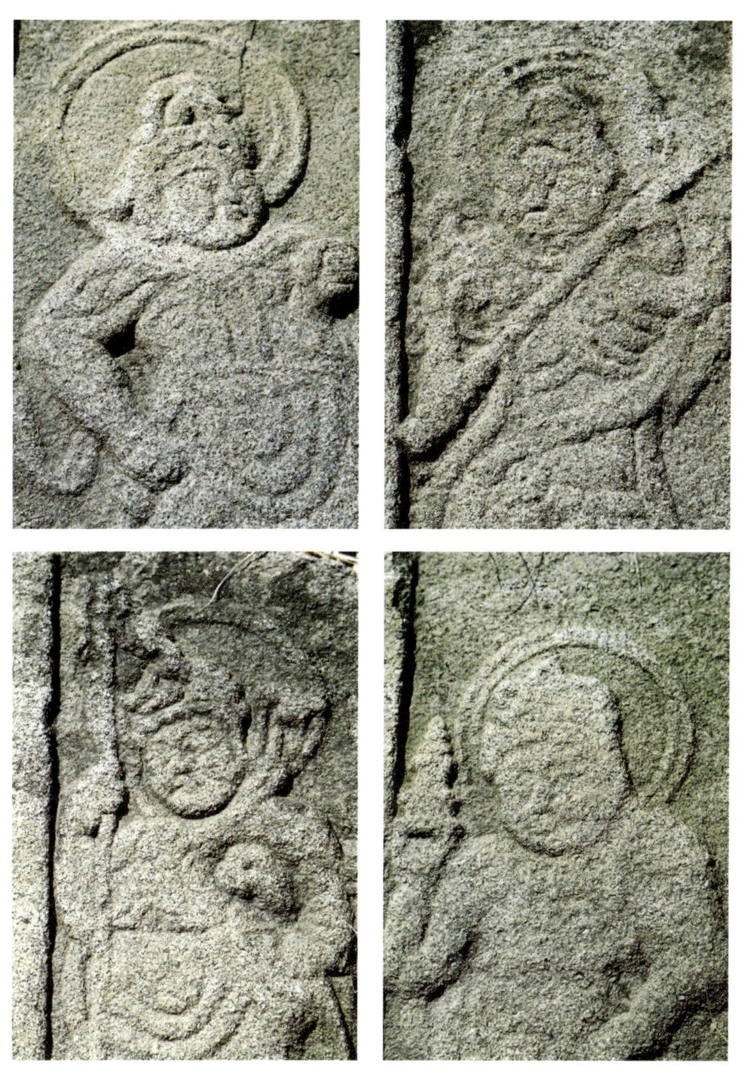

원주 부흥사지 석탑재 사천왕

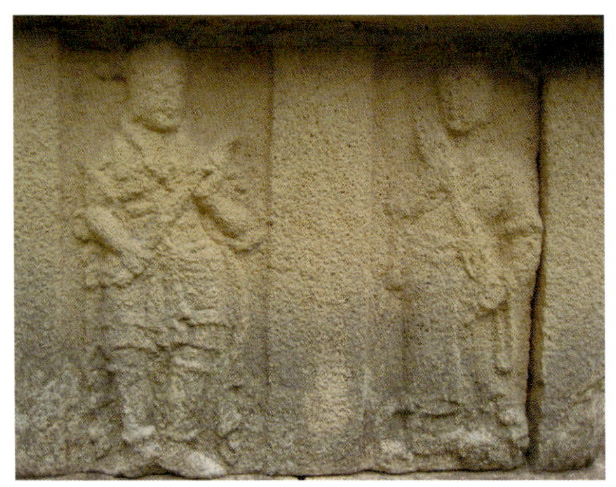

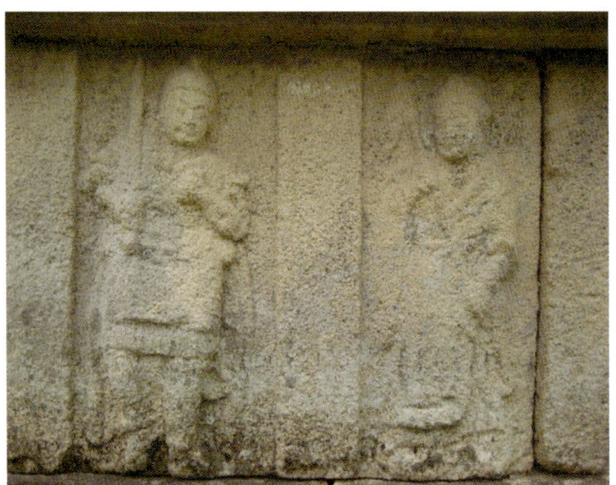

의성 관덕동 삼층석탑 사천왕

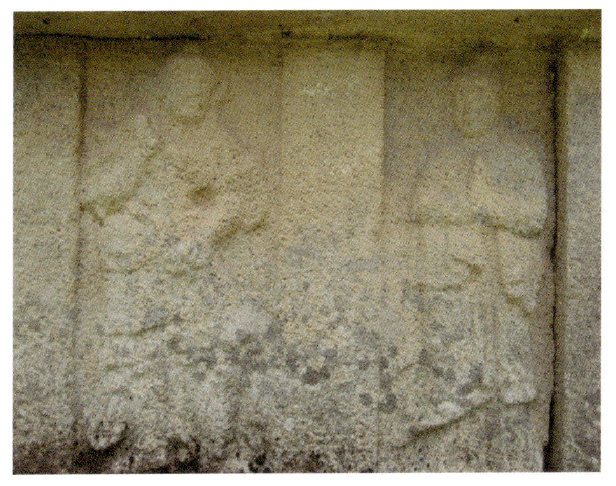

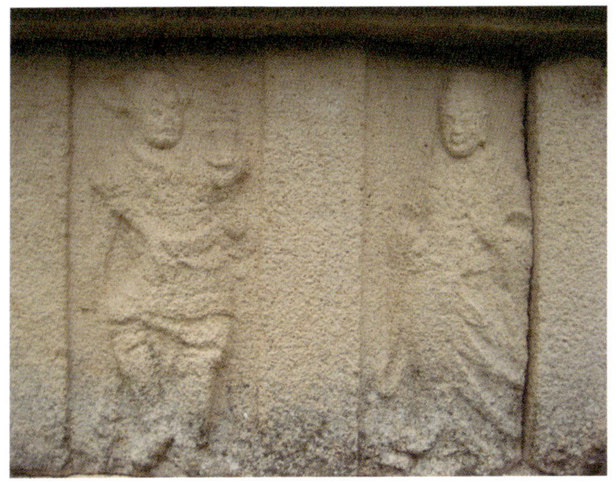

의성 관덕동 삼층석탑 사천왕

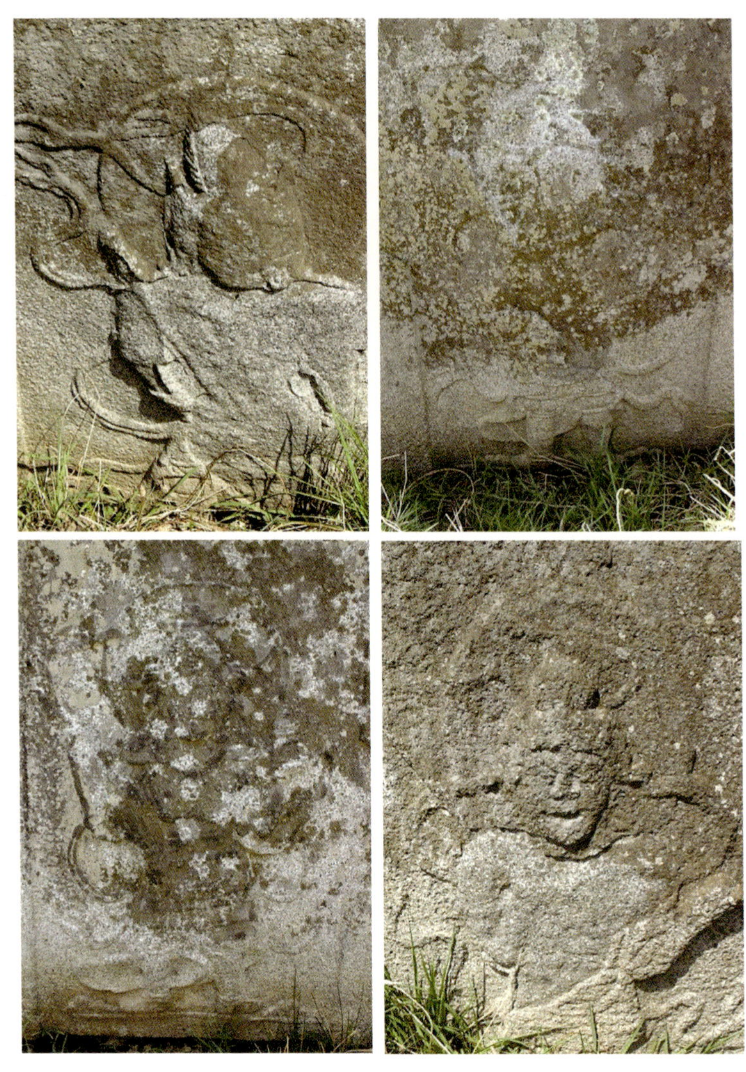

경주 천군동 석탑재 사천왕

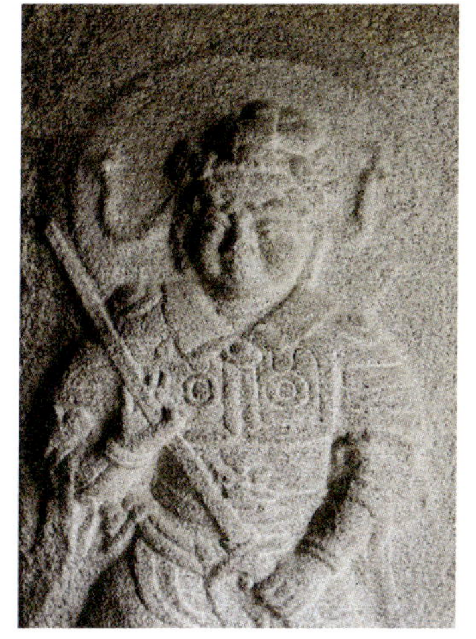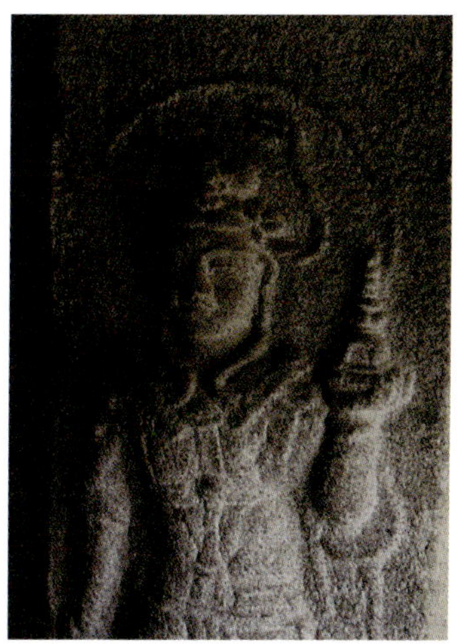

청도 운문사 작압전내 사천왕

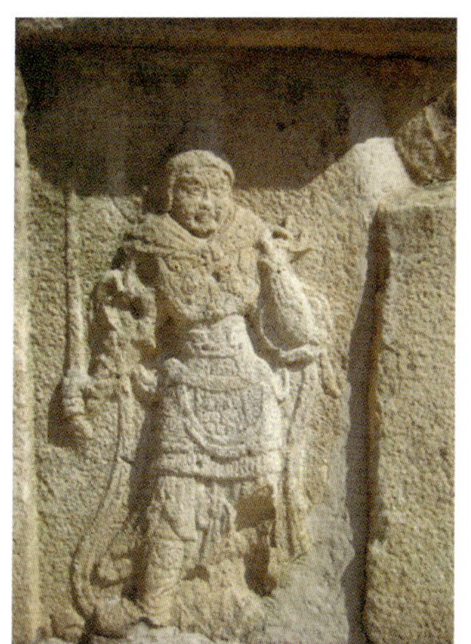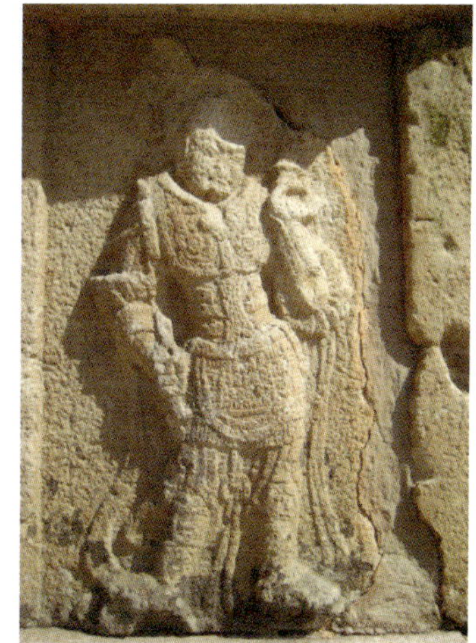

청송 대전사 삼층석탑 사천왕

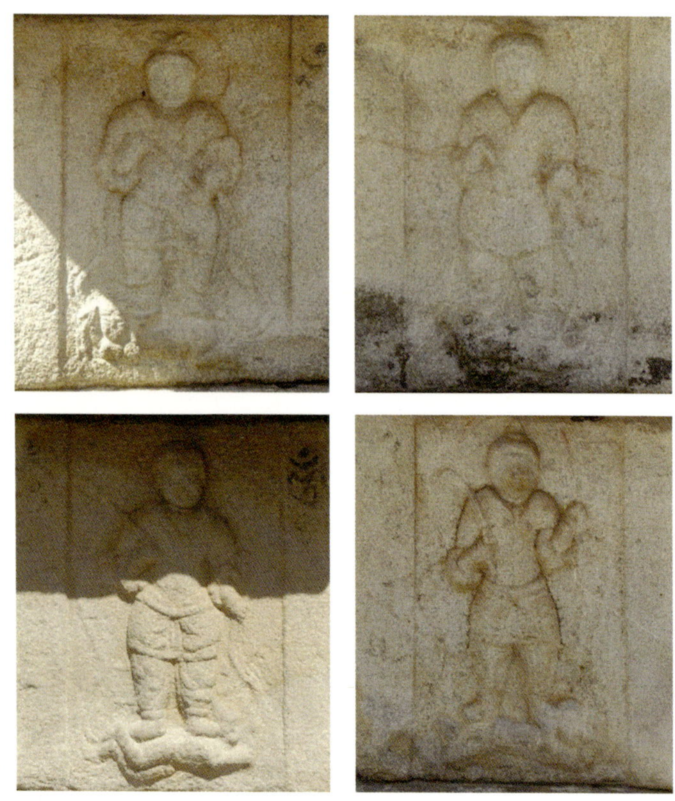

함양 승안사지 삼층석탑 사천왕

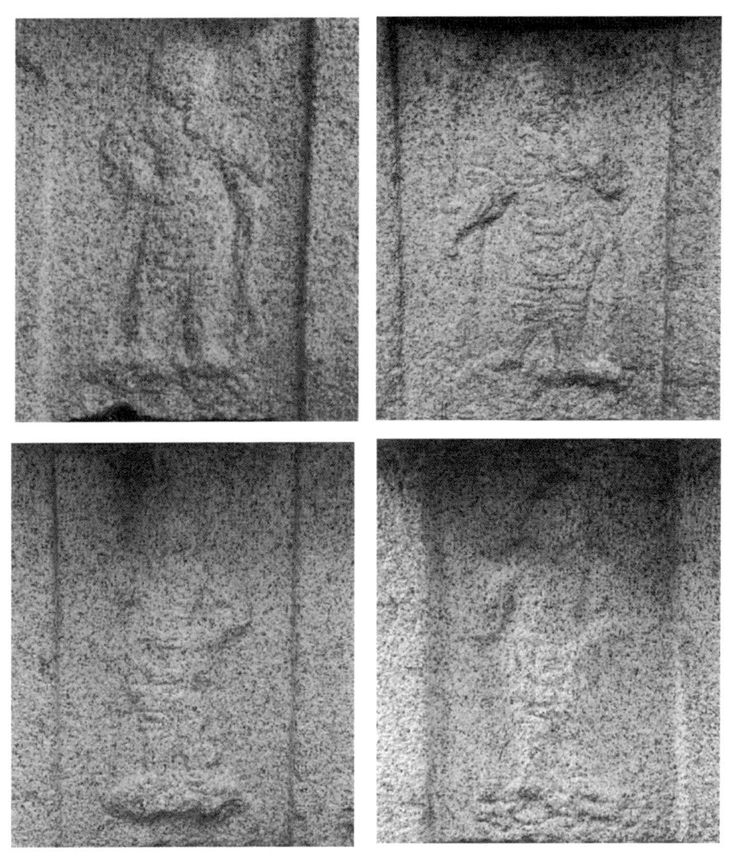

부산대학교 박물관 오층석탑 사천왕

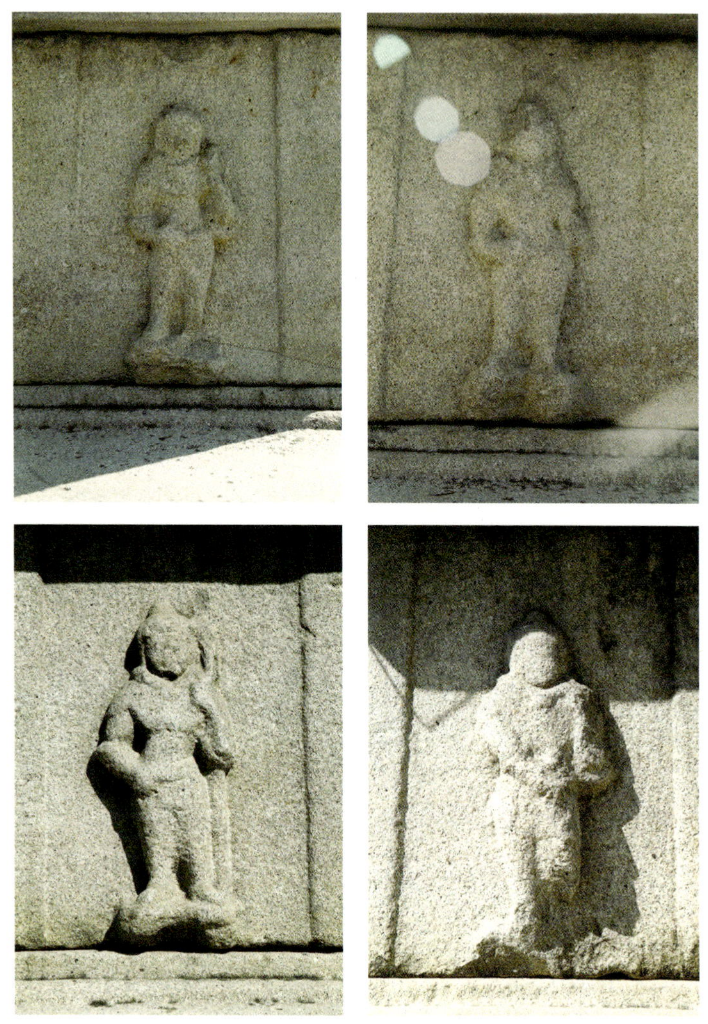

원주시립박물관 삼층석탑 사천왕

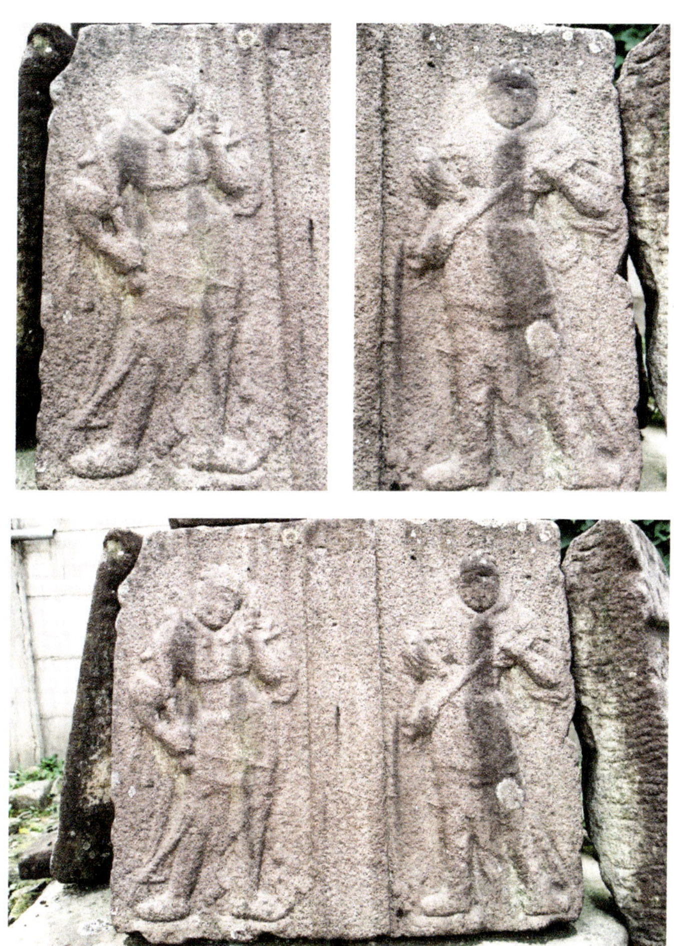

안동 임하면 금소리 석탑 사천왕

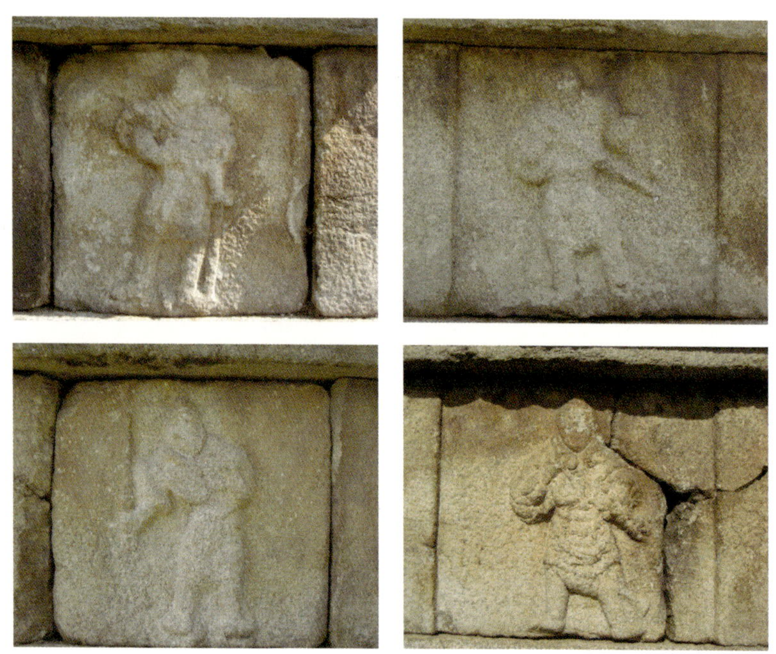

예천 동본동 삼층석탑 사천왕

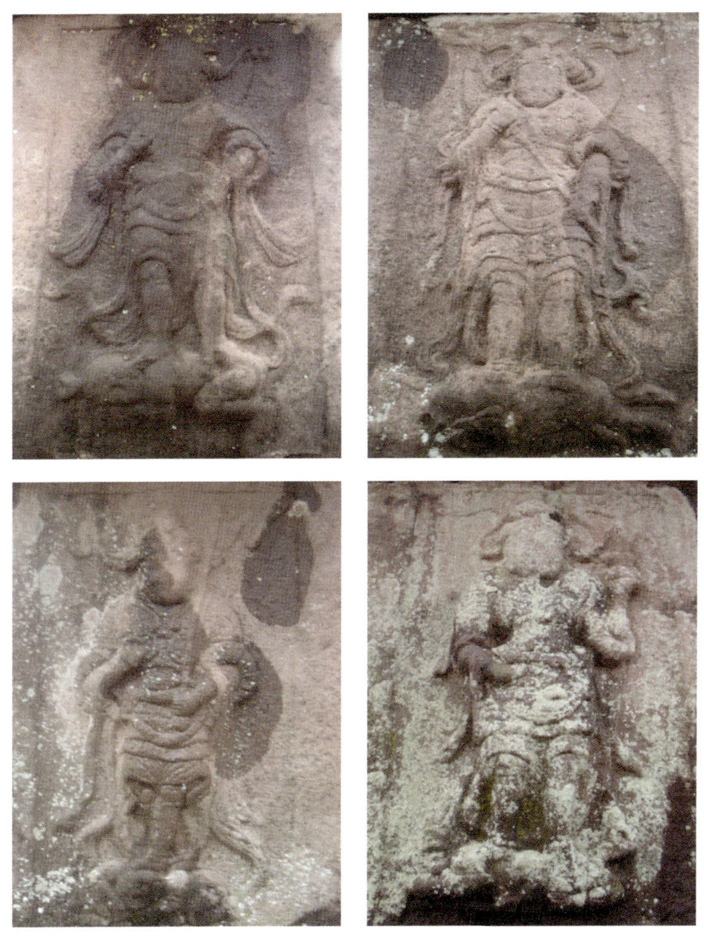

영양 현일동 삼층석탑 사천왕

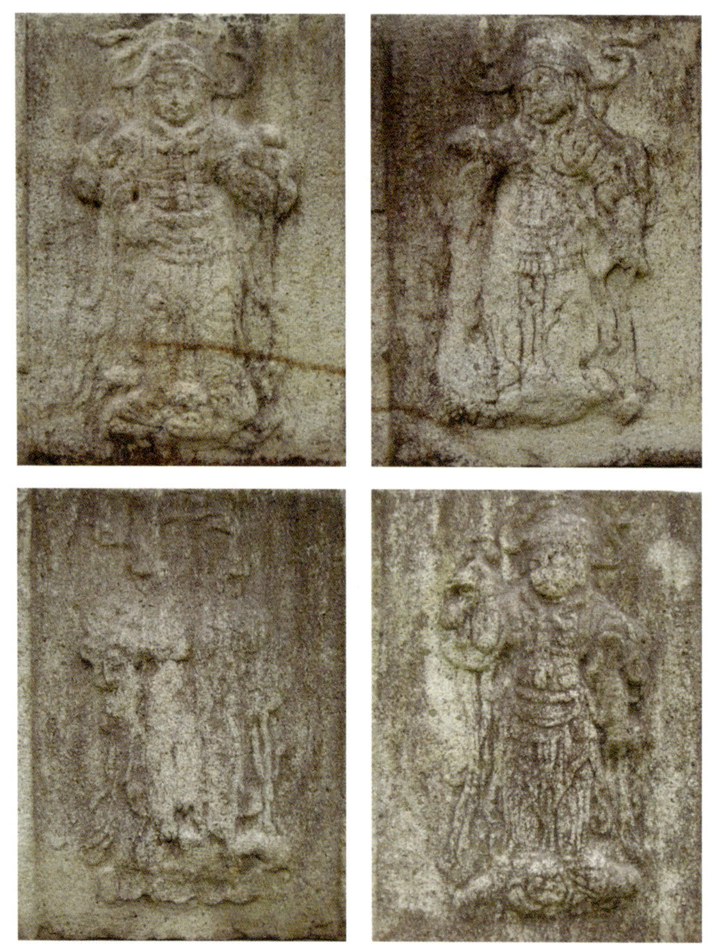

국립경주박물관 사천왕상

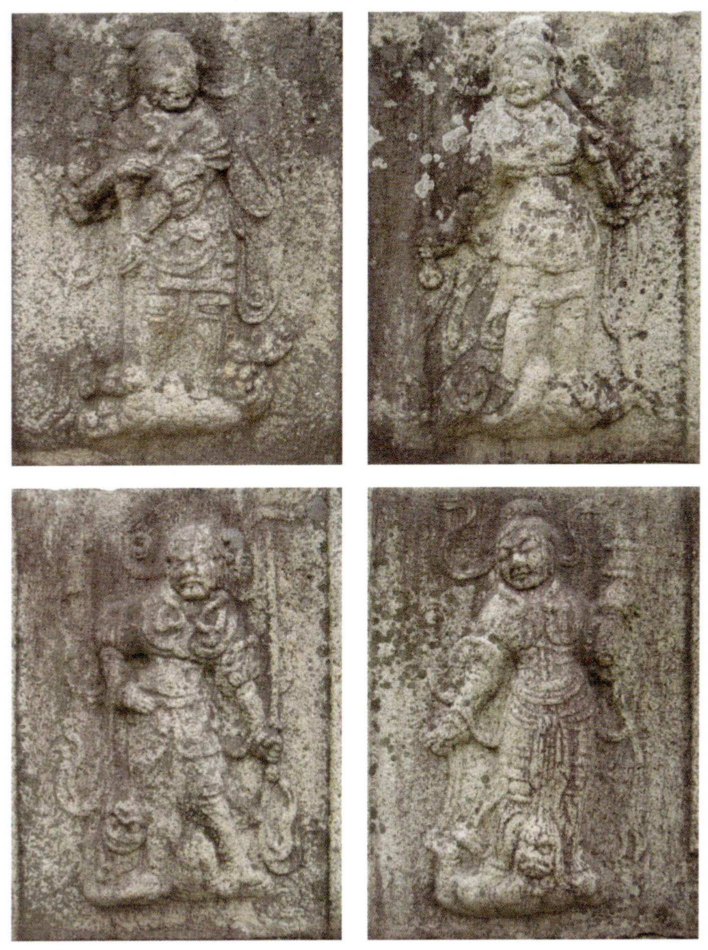

국립경주박물관 사천왕상

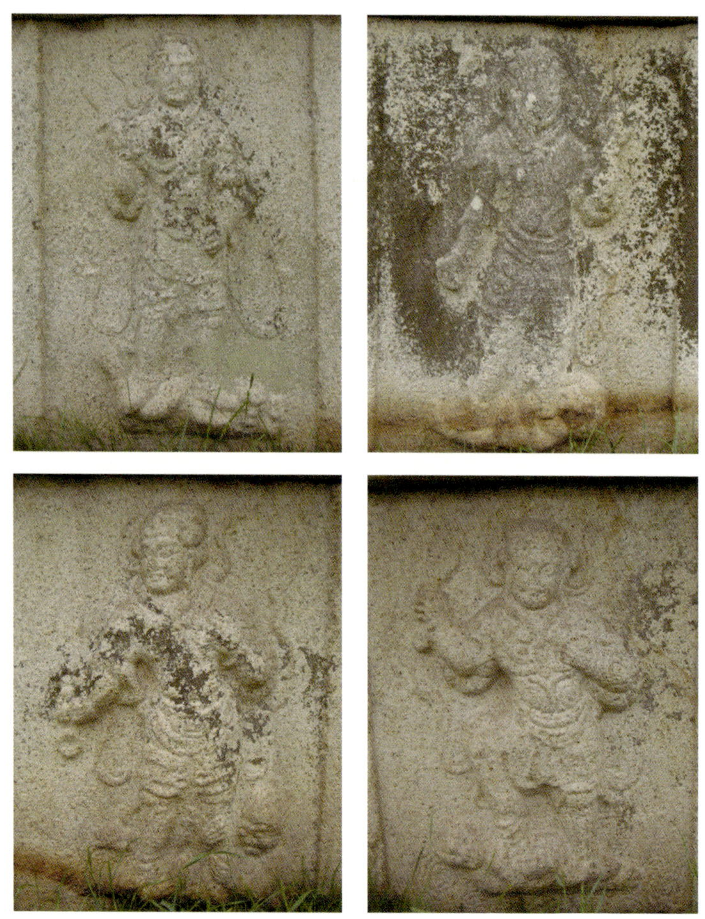

황룡사지 서편 절터 사천왕상

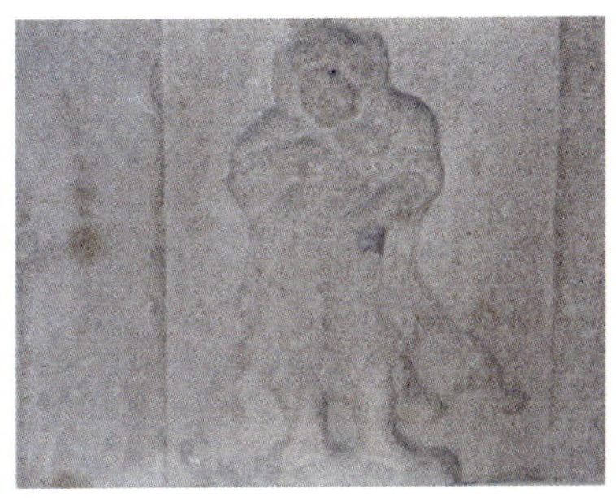

동국대 경주캠퍼스 박물관 사천왕상

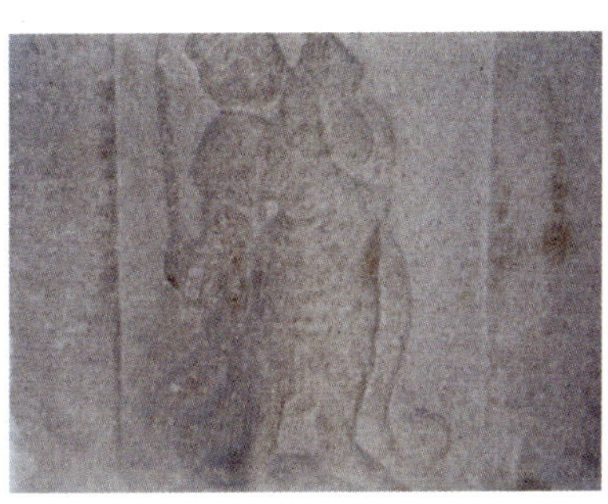

동국대 경주캠퍼스 박물관 사천왕상

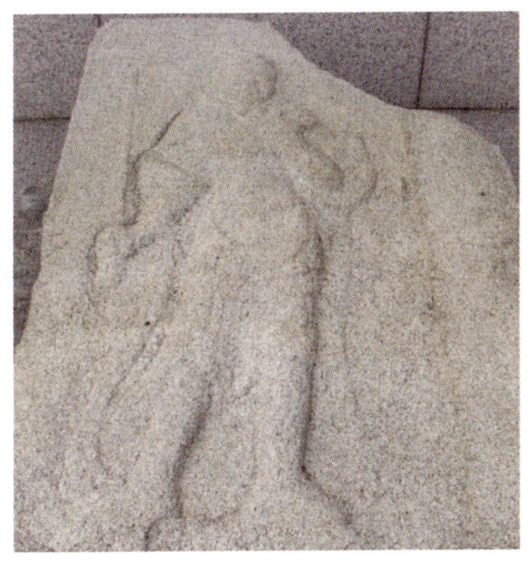

원주시립박물관 사천왕상

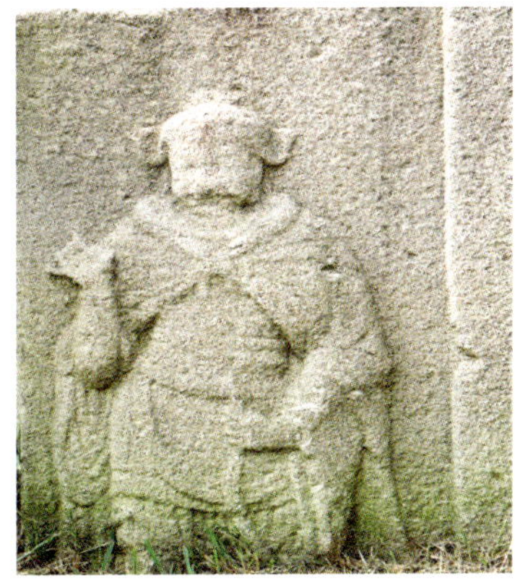

안동대학교 박물관 사천왕상

팔부중상(八部衆像)

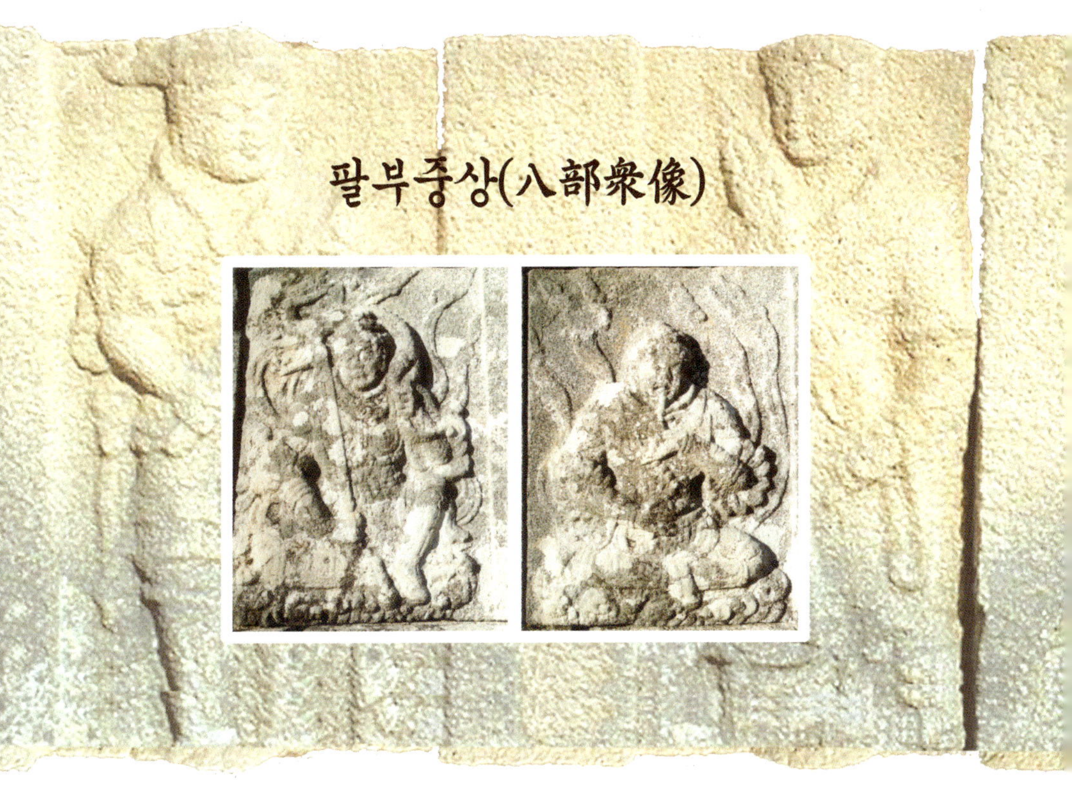

팔부중상 八部衆像

  팔부중(八部衆)이라는 말은 어원대로 해석하면 여덟 중생(衆生), 여덟 무리의 모임 등으로 해석할 수 있다. 불경에는 거의 빠짐없이 등장되는 선신으로 인도의 고대 신화 속에 나오는 신들을 불교에서 적용한 것으로 이들이 모두 불교에 귀의하여 불교 수호의 선신의 선신이 될 것을 서원(誓願)함으로써 불교의 수호신으로 되어 있기 때문이다. 불경에 기록된 팔부중상은 크게 두 가지로 나뉘는데 하나는 여래 팔부중이며, 다른 또 하나는 사천왕 팔부중이다.

  여래 팔부중은 팔부중 그 자체가 신앙의 대상으로 나타나는 상이며, 사천왕 팔부중은 원래 팔부중이 사천왕의 권속에 있기 때문에 단독으로 나타나기보다는 사천왕과 함께 등장하여 사천왕의 하위 개념으로 신앙된 것을 일컫는다.

  모습들이 정형화되지 않고 손에 각기 다양한 지물을 든 채로 나타나는데, 주로 초층 탑신에 여래가 나오고 상층기단에 팔부신중이 오는 여래 팔부중상과 초층 탑신에 사천왕상이 나오고 상층기단에 팔부중상이 나오는 사천왕 팔부중상이 있다.

  우리나라에서 조성된 팔부중의 대다수를 차지하고 있는 석탑 부조의 팔부중은 보탑의 주위에서 공양하고 시위하는 존재를 표현한 것이라 볼 수 있다.

  신라석탑에 나타나는 팔부중상은 『화엄경』과 『법화경』을 중심으로 등장하는 '여래팔부중(如來八部衆)'으로서 화엄신중 신앙의 한 형태로 생각되며 각 신라 석탑 팔부중상의 양식적 특징을 밝혀 보자면, 우선 아수라상(阿修羅像)을 제외한 모든 상이 무복으로 등장하고 있다. 상의 자세는 좌상과 입상으로 구분되어 있고 좌상의 경우는 운문 혹은 연화문 대좌를 갖추었으며, 입상은 모두 암좌를 구비하고 있다.

한편 두광은 소수의 예를 제외하고는 표현되지 않고 있다. 이러한 특징을 가지는 팔부중상은 각 상별로 거의 동일한 양식이 전국적으로 건립되고 있다. 이와 같이 신라 석탑 기단부에 가장 많이 등장하는 부조상이 팔부중상임을 알 수 있는데, 팔부중상은 인왕상, 사천왕상과 더불어 8세기 이후에 석탑 표면에 장엄으로 등장한다. 그러나 이후 고려나 조선시대가 되면 극소수 석탑에서 일부 보이고 거의 보이지 않는다.

팔부중의 명칭

◎ 천(天 Deva, 提婆)

천(天)이란 최상의 장소를 의미하는 동시에 그곳에 머무르는 중생 27천에 거주하는 여러 신을 비롯하여 천부중의 통칭이라고 할 수 있다.

형상은 특정하지 않으며, 신라 탑파에서는 매우 다양한 모습으로 등장하고 하는데, 보통 석탑 팔부중상 중의 하나로 표현될 때는 경주 숭복사지 동삼층석탑처럼 오른손에는 금강저나 칼을 쥐고 왼손은 허리에 대고 머리에는 보관을 쓴 모습으로 나타난다.

◎ 용(龍 Ṅaga, 那伽)

용은 용왕의 총칭으로 경전상에 그 내용은 복잡하게 표현되어 있으나 보통 비를 관장하는 신으로 형상되어 있다. 인도 고대 탑에 용왕을 소재로 한 부조가 많이 남아 있는데, 일반적으로 사람 몸에 뱀 모양의 관을 쓴 모습이다. 그 이후에 표현되는 용왕의 형상도 이와 비슷한 인신사미로서 보통 머리 위에 세 개에서 아홉 개의 용 머리가 표현되어 있다.

신라에서 용은 호국 호법의 역할을 맡고 있는데 그 예로 문무대왕이 죽어서 동해 바다의 용이 되겠다고 유언하여 사실을 알 수 있다.

◎ 야차(夜叉 Yaksa)

야차는 인도의 민간신으로 불상이 출현하기 이전 마우리아 왕조 때부터 만들어져 현재 탑문에 부조 예가 많이 남아 있다. 상반신은 대개 나체형이며 하반신은 얇은 치마로 감싸고 있고, 손은 합장하고 있다. 형상은 사자·코끼리 등 동물 형상으로 나타나며, 얼굴은 보통 둘 또는 셋으로 표현되며 신라의 석탑에서는 대개 송곳니가 표현된 입으로 염주를 물고, 양손으로 가슴에서 염주를 받치고 있는 형상이다.

◎ 건달바(乾闥婆 Gandharva)

건달파는 고대 인도의 반신반인의 정령으로서 술과 고기를 일체 먹지 않고, 향(香)만을 먹으므로 향신(香神), 심향(尋香)이라 한다. 악기를 연주하는 음악의 신으로 불교에 수용되었는데 신라에서의 조상(彫像)은 갑옷을 입고 삼차극을 들고 모두 사자관을 쓰고 있다.

◎ 아수라(阿修羅 Asura)

아수라는 인도에서는 고유의 선신이었으나 불교에 팔부중의 하나로 습합되어 6도 가운데 아수라도의 주인공으로서 악귀를 조복시키는 선신이 되었다. 얼굴이 셋이고 팔이 여섯 달린 형태로 되어 있어 가장 구분하기 쉽다. 선림원지 삼층석탑의 경우처럼 3면 6비상이고 대개 해, 달, 칼, 금강저, 노끈 등의 지물을 들고 있다.

◎ 가루라(迦樓羅 Garuda)

가루라는 금시조(金翅鳥)·묘시조(妙翅鳥)로도 불리며 인도 신화에서는 새 중의 왕으로 하루에 용을 500마리 잡아먹고 산다고 한다. 모습은 전신은 독수리와 비슷하고 날개는 봉황의 날개와 같다. 문수보살의 화신으로 등장하기도 한다. 신라 석탑에서는 형상이 대개 독수리 부리 모양의 입을 가지고 나타난다.

◎ 긴나라(緊那羅 Kimnara)

긴나라는 설산(雪山)에 살며 미묘한 음성으로 노래하고 춤추며, 여러 천·보살과 일체의 중생을 감동시키는 음악신이다. 형태는 대체로 사람 머리에 새 몸이거나, 말머리로 되어 있는 등 일정하게 나타나지 않는다. 신라 석탑에서는 머리 좌우에 소 머리나 말 머리를 표현하거나, 머리에 새 형상의 보관을 쓰고 부조상으로 나타나고 있다.

◎ 마후라가(摩睺羅伽 Mahoraga)

마후라가는 불교에서는 긴나라와 함께 악천(樂天)을 대동한 음악신으로서 제석천을 따르고 있다. 형상은 대개 인신사수(人身巳首)로 나타난다. 부조상일 경우에는 왼손으로 뱀을 잡고 오른손은 앞가슴에 대고 머리에는 뱀 형상 보관을 쓴 모습으로 표현된다.

팔부중상이 새겨진 석탑

석 탑 명	부조상 위치	소 재 지
경주 남산동 서삼층석탑	상층기단	경북 경주
경주 창림사지 삼층석탑	상층기단	경북 경주
경주 숭복사지 동.서 삼층석탑	상층기단	경북 경주
운문사 대웅보전 앞 동삼층석탑	상층기단	경북 청도
운문사 대웅보전 앞 서삼층석탑	상층기단	경북 청도
영천 신월동 삼층석탑	상층기단	경북 영천
안동 임하동 십이지삼층석탑	상층기단	경북 안동
안동 금소동 삼층석탑	상층기단	경북 안동
영양 화천동 삼층석탑	상층기단	경북 안동
영양 현일동 삼층석탑	상층기단	경북 영양
진전사지 삼층석탑	상층기단	강원 양양
횡성 중금리 동. 서 삼층석탑	상층기단	강원 횡성
선림원지 삼층석탑	상층기단	강원 양양
원주 대안리사지 석탑	상층기단	강원 원주
화엄사 서 오층석탑	상층기단	전남 구례
금둔사지 삼층석탑	상층기단	전남 순천
산청 범학리 삼층석탑	상층기단	현) 국립중앙박물관
안동 신세동 칠층전탑	상층기단	경북 안동
개심사지 오층석탑	상층기단	경북 예천
지보사 삼층석탑	상층기단	경북 군위
보원사지 오층석탑	상층기단	충남 서산
경주 천관사지 폐탑부재	상층기단	경북 경주
경주 인용사지 석탑재	상층기단	경북 경주
신계사지 삼층석탑	상층기단	강원도 금강산

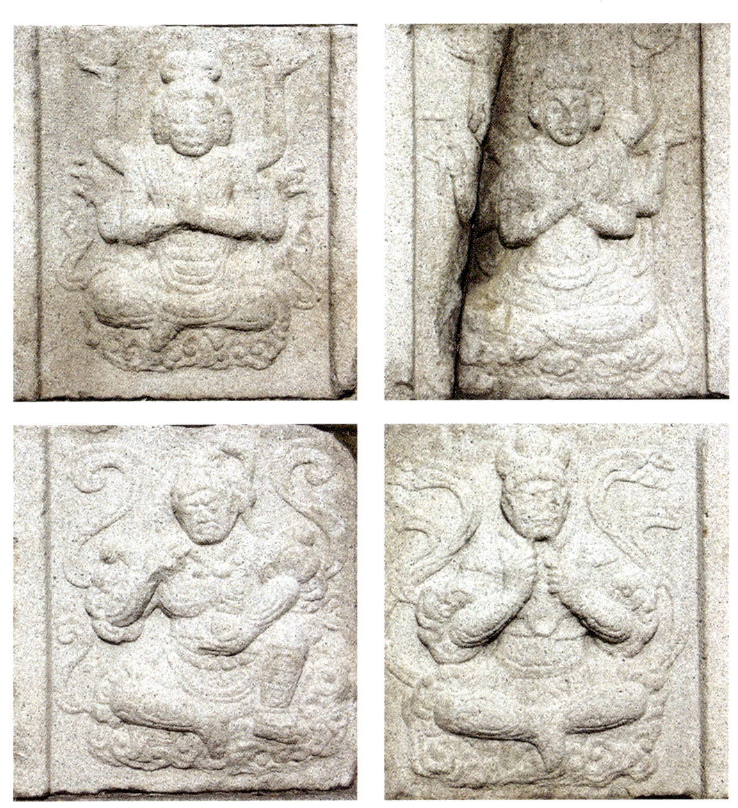

국립중앙박물관 야외 팔부중상

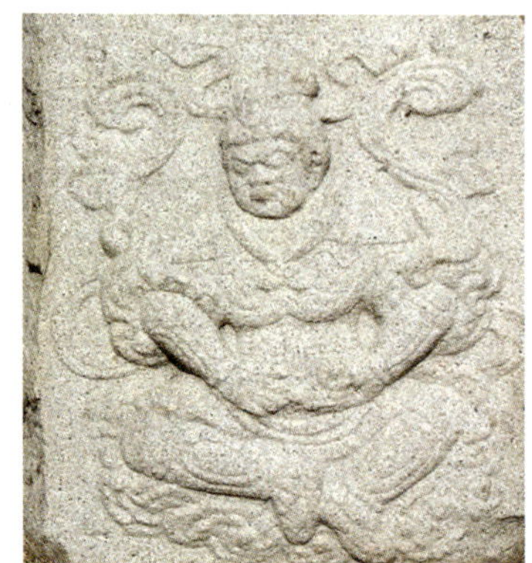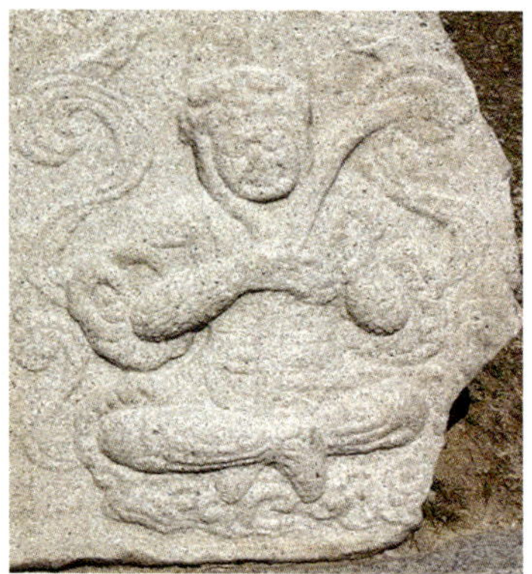

국립중앙박물관 야외 팔부중상

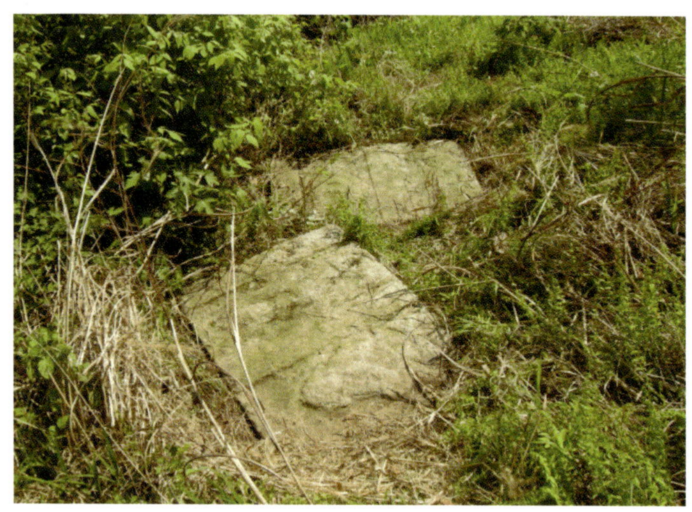

원주 대안리 사지 팔부중

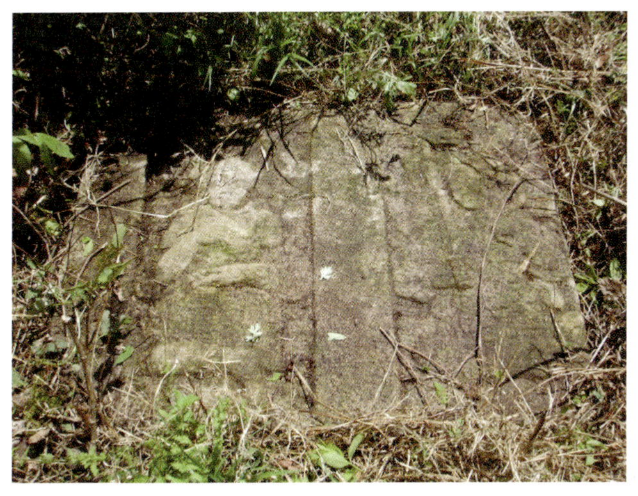

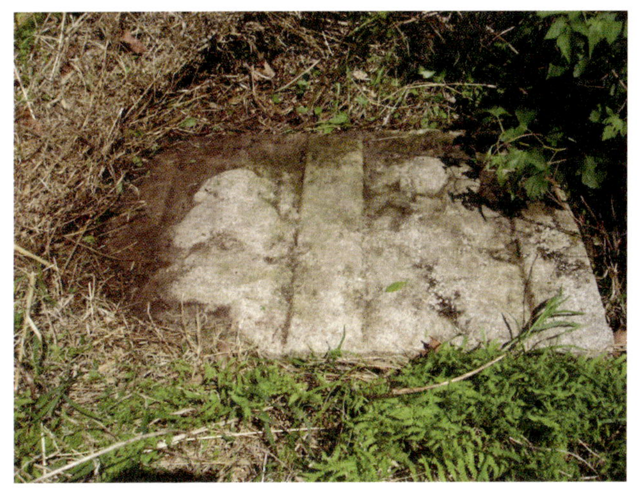

원주 대안리 사지 팔부중

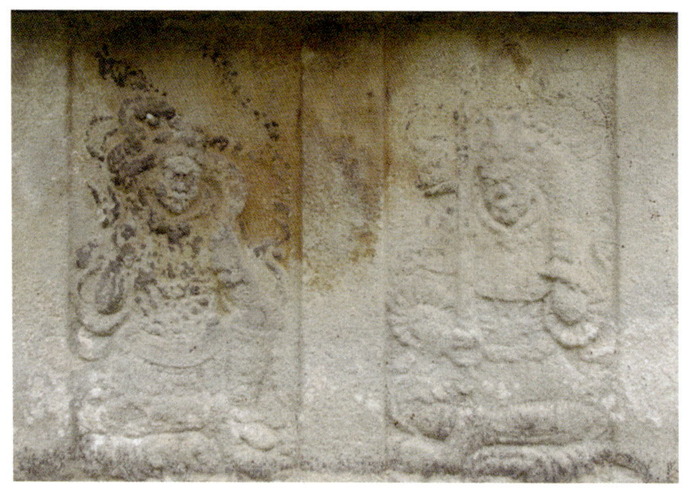

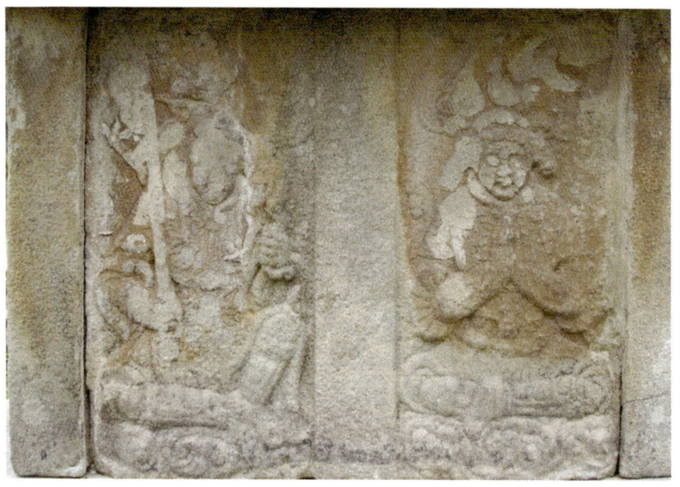

군위 지보사 삼층석탑 팔부중

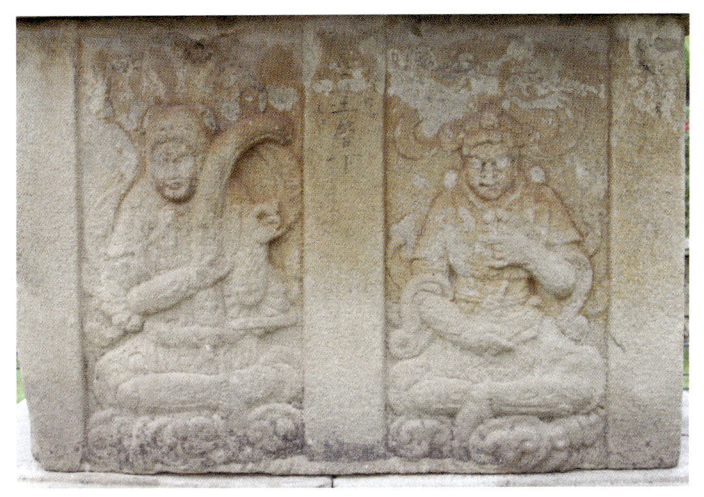

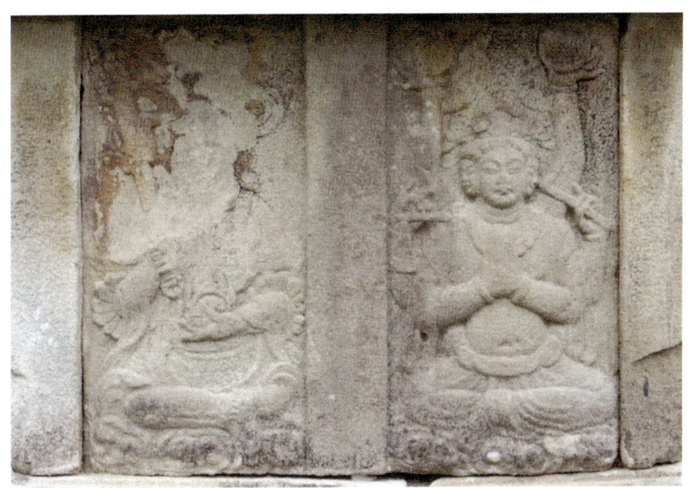

군위 지보사 삼층석탑 팔부중

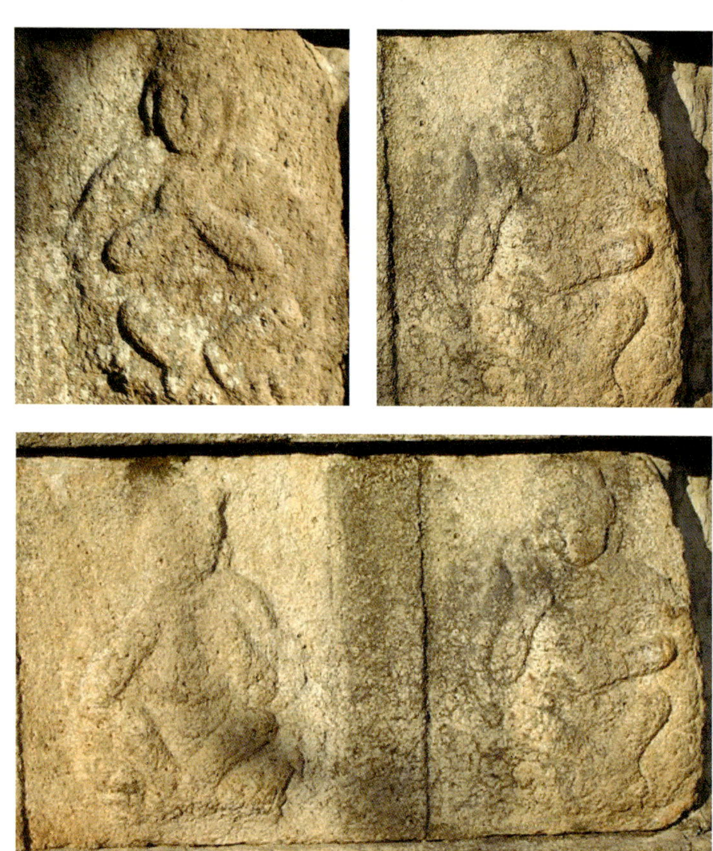

영천 신월동 삼층석탑 팔부중

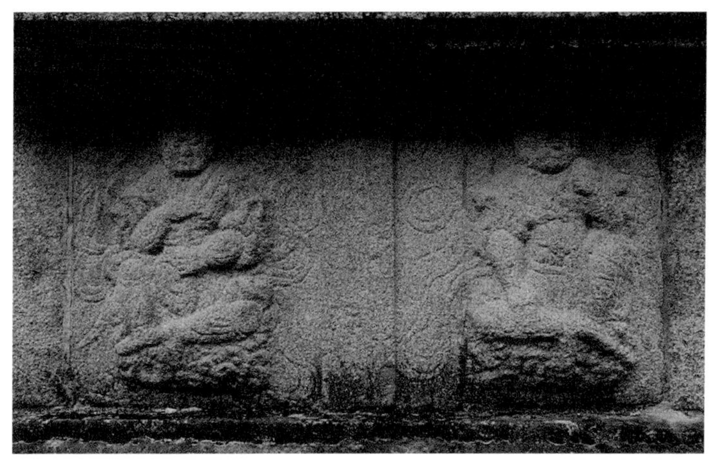

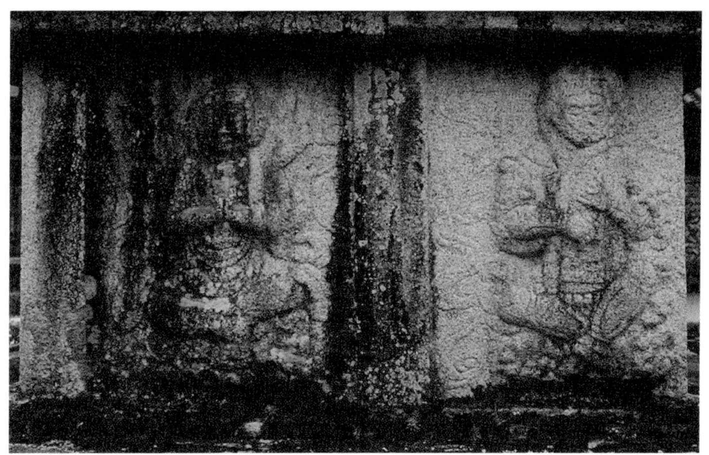

청도 운문사 삼층석탑 팔부중

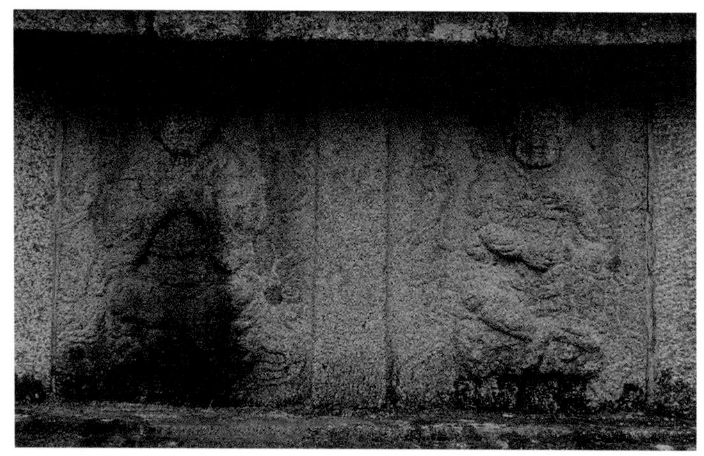

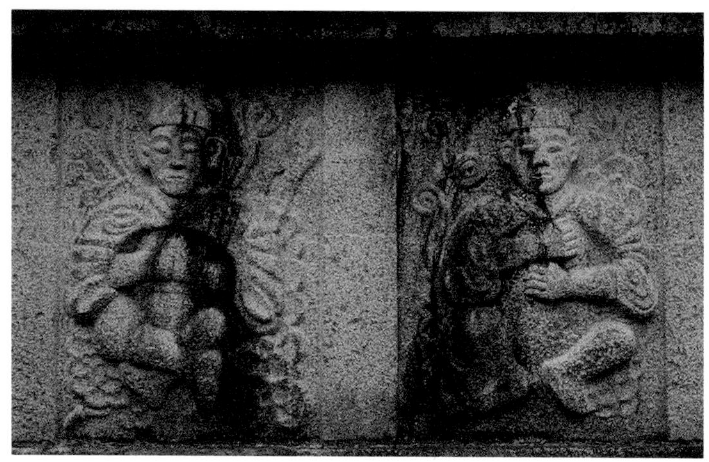

청도 운문사 삼층석탑 팔부중

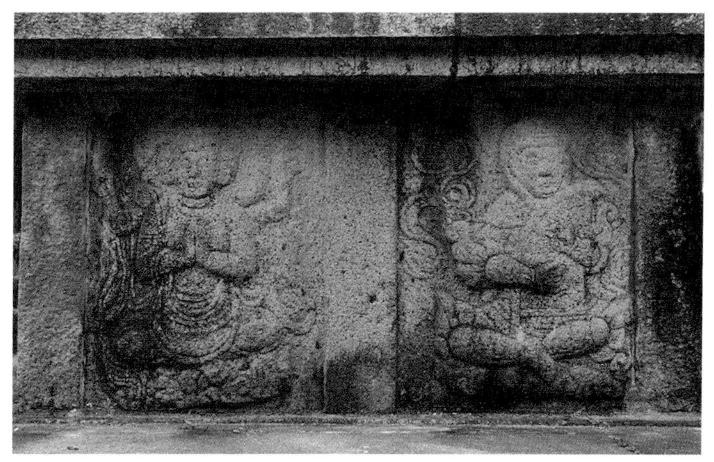

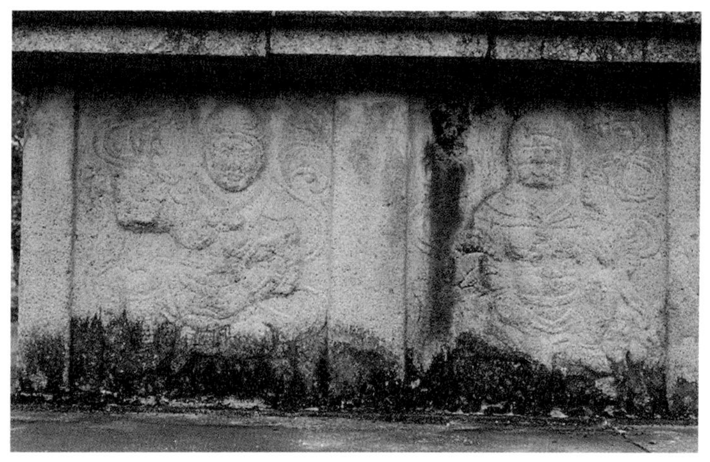

청도 운문사 삼층석탑 팔부중

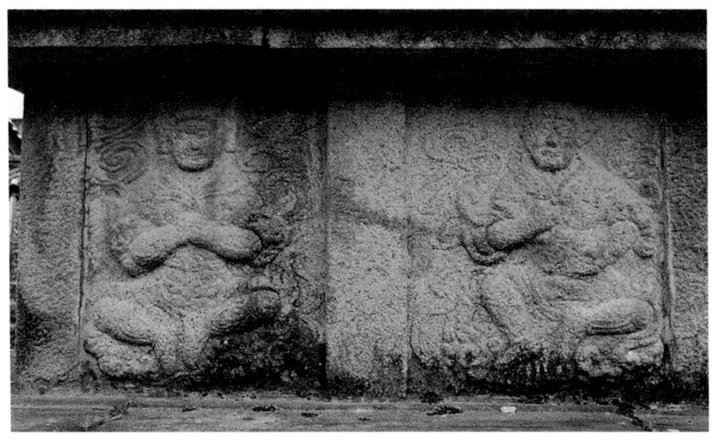

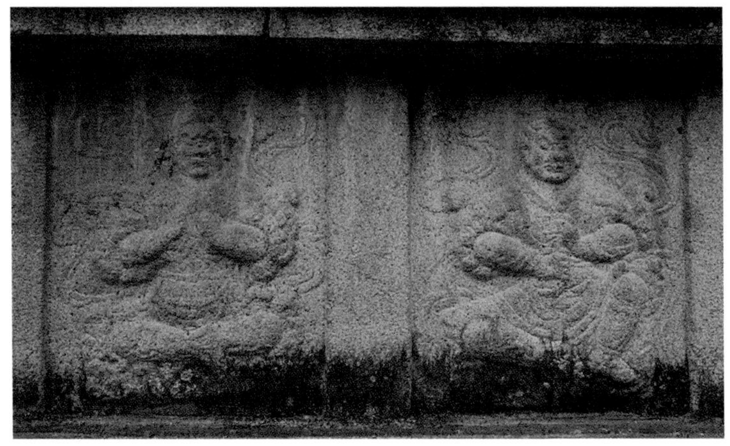

청도 운문사 삼층석탑 팔부중

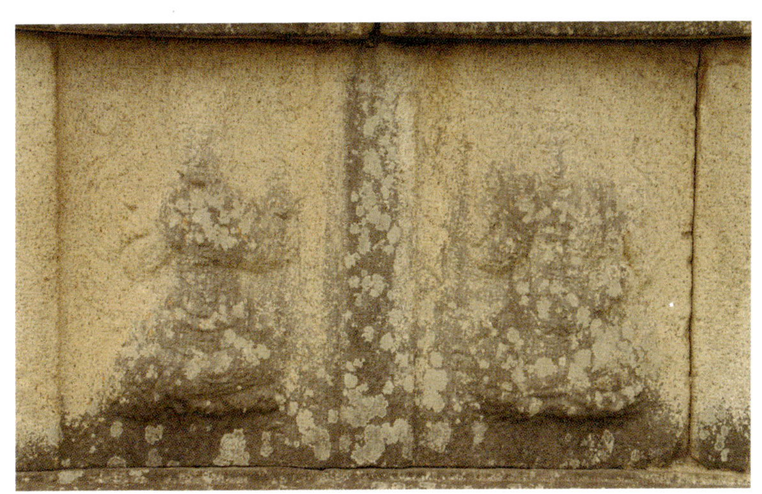

경주 남산동 서 삼층석탑 팔부중 (야차-용)

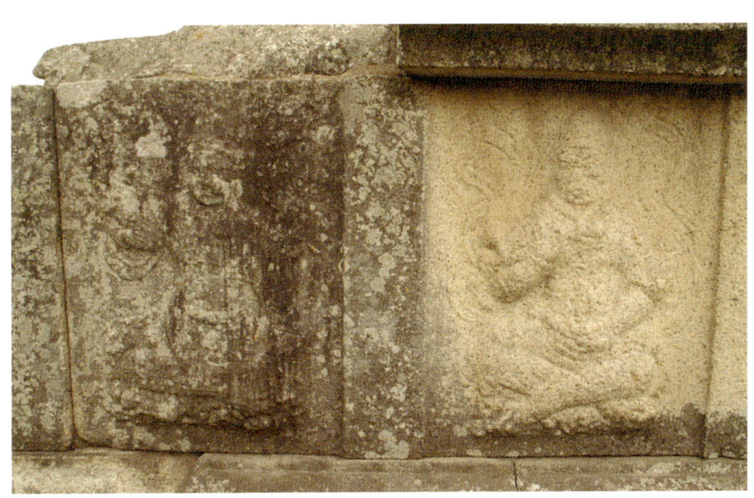

경주 남산동 서 삼층석탑 팔부중 (천-가루라)

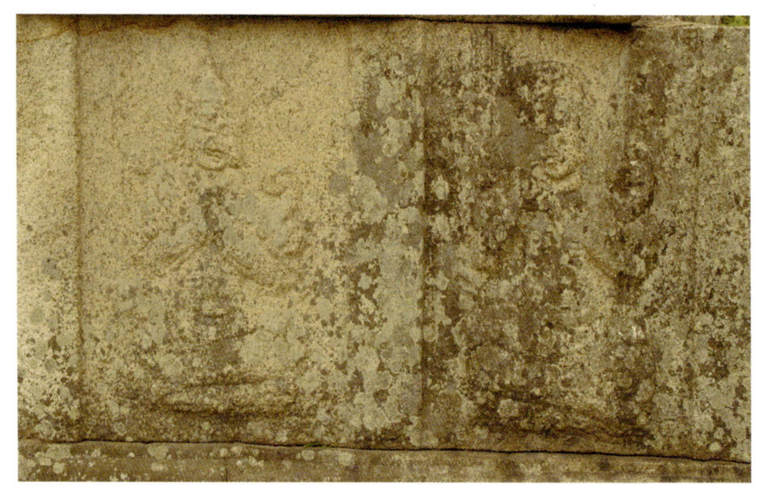

경주 남산동 서 삼층석탑 팔부중 (긴나라-마후라가)

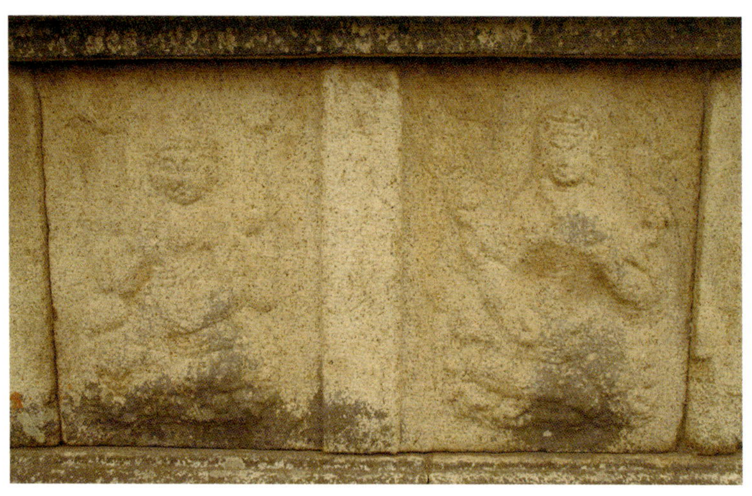

경주 남산동 서 삼층석탑 팔부중(아수라-건달바)

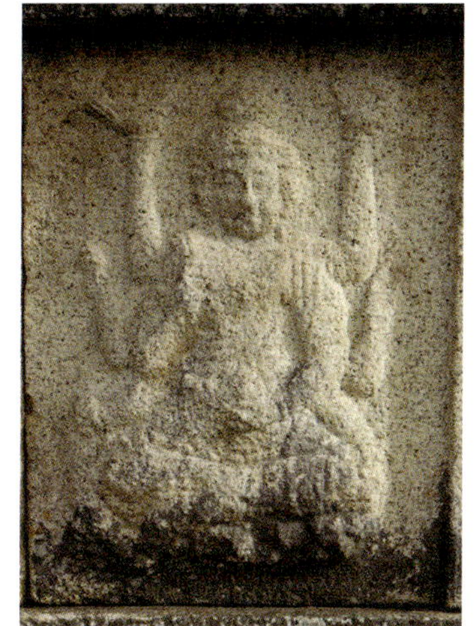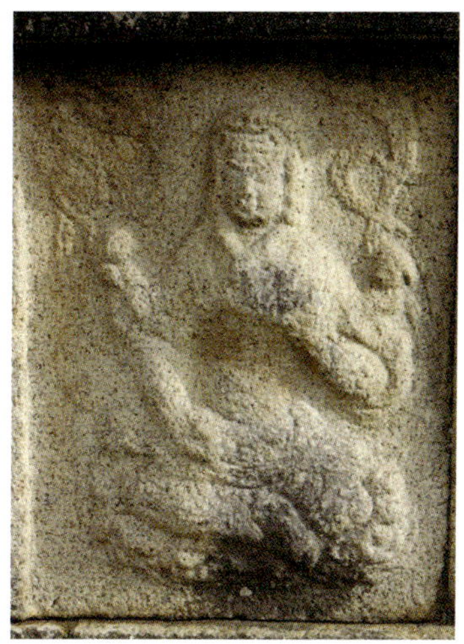

경주 남산동 서 삼층석탑 팔부중

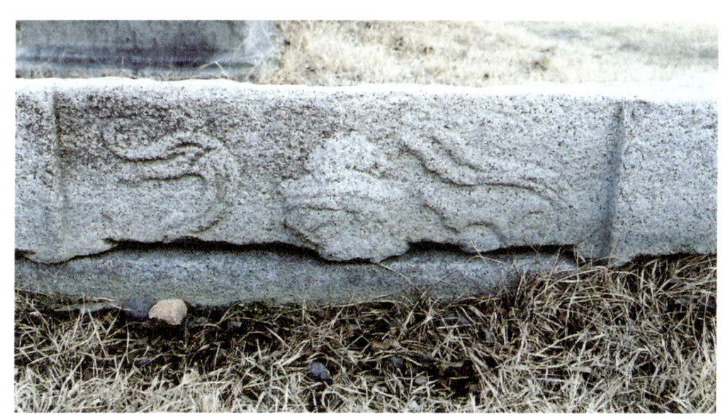

천관사지 출토 팔부중 현) 동국대 경주박물관

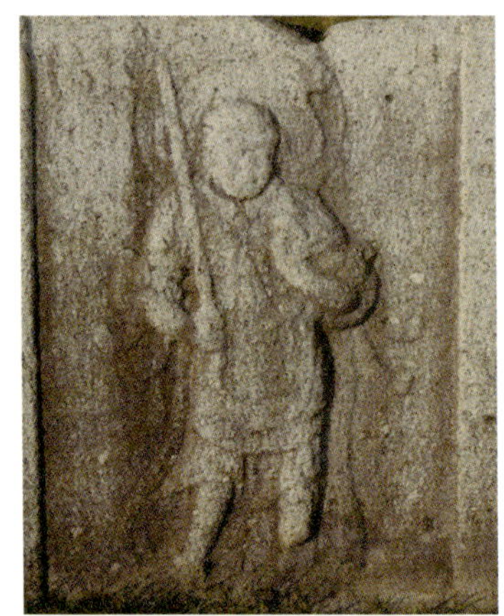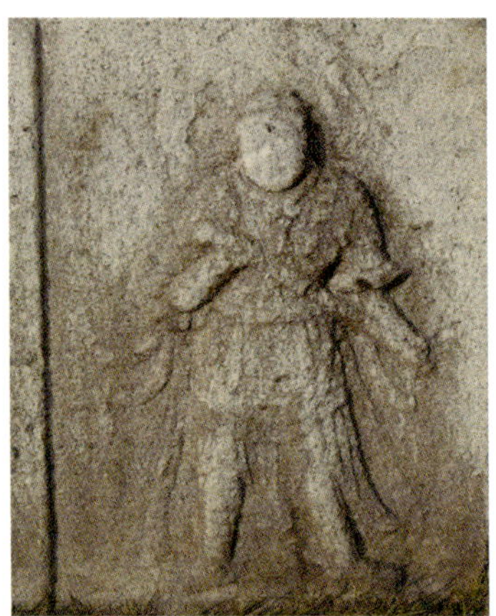

강릉 옥천동석탑 팔부중 현)강릉시립박물관

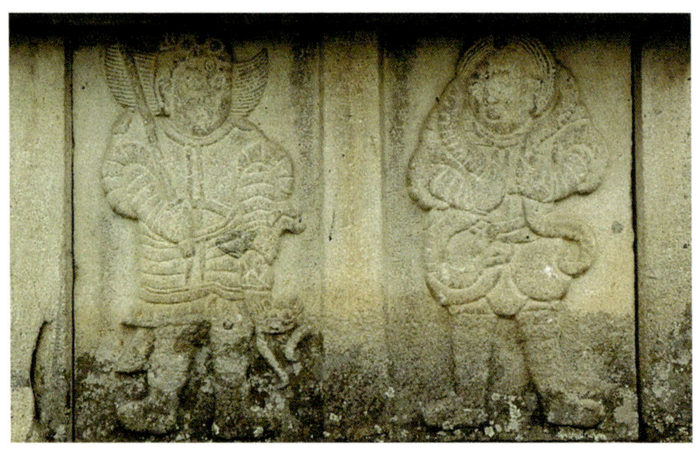

예천 개심사지 오층석탑 팔부중

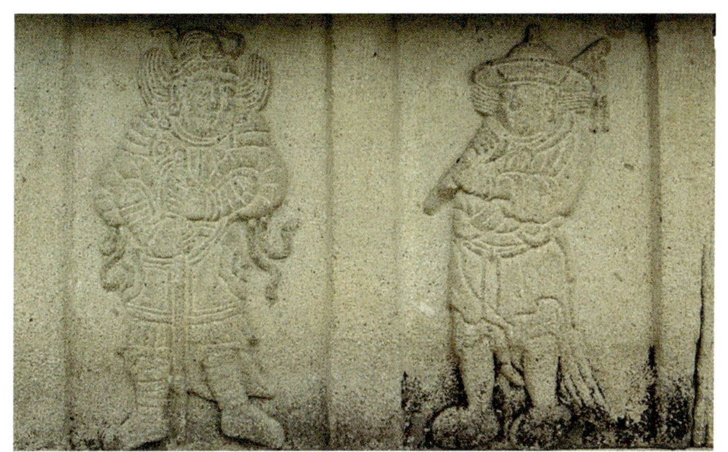

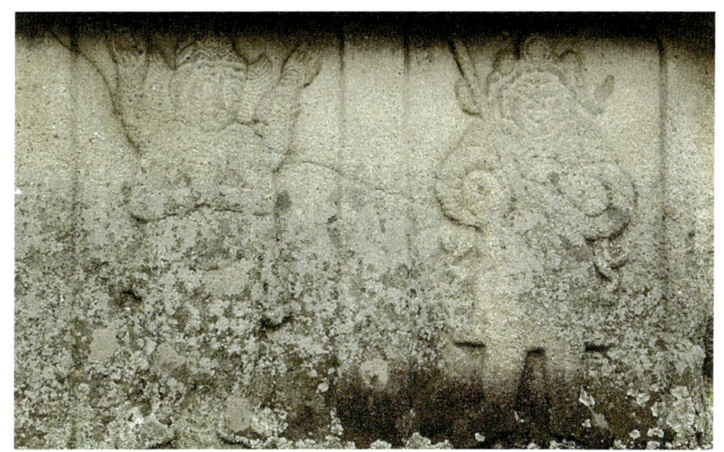

예천 개심사지 오층석탑 팔부중

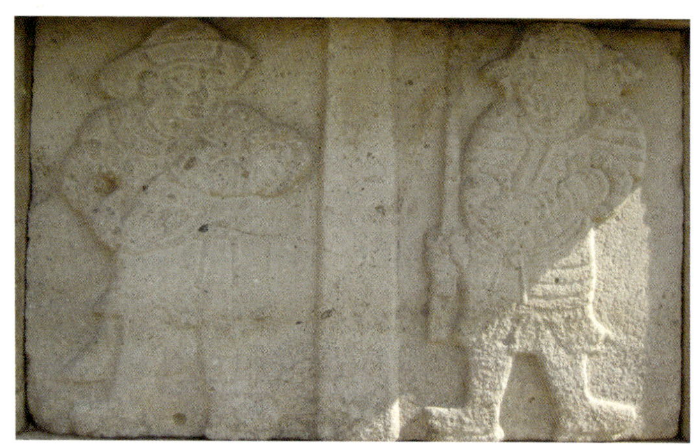

예천 개심사지 오층석탑 팔부중

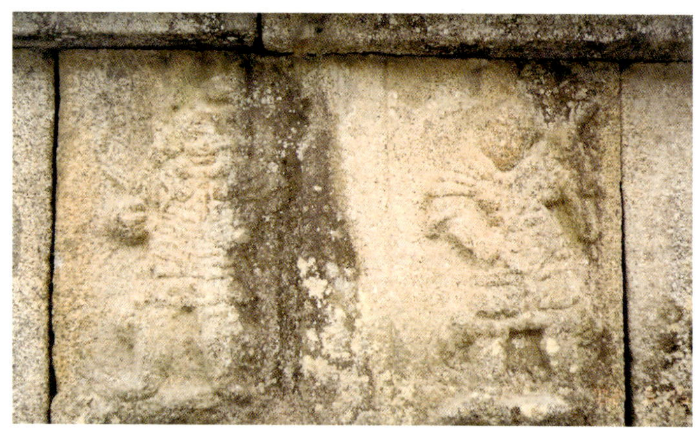

화엄사 서 오층석탑 팔부중

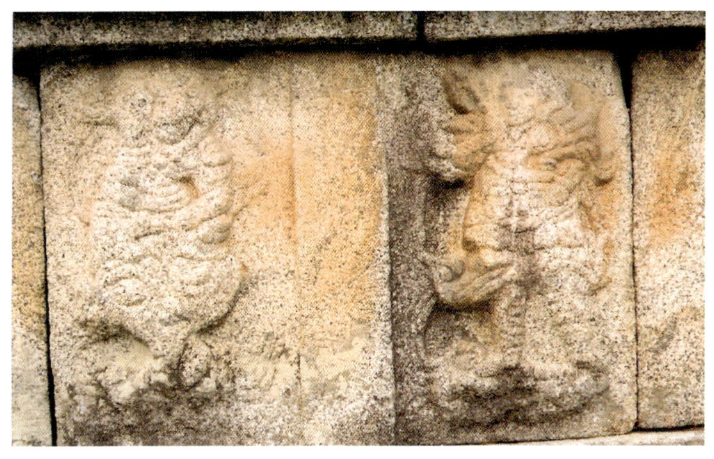

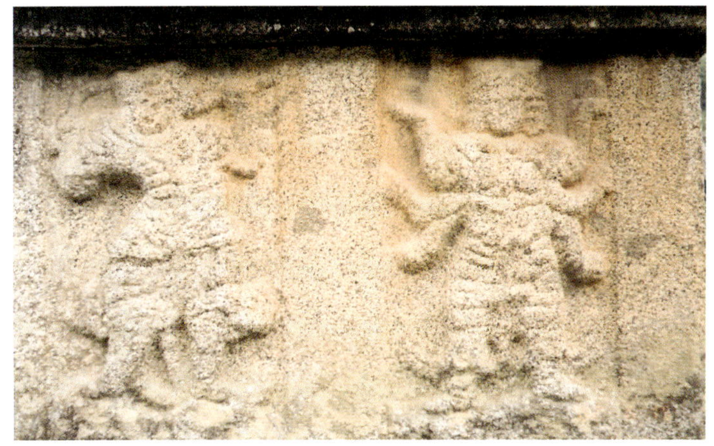

화엄사 서 오층석탑 팔부중

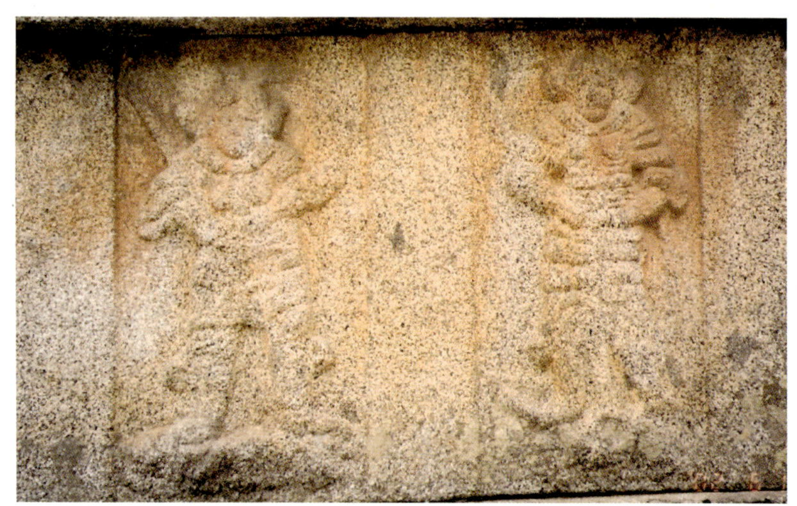

화엄사 서 오층석탑 팔부중

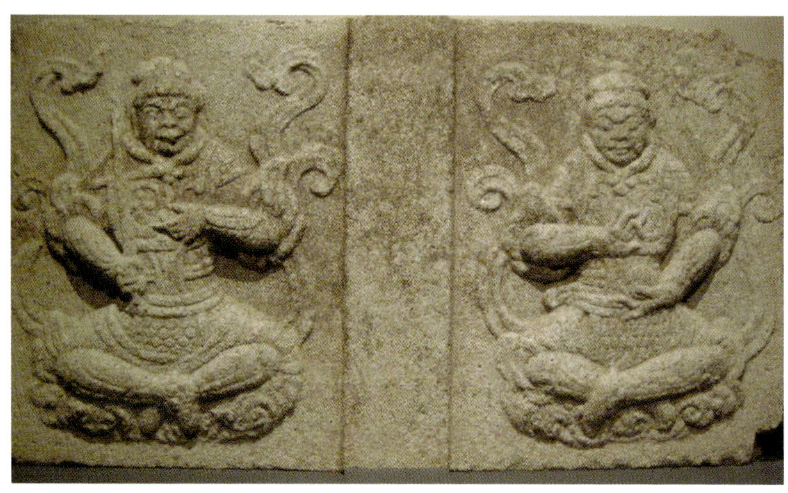

경주 인용사지 출토 팔부중

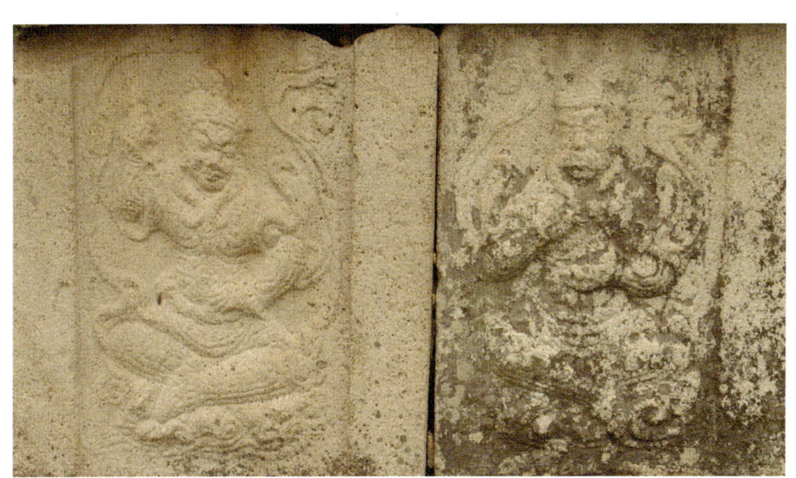

숭복사지 동삼층석탑 팔부중(천 – 가루라)

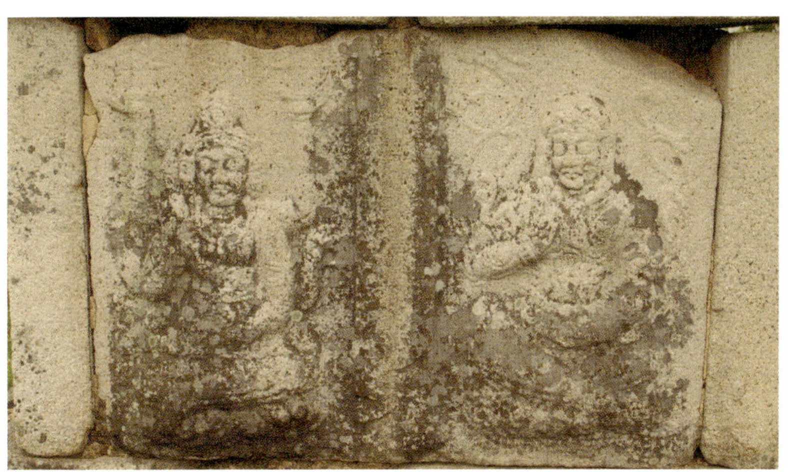

숭복사지 동삼층석탑 팔부중(아수라 – 건달바)

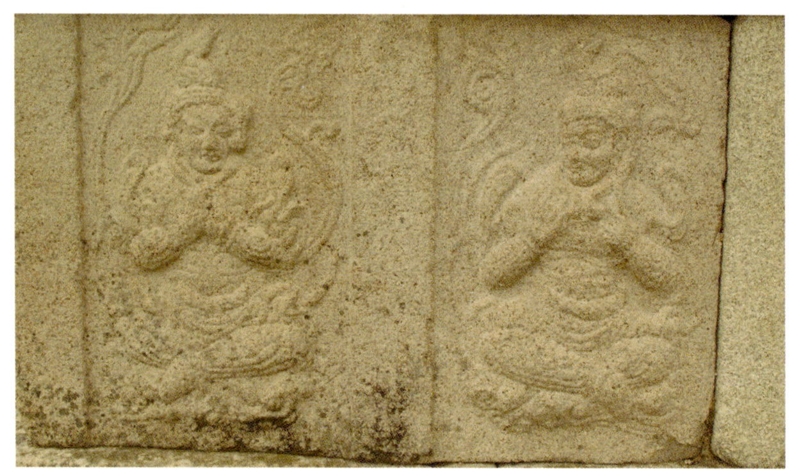

숭복사지 동삼층석탑 팔부중(긴나라-마후라가)

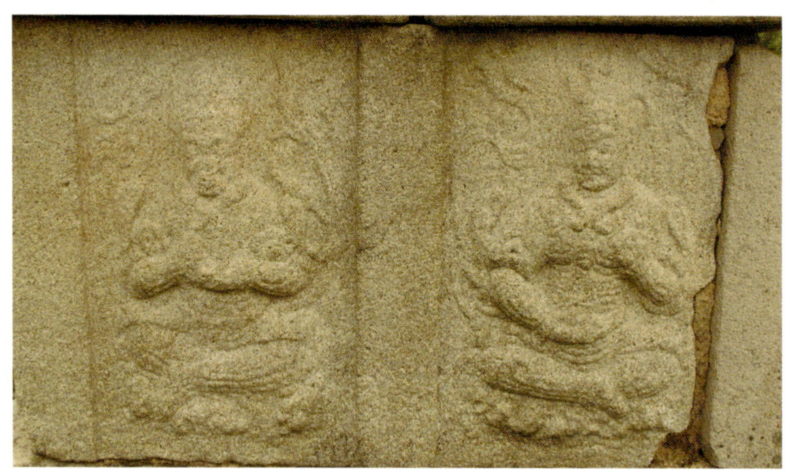

숭복사지 동삼층석탑 팔부중(야차-용)

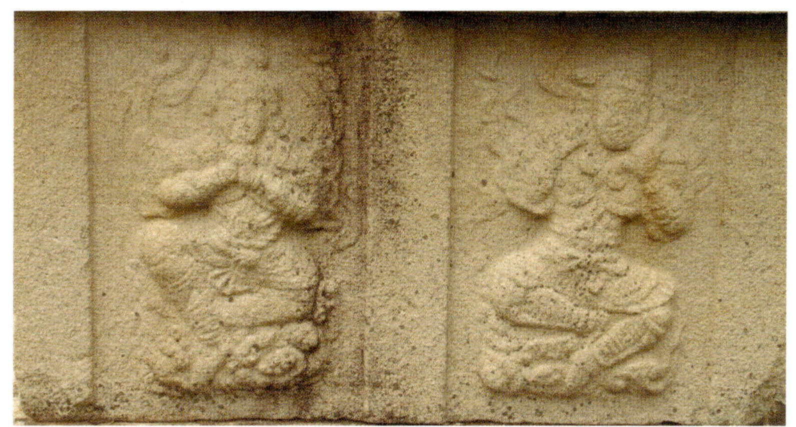

숭복사지 서삼층석탑 팔부중(긴나라 - 마후라가)

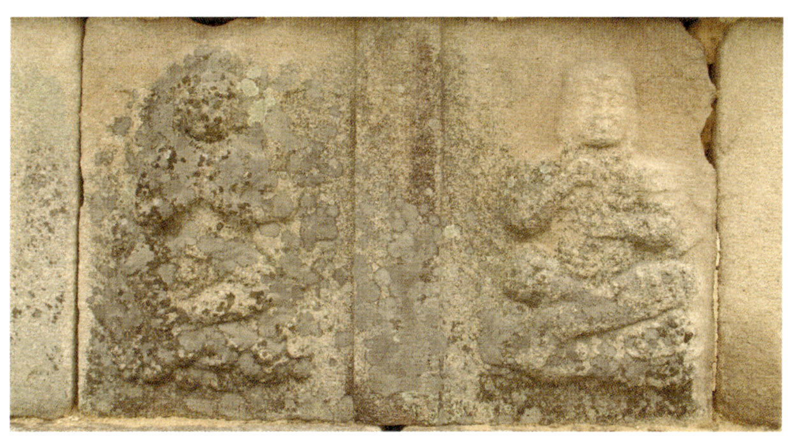

숭복사지 서삼층석탑 팔부중(아수라-건달바)

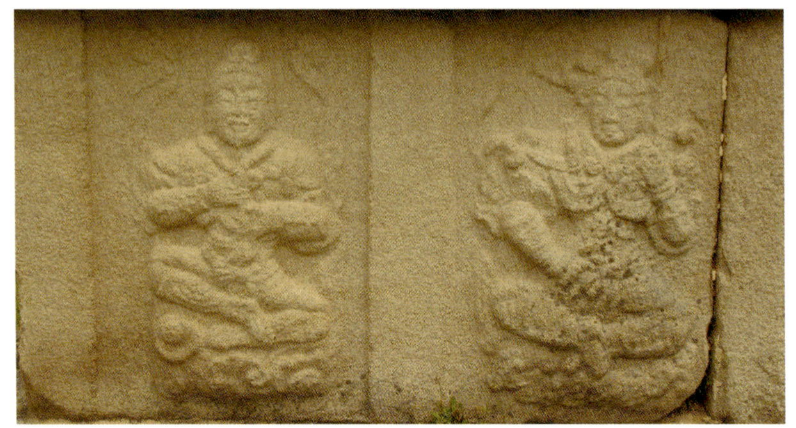

숭복사지 서삼층석탑 팔부중(야차-용)

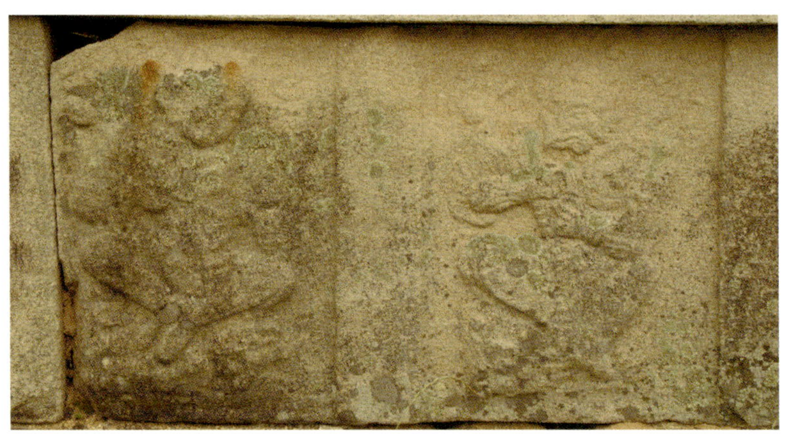

숭복사지 서삼층석탑 팔부중(천-가루라)

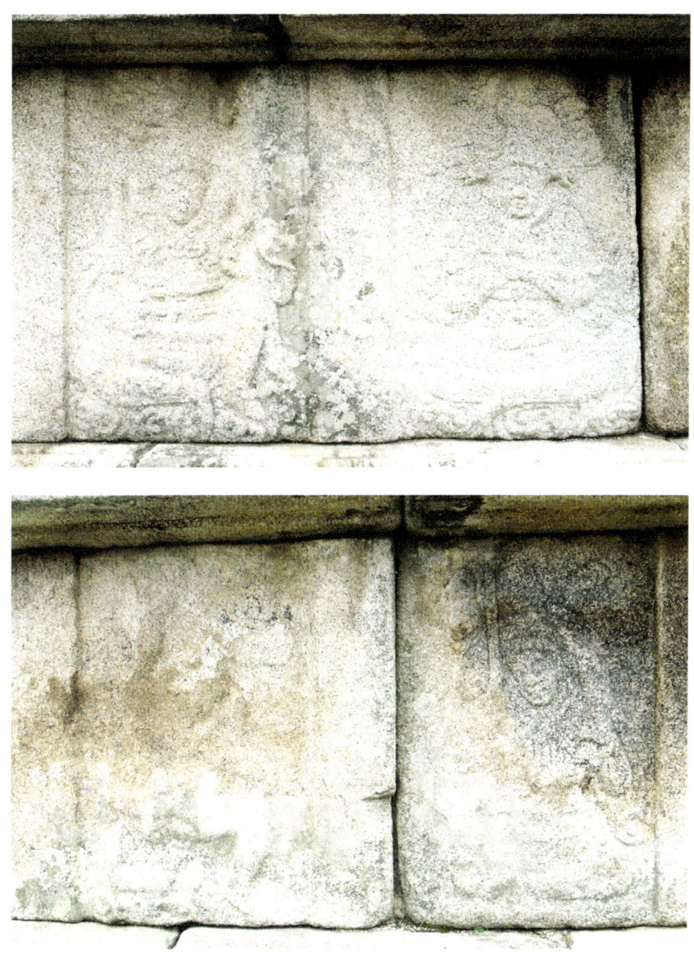

서산 보원사지 오층석탑 팔부중

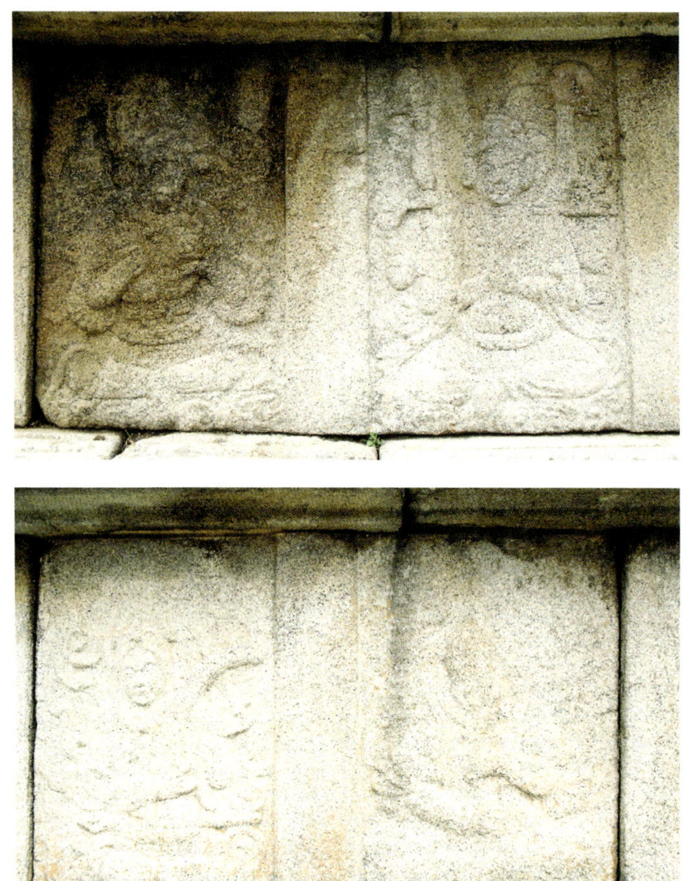

서산 보원사지 오층석탑 팔부중

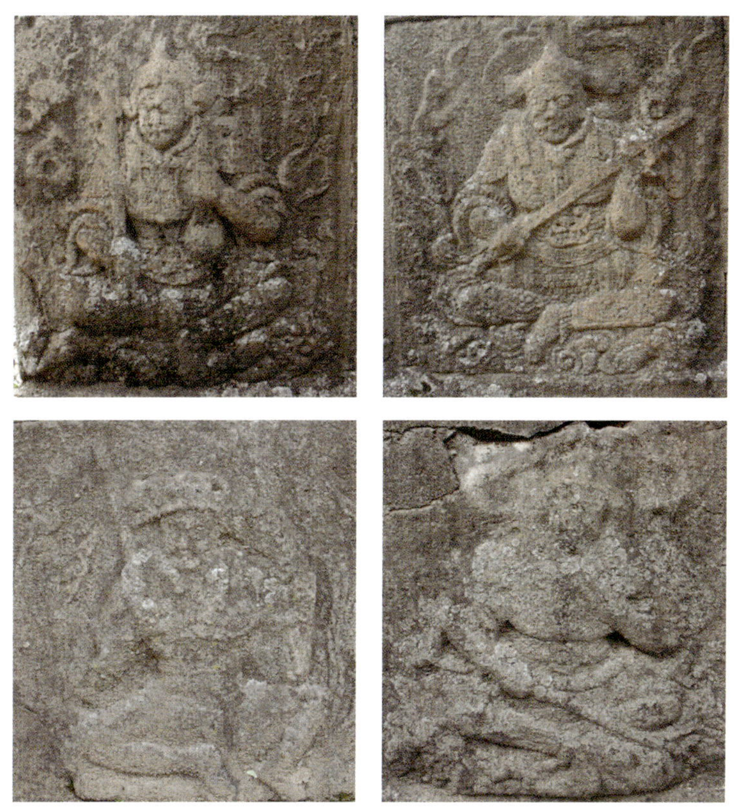

안동 신세동 칠층전탑 팔부중

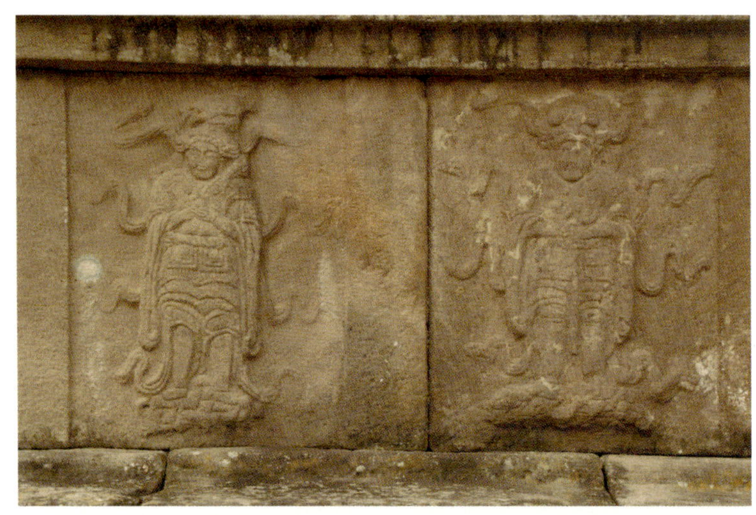
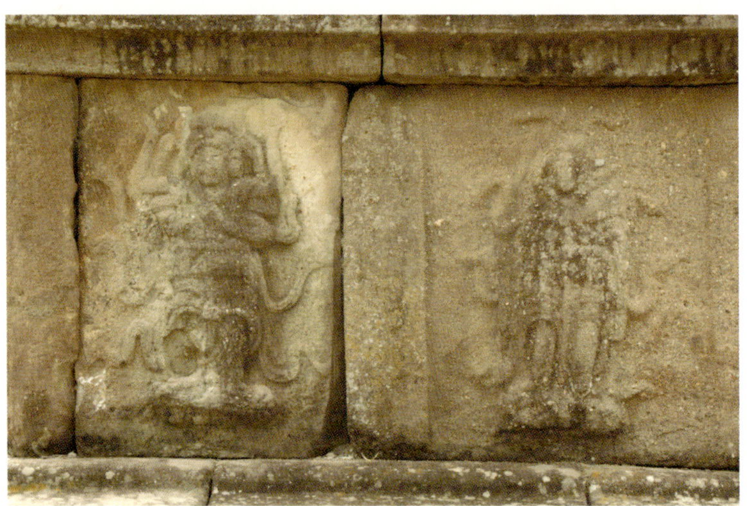

영양 화천동 삼층석탑 팔부중

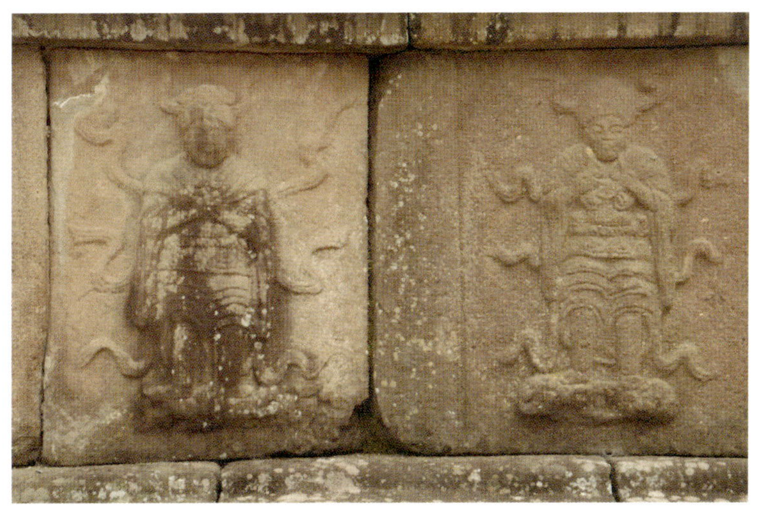

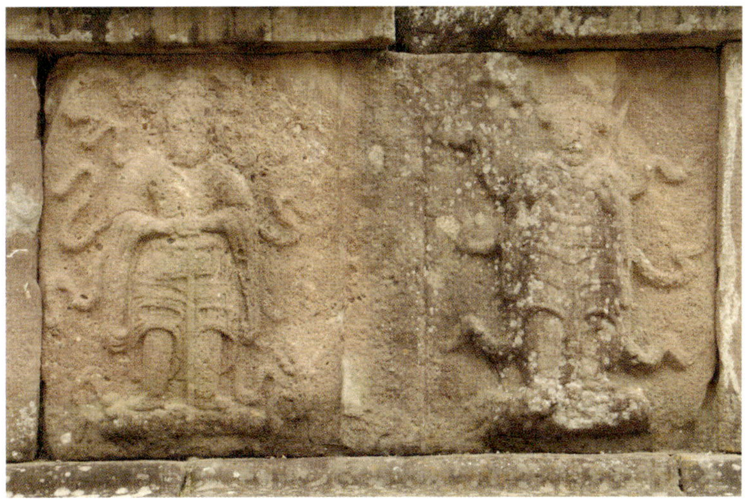

영양 화천동 삼층석탑 팔부중

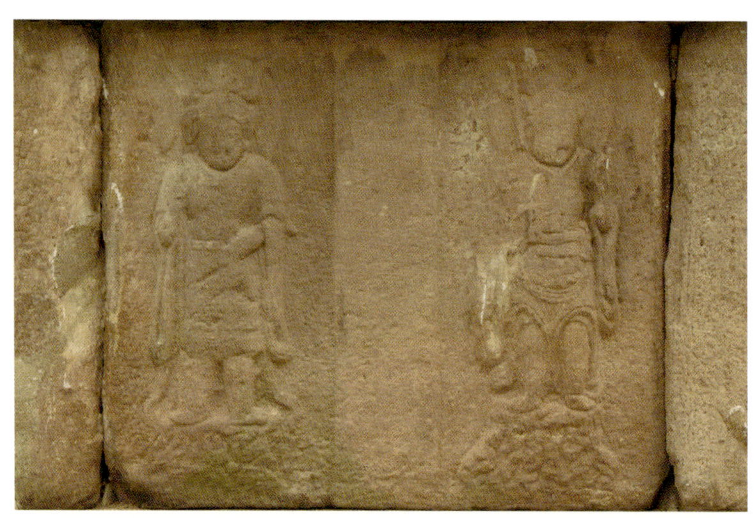

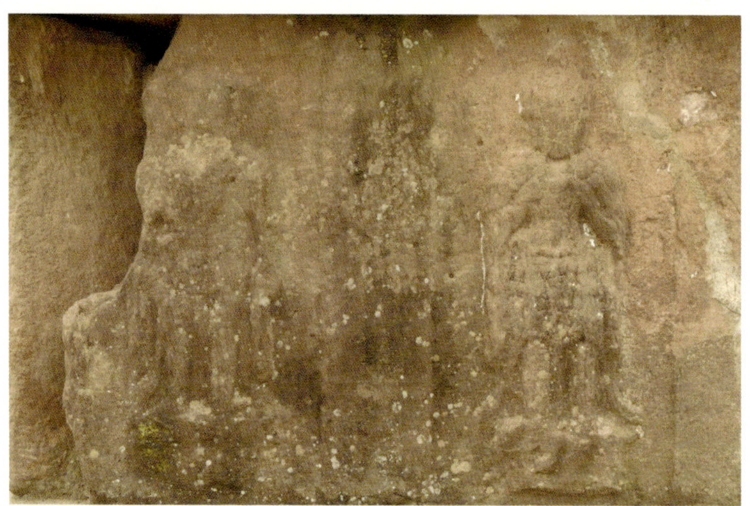

영양 현일동 삼층석탑 팔부중

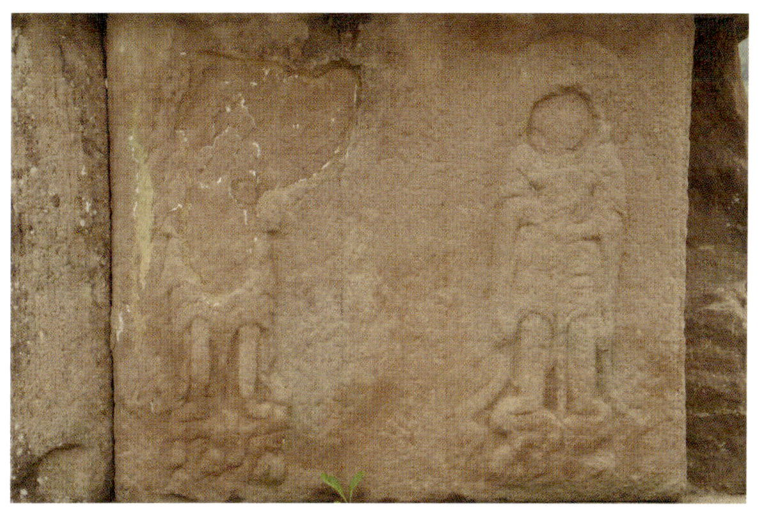
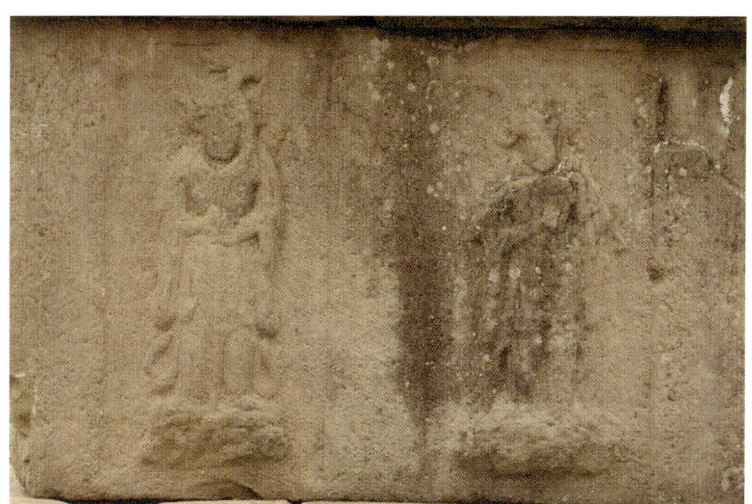

영양 현일동 삼층석탑 팔부중

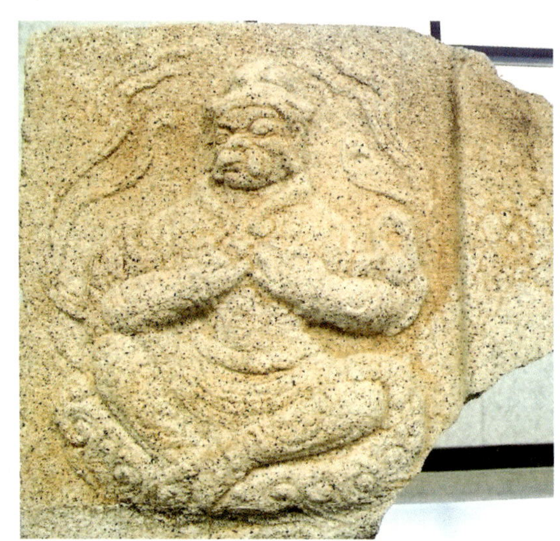

경주 천관사지 출토 팔부중

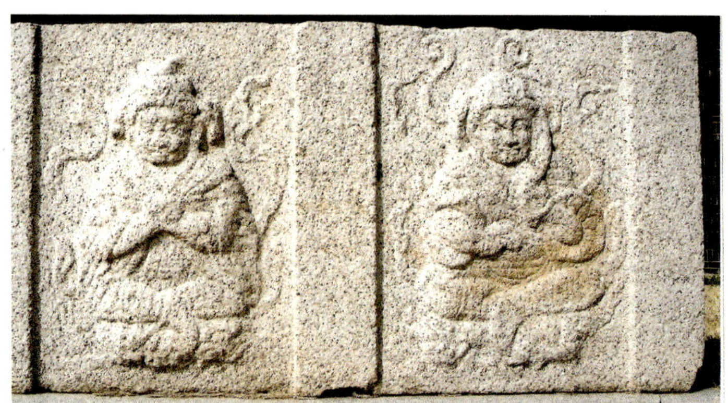

경주 사제사지 출토 팔부중

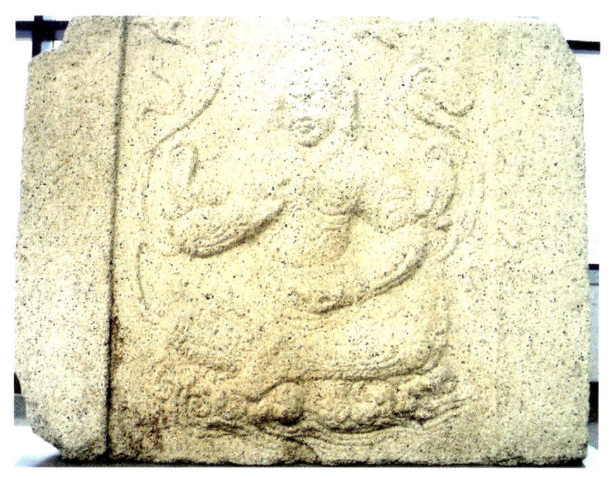

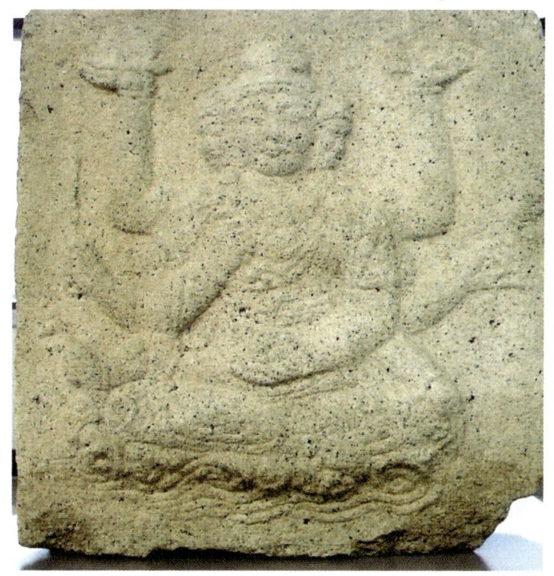

경주 담엄사지 출토 팔부중

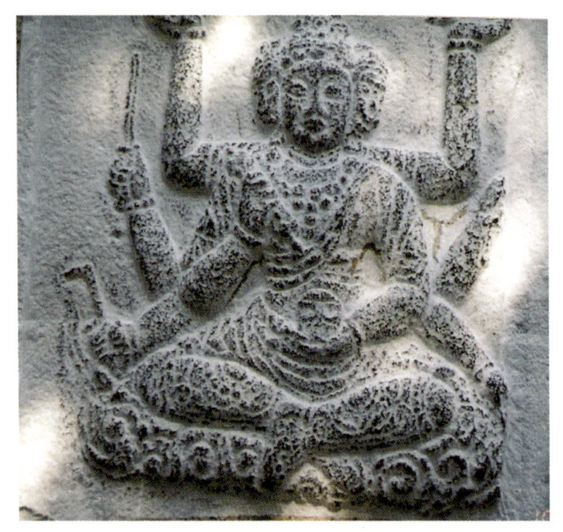

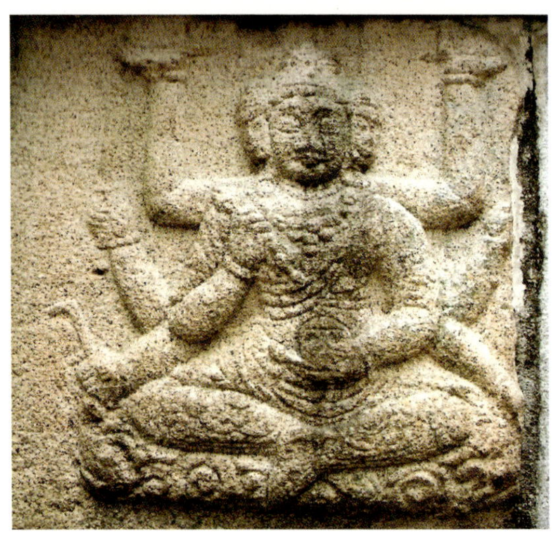

창림사지 삼층석탑 팔부중

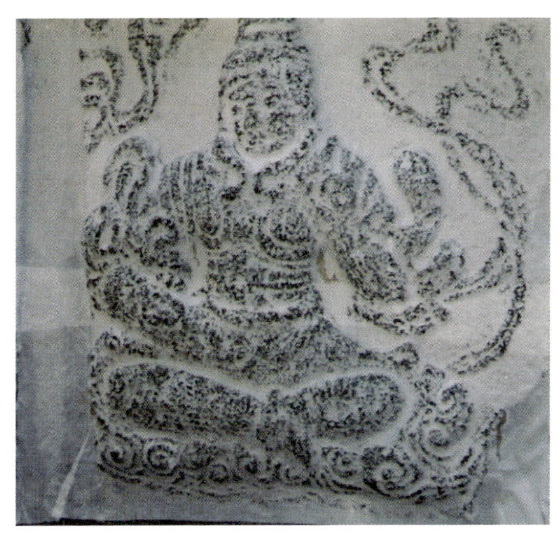

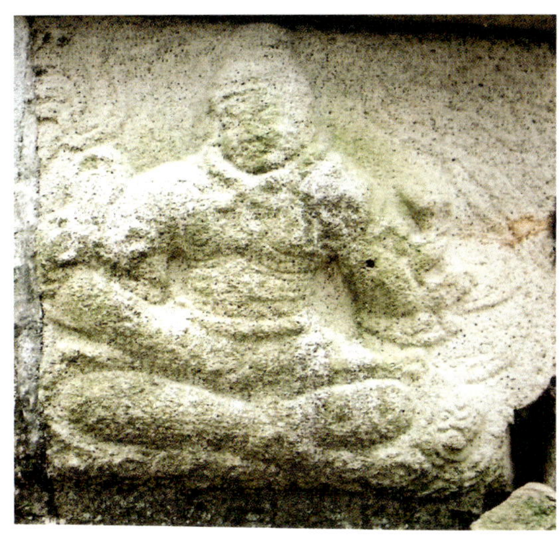

창림사지 삼층석탑 팔부중

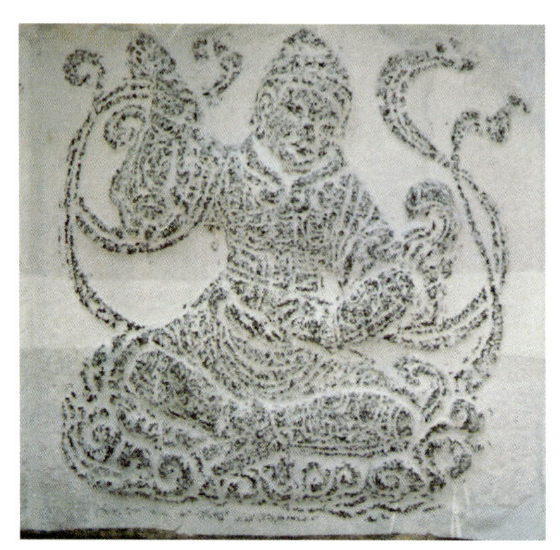

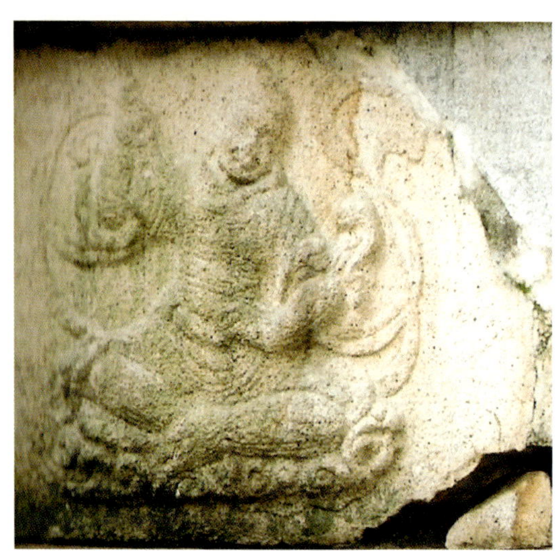

창림사지 삼층석탑 팔부중

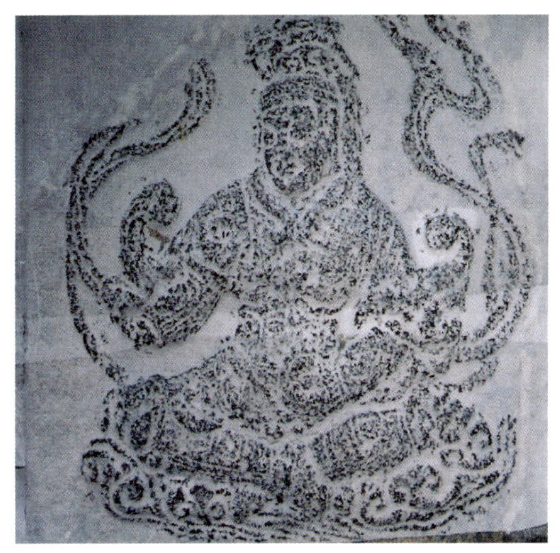

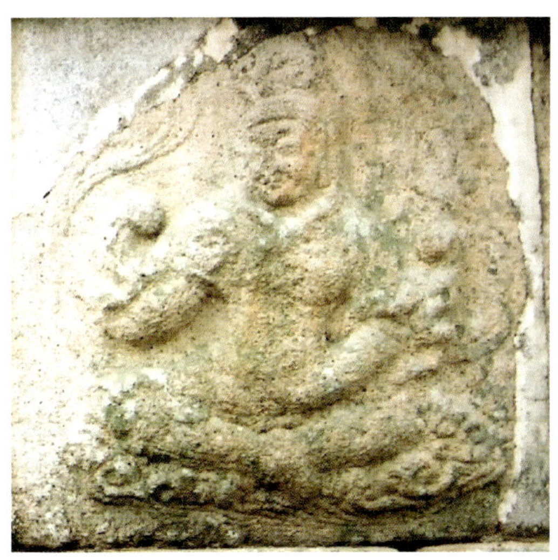

창림사지 삼층석탑 팔부중

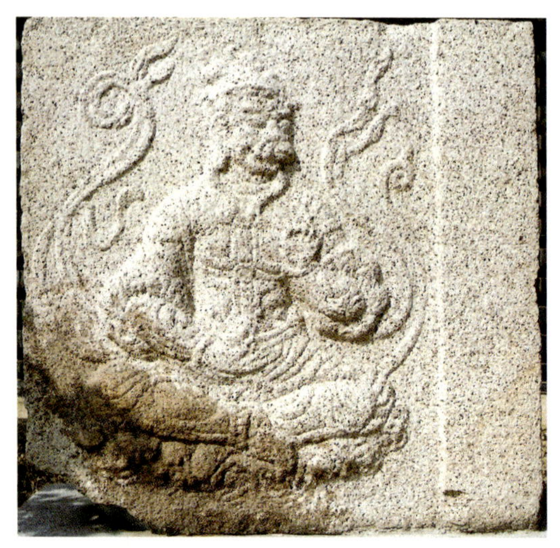

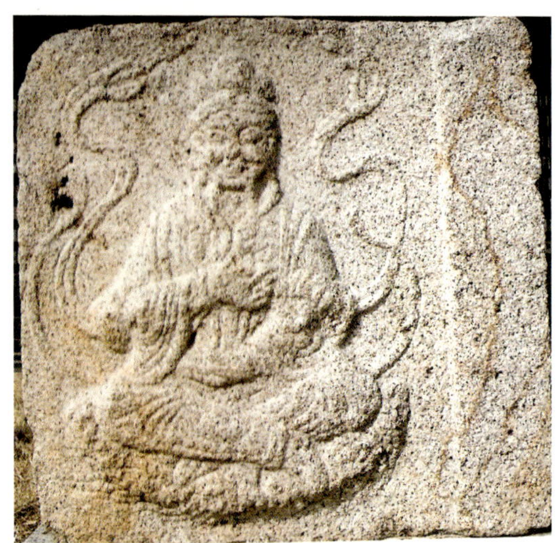

창림사지 출토 팔부중

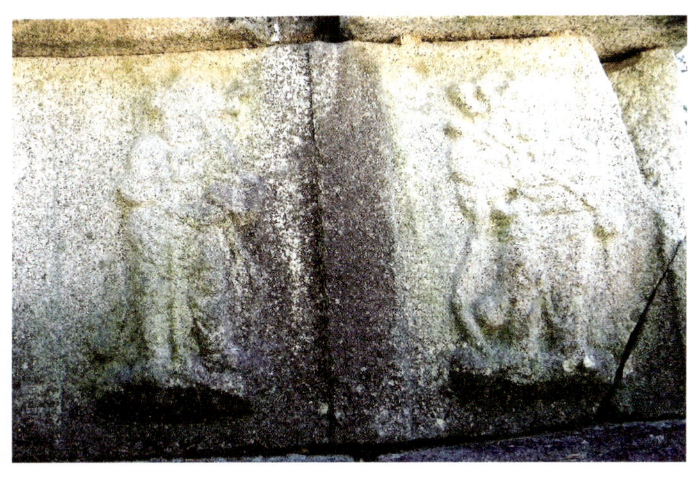

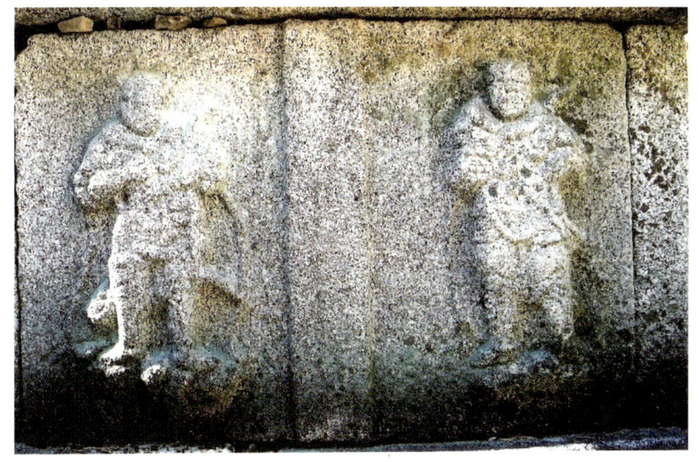

금둔사지 삼층석탑 팔부중

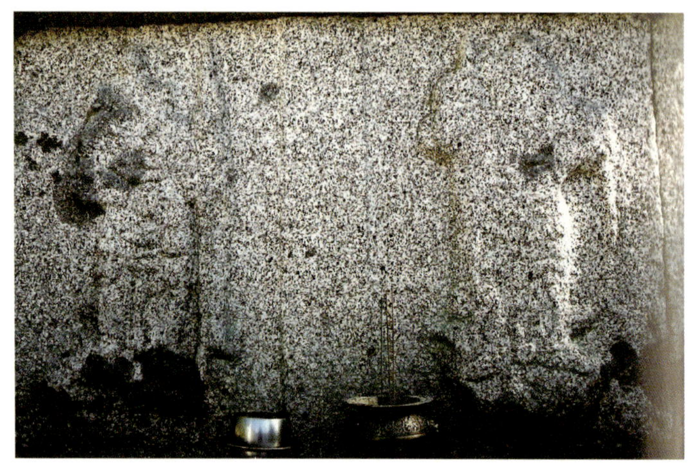

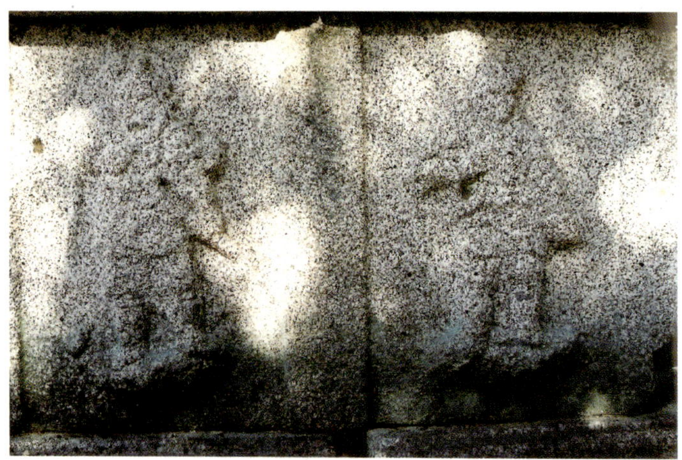

금둔사지 삼층석탑 팔부중

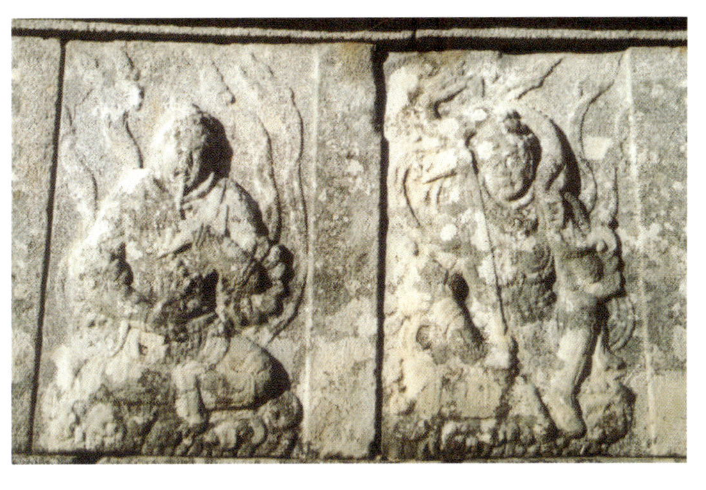

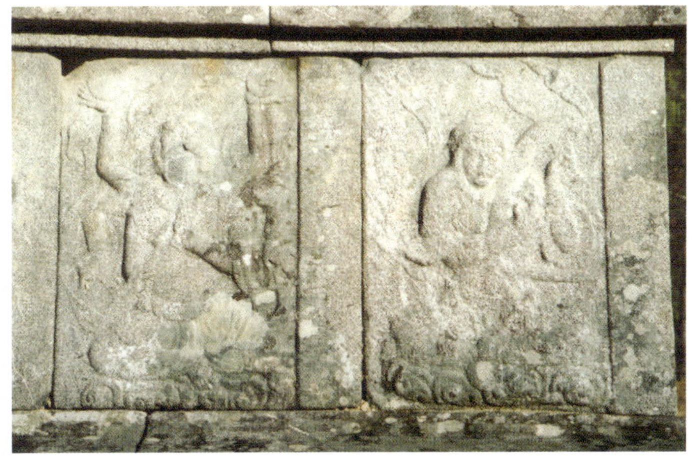

진전사지 삼층석탑 팔부중

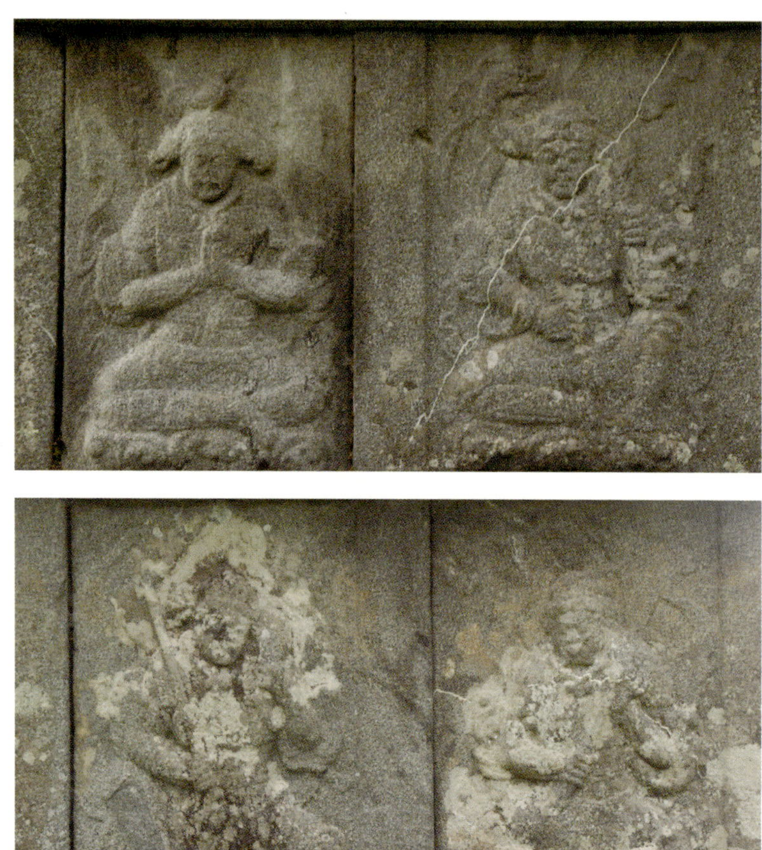

진전사지 삼층석탑 팔부중

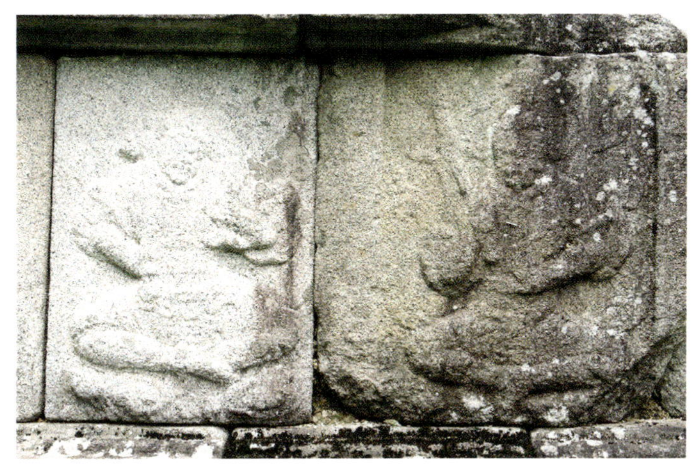

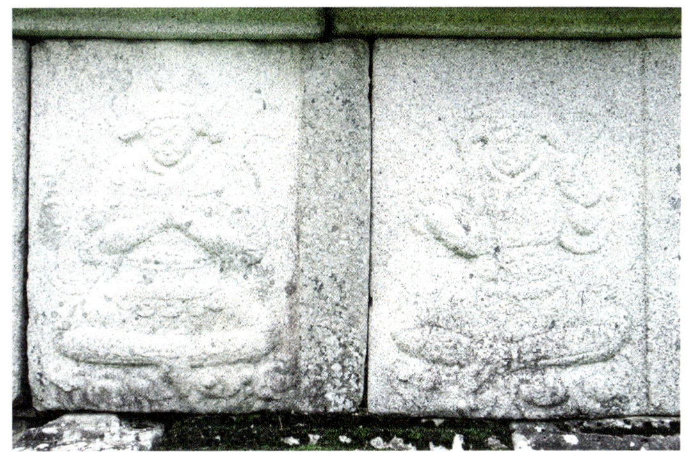

선림원지 삼층석탑 팔부중

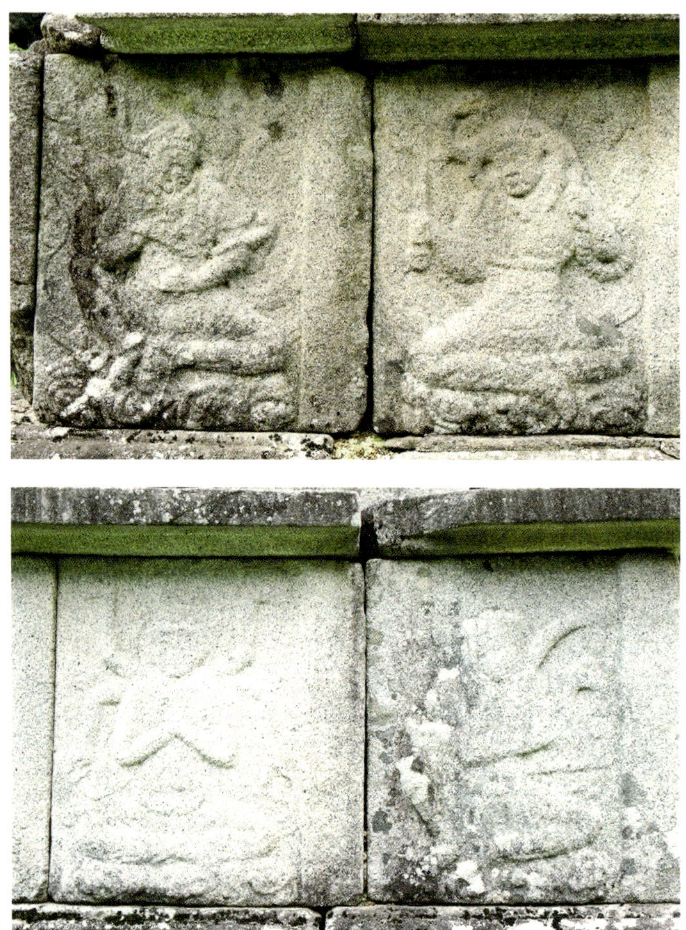

선림원지 삼층석탑 팔부중

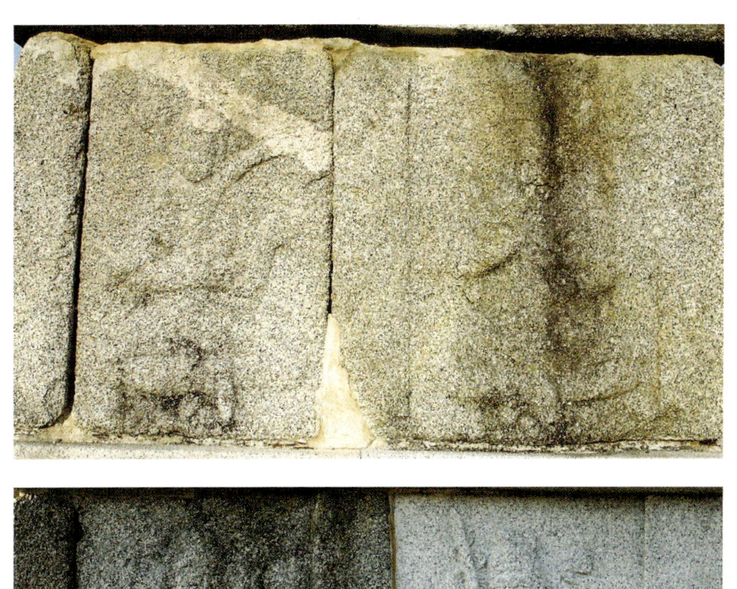

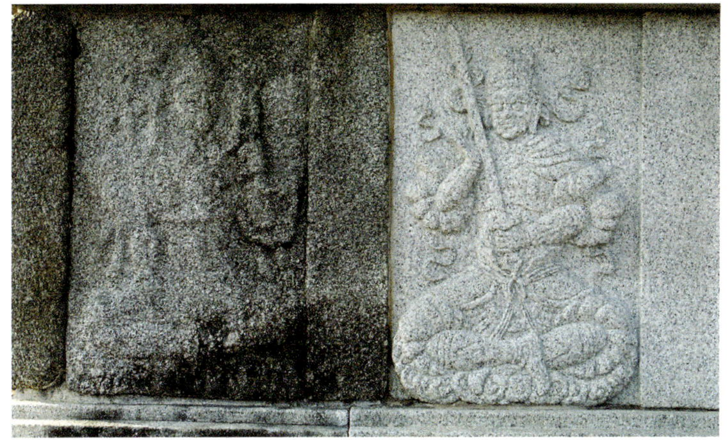

횡성 중금리 삼층석탑 팔부중

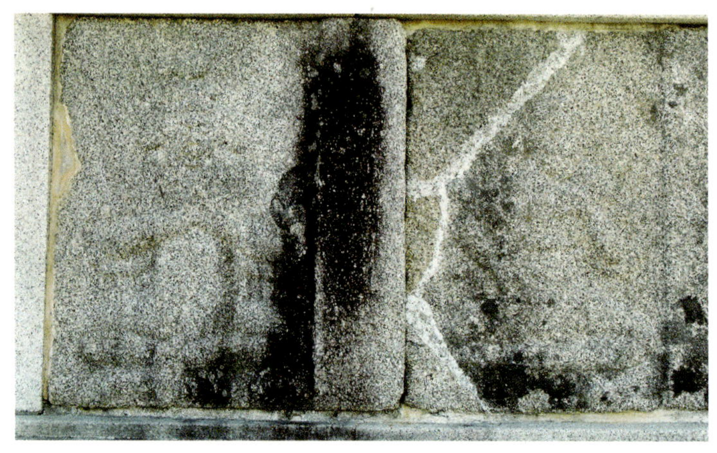

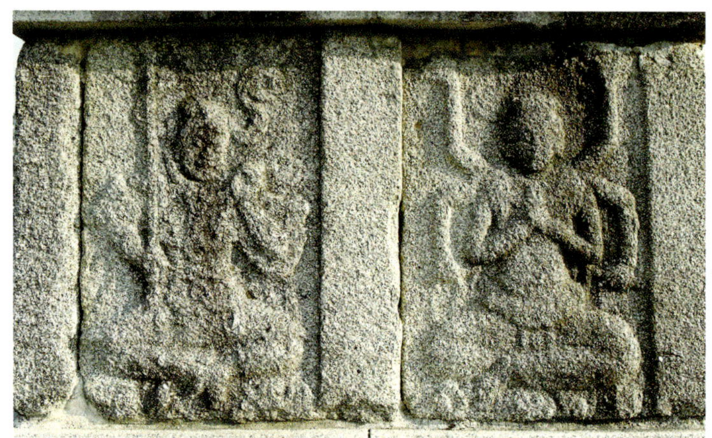

횡성 중금리 삼층석탑 팔부중

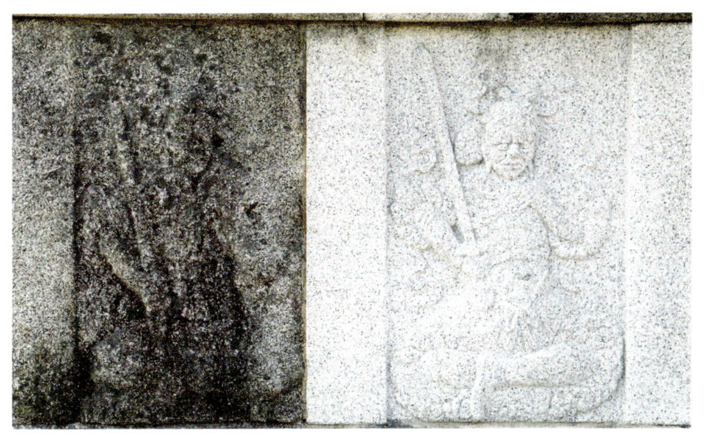

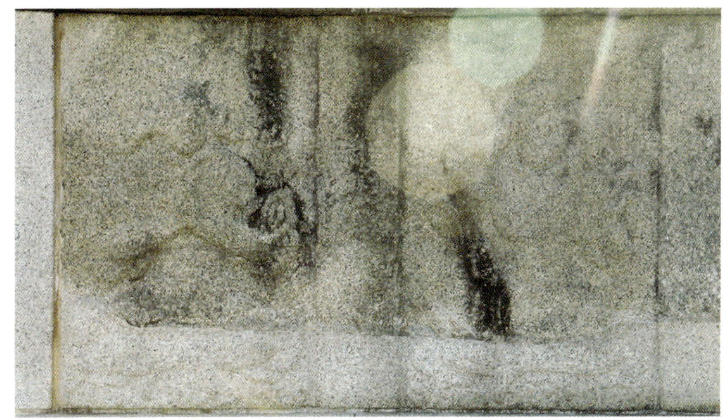

횡성 중금리 삼층석탑 팔부중

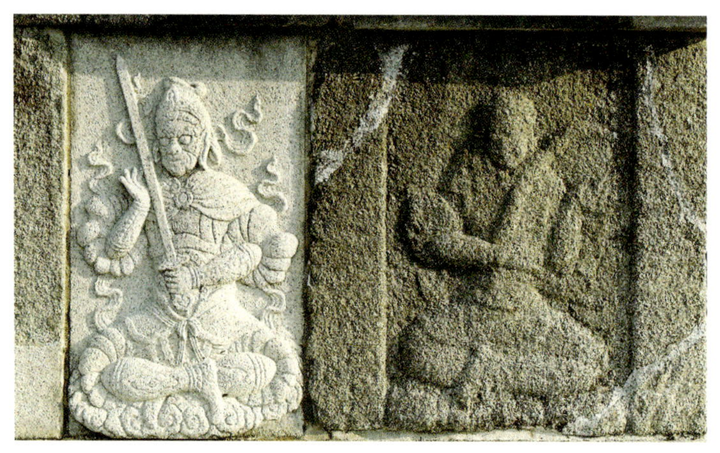

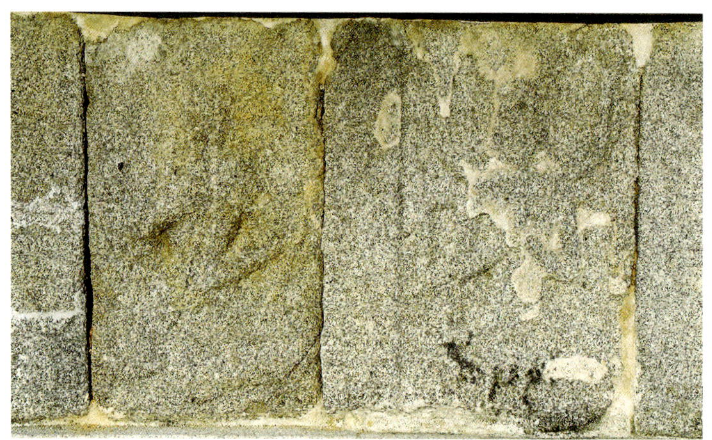

횡성 중금리 삼층석탑 팔부중

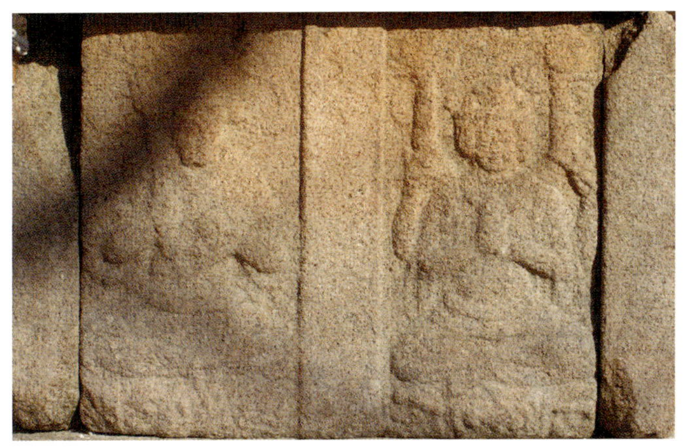

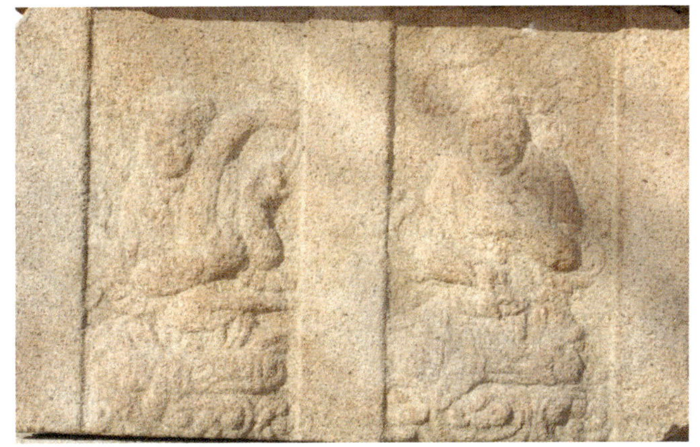

금강산 신계사 삼층석탑 팔부중

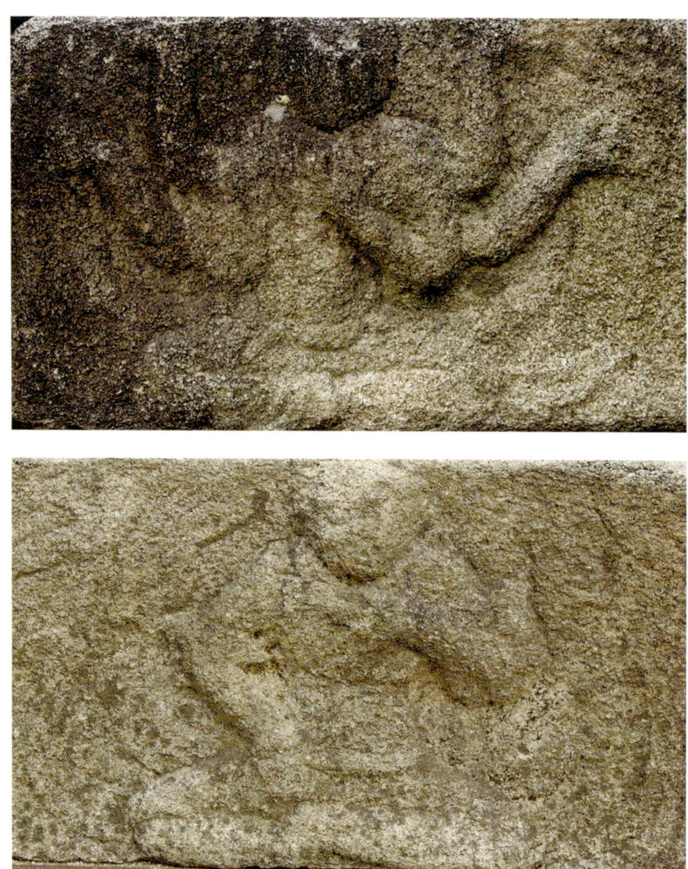

김천 직지사 성보박물관 팔부중

십이지상(十二支像)

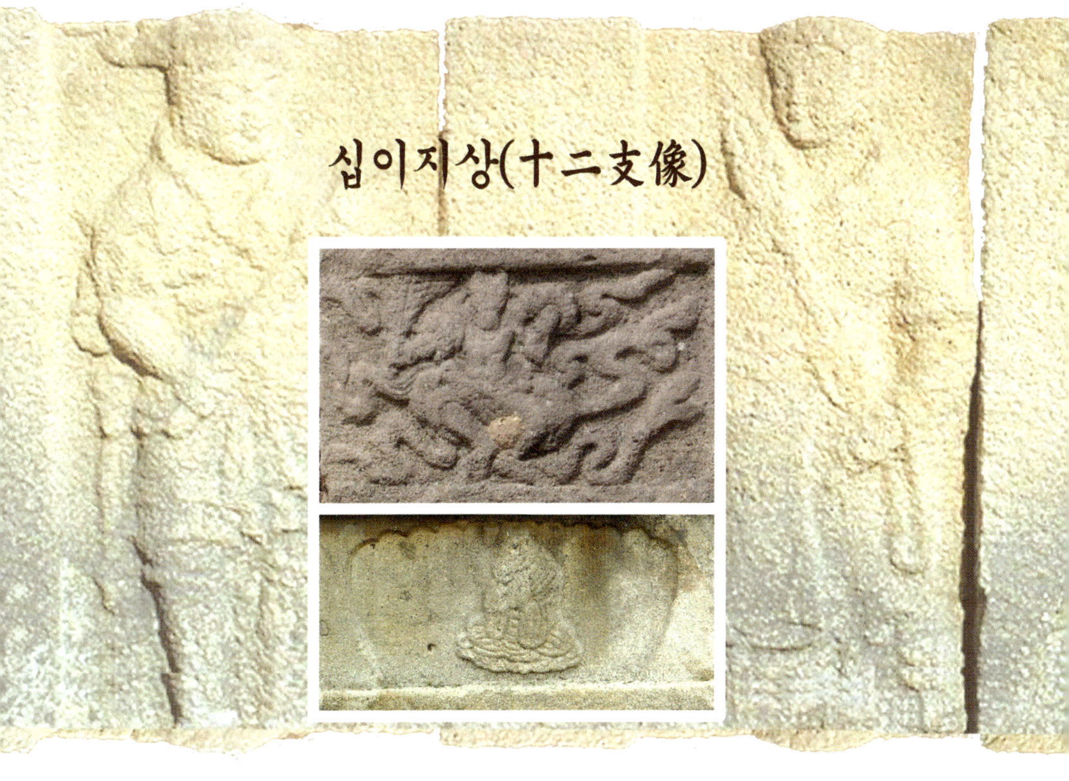

십이지상 十二支像

십이지상은 땅을 지키는 12신장으로 『약사경』을 외우는 불교인을 지키는 신이다. 십이지신은 도교의 방위 신앙에서 강한 영향을 입은 것으로, 12야차, 12시왕이라고도 불리며 약사불의 12대원에 대응하여 약사불을 수호하고 약사의 대원을 실현시키고자 하는 신장이다.

약사 12신장이 약사여래와 함께 등장하게 된 것은 『약사경』에 따른 것인데, 석존이 약사여래의 본원 공덕을 설명할 때 12야차 대장이 크게 감명을 받아 12대원을 행차할 것을 서원하였다는 데서 유래한다. 『약사유리광7불 본원 공덕경 염송의궤』에 따르면 십이지는 각기 다른 지물을 지니고 동물의 머리에 사람의 몸을 하였다 한다. 시간과 방위에 대응시켜 일상의 척도로 활용된 것은 중국에서부터로 한대(漢代) 중기 이후로 추정되며 열두 동물을 상징하고 정착하게 된 것은 불교전래 이후라 한다.

십이지는 대장의 하나하나가 맹, 중, 계(孟仲季)의 삼보(三輔)를 갖추고 각기 칠천의 권속(眷屬)이 있으므로 모두 팔만 사천이 되고, 호법신으로서 일체 중생의 팔만사천번뇌(煩惱)를 전하며 팔만 사천의 보리를 성취한다.

우리나라의 경우도 약사신앙과 밀접한 관련을 지니고 나타난다. 신라 선덕여왕 때 이미 밀본법사가 약사경을 읽어서 병을 고쳤다는 기록이 있으며, 김유신(金庾信) 장군도 『약사경』을 호지(護持)하는 사람

과 교분을 가졌다는 기록이 있다. 즉 신라가 삼국을 통일하기 전까지는 밀교의 영향으로 호국적 성격을 지녔으나 삼국통일 이후에는 단순한 방위신으로 그 신격(神格)이 변모되었다. 즉 탑을 만들 때 기단부에 십이지신상을 조각하였는데, 경북 경주시 외동읍 모화리에 위치한 원원사지(遠願寺址) 삼층석탑은 그 효시가 되고 있다.

고려시대에 와서는 현종 원년(1010년)에 세워진 경북 예천 개심사지 오층석탑(보물 제53호)은 십이지신상이 하층기단에 위치하여 그 위로 팔부중과 사천왕을 배치하고 있어 호법신장 가운데 가장 아래 하단에 설정되고 있음을 보여준다.

십이지신상이 새겨진 석탑

구 분	내 용	지 역
석 탑	하구리 폐사지 석탑 면석	국립경주박물관
	원원사지 동·서 삼층석탑	경북 경주
	임하동 십이지 삼층석탑	경북 안동
	금소동 삼층석탑	경북 안동
	현일동 삼층석탑	경북 영양
	화천동 삼층석탑	경북 영양
	화엄사 서 오층석탑	전남 구례
	개심사지 오층석탑	경북 예천

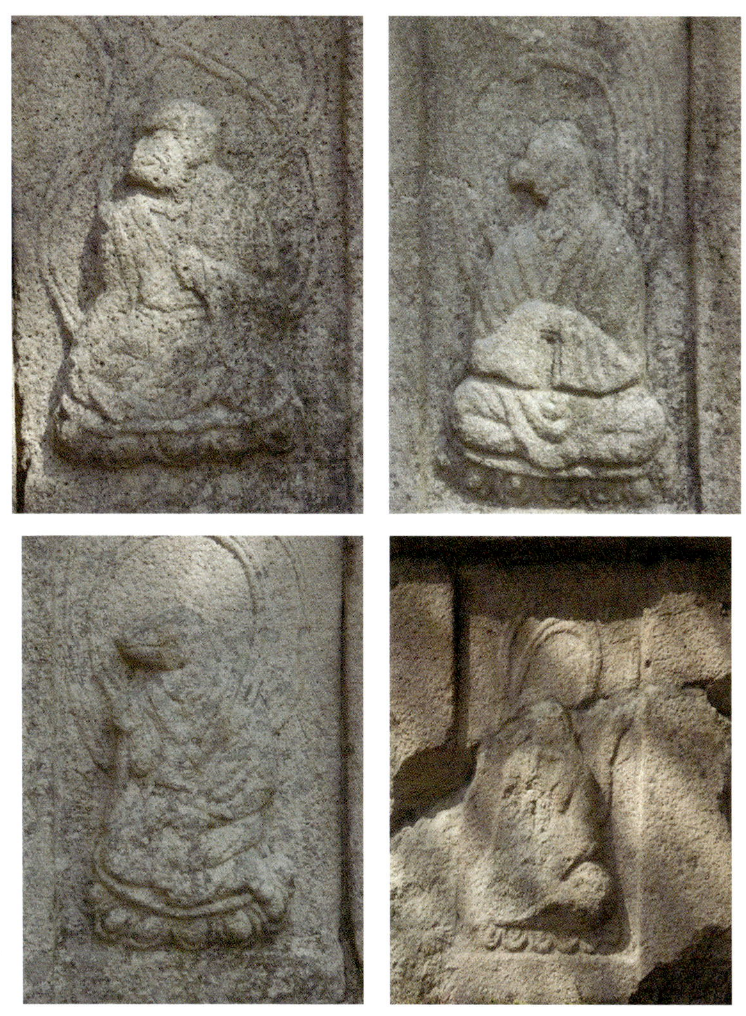

경주원원사지 삼층석탑 십이지

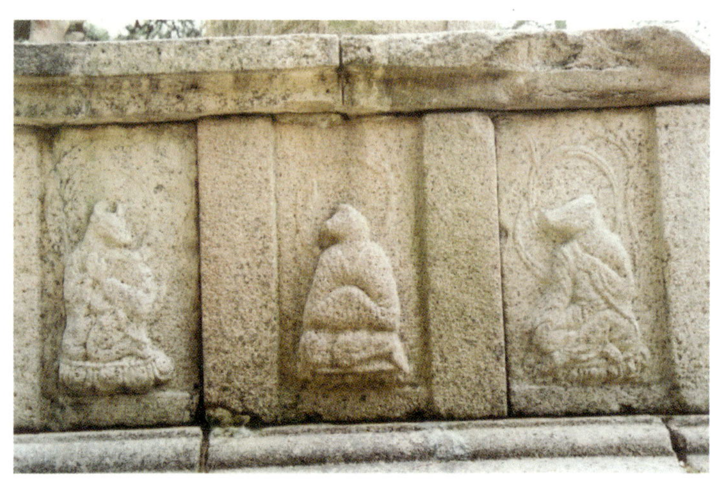

경주원원사지 삼층석탑 십이지

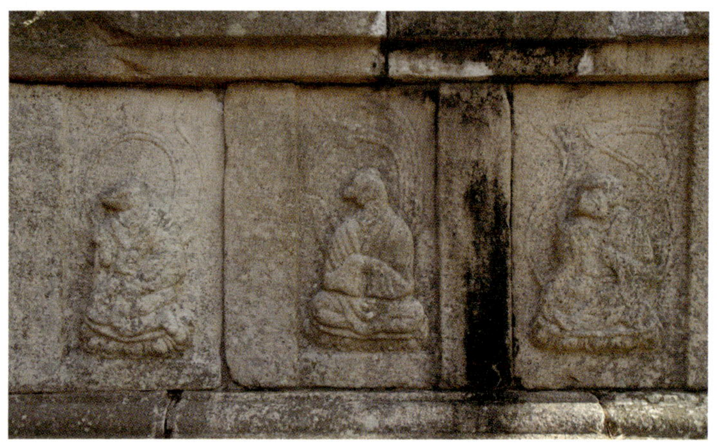

경주원원사지 동 삼층석탑 십이지

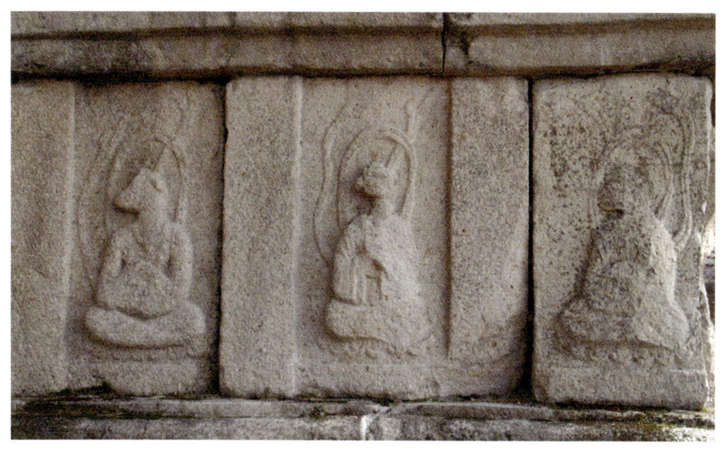

경주원원사지 서 삼층석탑 십이지

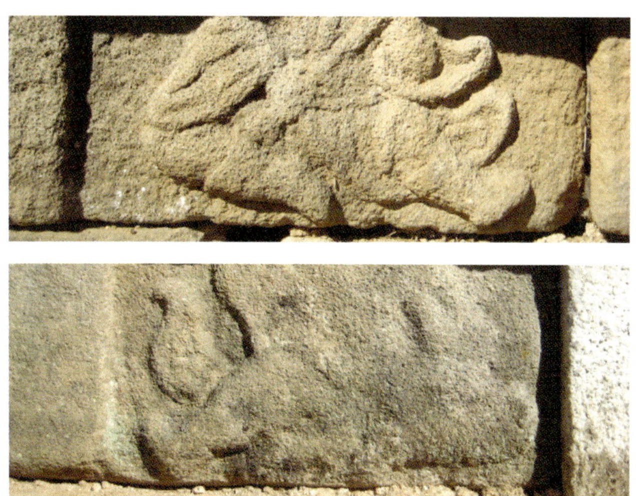

안동 임하동 십이지 삼층석탑 십이지

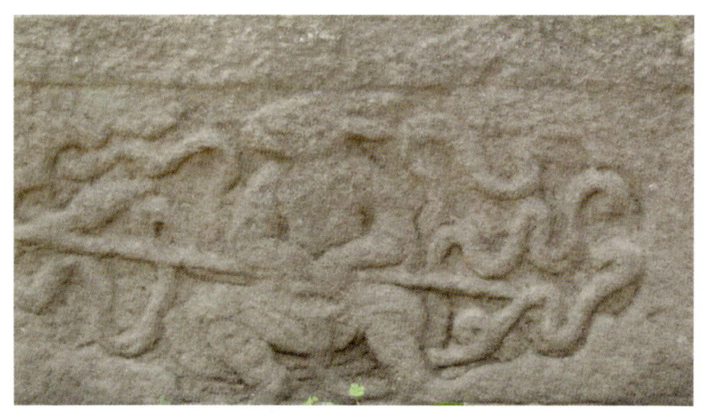

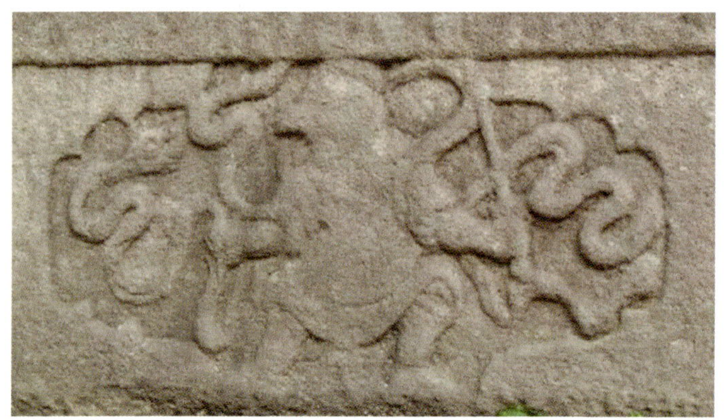

영양 화천동 삼층석탑 십이지

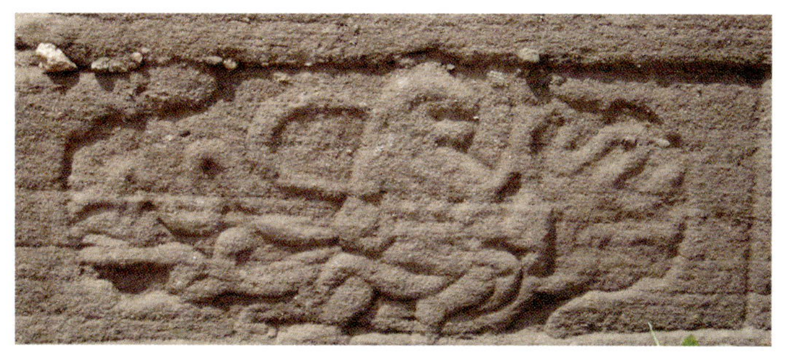

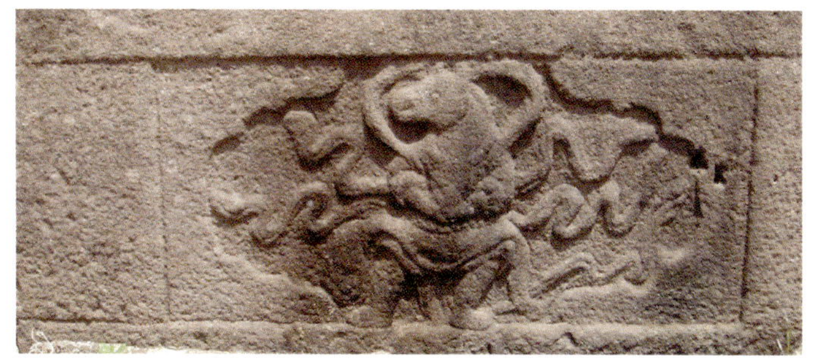

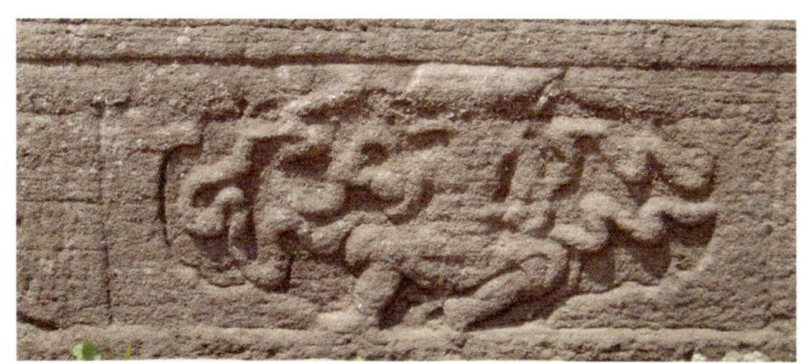

영양 화천동 삼층석탑 십이지

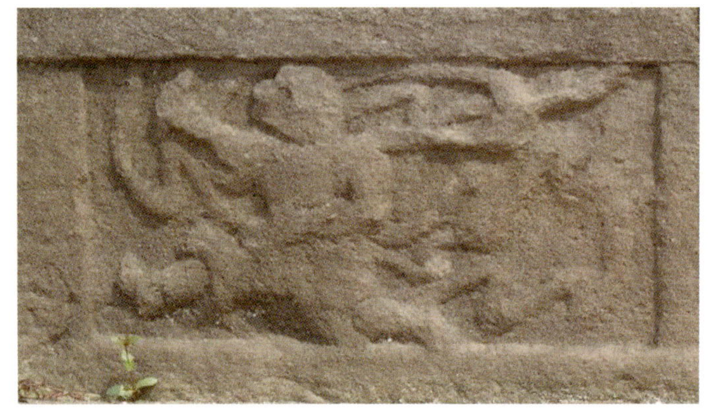

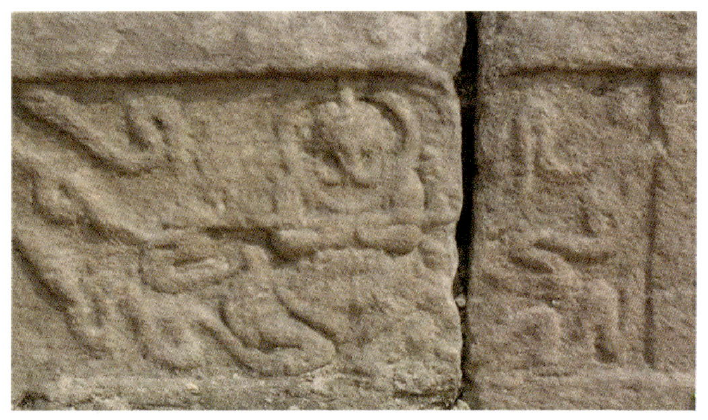

영양 현일동 삼층석탑 십이지

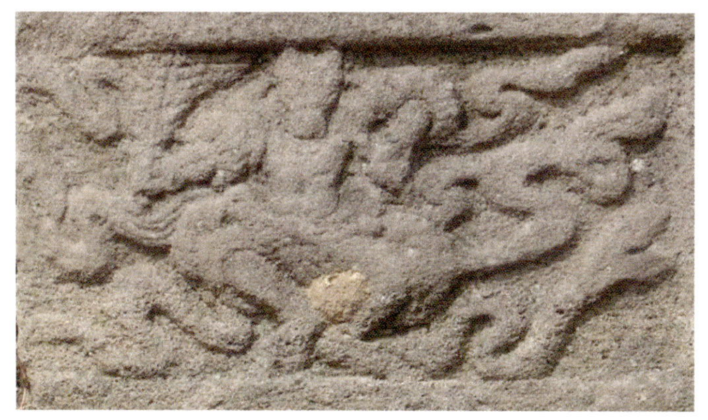

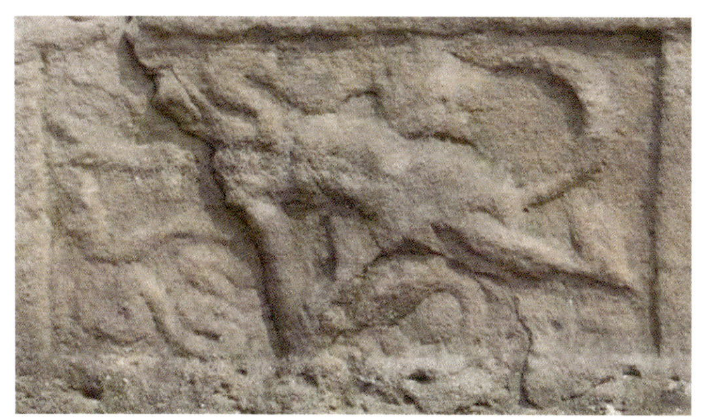

영양 현일동 삼층석탑 십이지

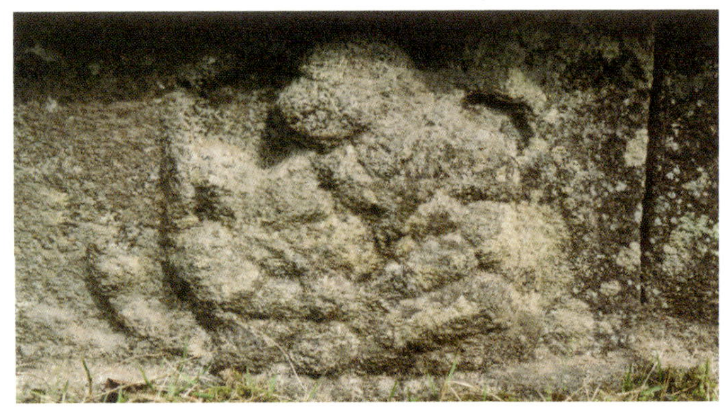

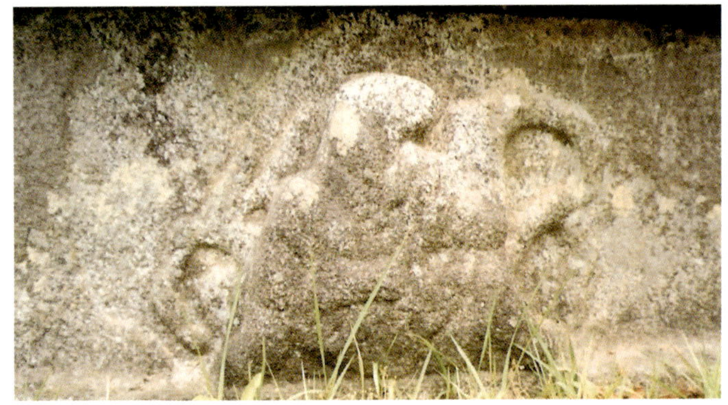

화엄사 서 오층석탑 십이지

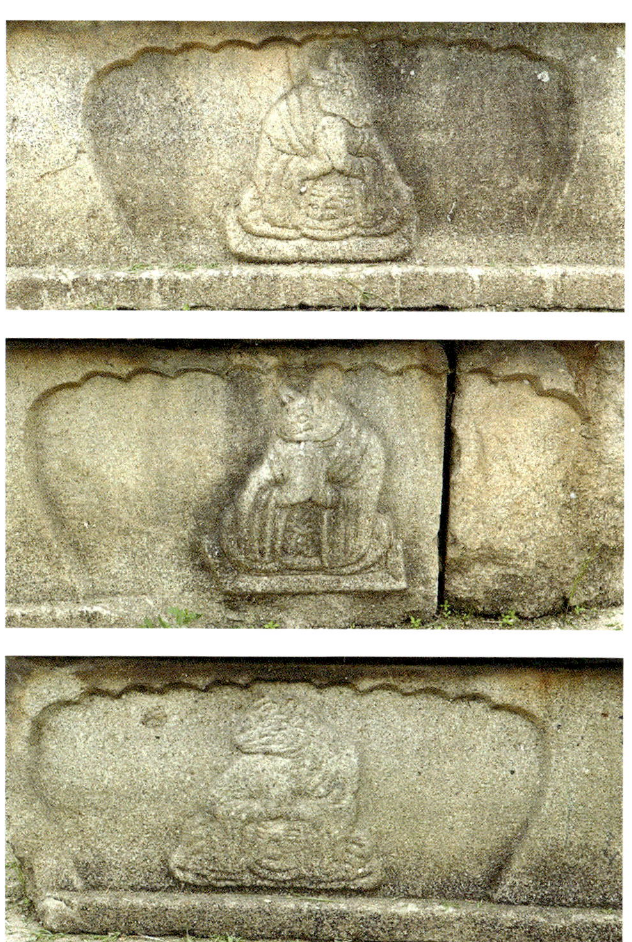

예천 개심사지 오층석탑 십이지

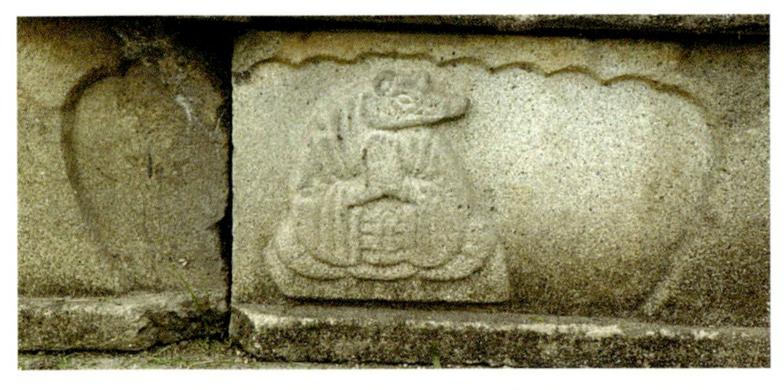

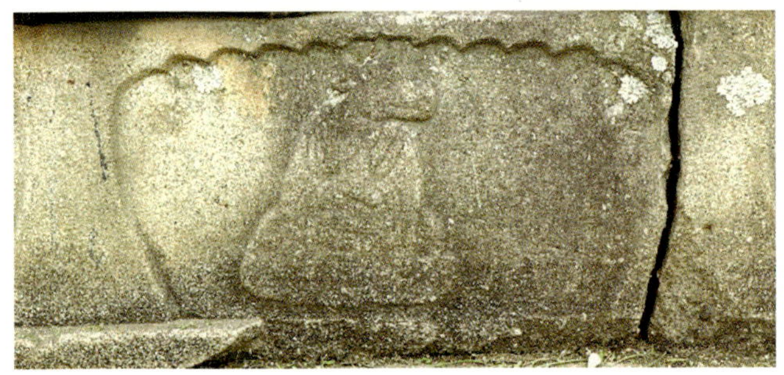

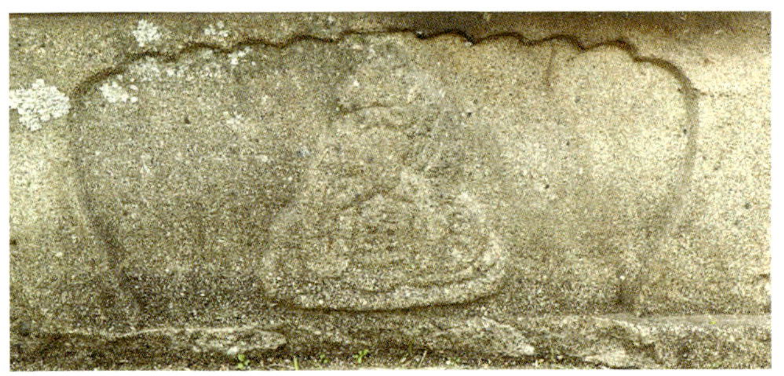

예천 개심사지 오층석탑 십이지

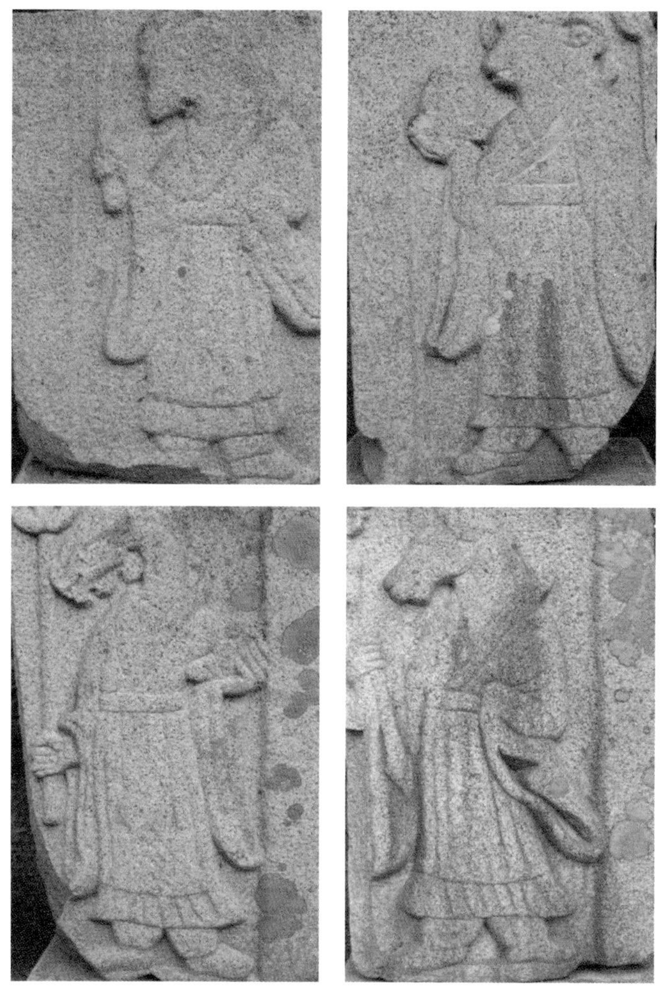

국립경주박물관 십이지

사방불(四方佛)

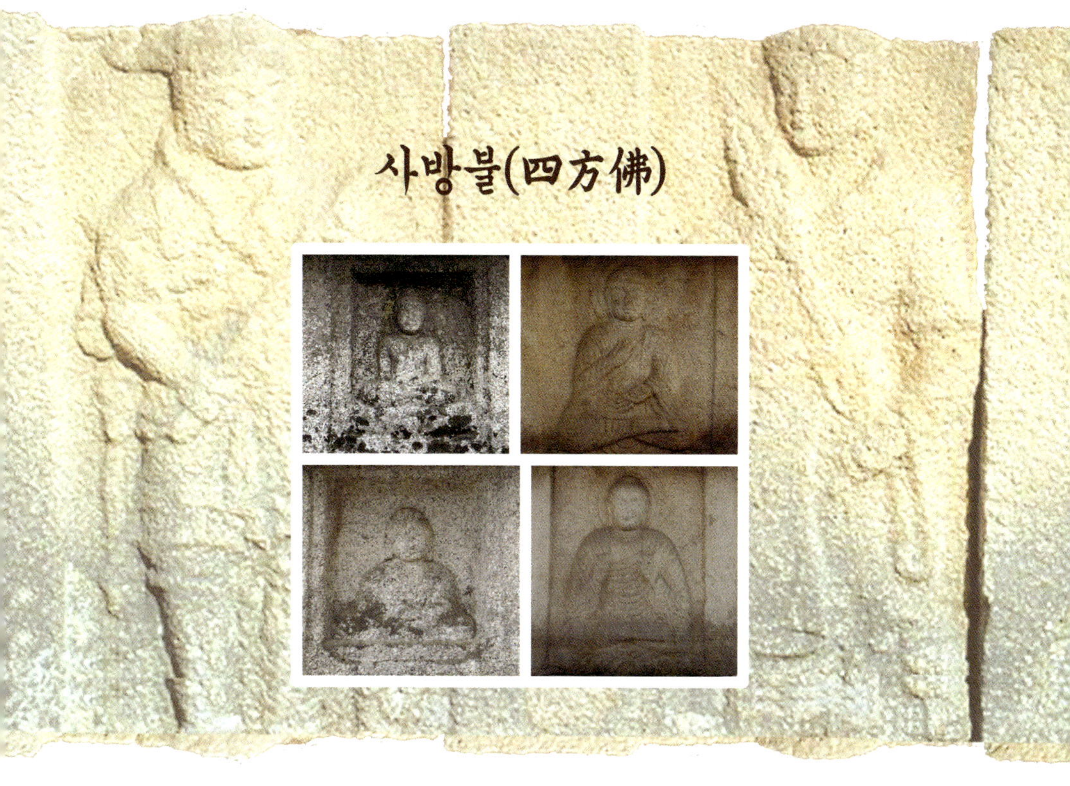

사방불 四方佛

　사방불의 기원은 인도의 산치 탑이나 보드가야 탑에서 찾아 볼 수 있으며, 우리나라의 사방불은 문헌상으로는 신라 진평왕대의 경북 문경 대승사 사방불(경상북도 유형문화재 제403호)이 최초의 예로 기록되고 있으며, 현존하는 최고의 사방불은 1983년 발견되어 6세기 전반에 제작된 것으로 추정되는 충남 예산군 봉산면 화전리의 백제시대 석주 사면불(보물 제794호)이다.

　석주 사방불이나 비상 사방불은 7~8세기 중엽에 걸쳐서 집중되고 있는데, 각 면에 삼존이나 비천, 공양상 등을 배치하여 다채로운 변화를 보이는 것은 이 시기에 국한되어 있다. 이후 1면 1구씩 단독으로 사방불이 조성되기 시작한 것은 9세기 후기 석탑에 이르러서이다. 초층 탑신에 새겨진 4구의 불상은 구성하는 각 방위마다 명칭은 경전에 따라 일정하지 않고 달라지는데, 대체로 동쪽은 약사여래, 서쪽은 아미타불로 고정되어 있으나 남쪽은 석가불·북쪽 미륵불 등 일정하지 않았던 것 같다. 우리나라 석탑에서는 지역적으로 나타나며 장엄의 하나로 조각된다.

사방불이 새겨진 탑

지 역	번 호	석탑 명칭	위 치
경북	1	경주 동부동 석탑	경주시 동부동 150
	2	경주 동천동 탑신석	경주시 동천동 770-3
	3	청암사 수도암 삼층석탑	김천시 증산면 수도리 513
	4	의성 치선동 삼층석탑	의성군 의성읍 치선리 산 42 선암사
충남	5	석곡리 석탑	예산군 고덕면 석곡리 467-12
충북	6	탑동 오층석탑	청주시 상당구 탑동 251
	7	괴산 삼방리 삼층석탑	괴산군 불정면 삼방리 61
전남	8	화엄사 구층암삼층석탑	구례군 마산면 황전리12
	9	광양 중흥산성삼층석탑	광양시 옥룡면 운평리 산23
경기도	10	양평 지평리 삼층석탑	양평군 지제면 지평리 502-2 지평 초등학교
강원도	11	양양 진전사지 삼층석탑	양양군 강현면 둔전리 100-2
	12	원주 법응사내 석탑재	원주시 학성 1동
강원도	13	강릉 옥천동 석탑재	강릉시 죽현동 177-4 강릉시립박물관 경내
	14	강릉 방내리 삼층석탑	강릉시 연곡동 307번지 이종원 씨 댁 내 마당
	15	속초 노학동 삼층석탑	속초시 노학동 무당골산 433
	16	원주 대안리사지 석탑재	원주시 흥업면 대안1리 산332번지

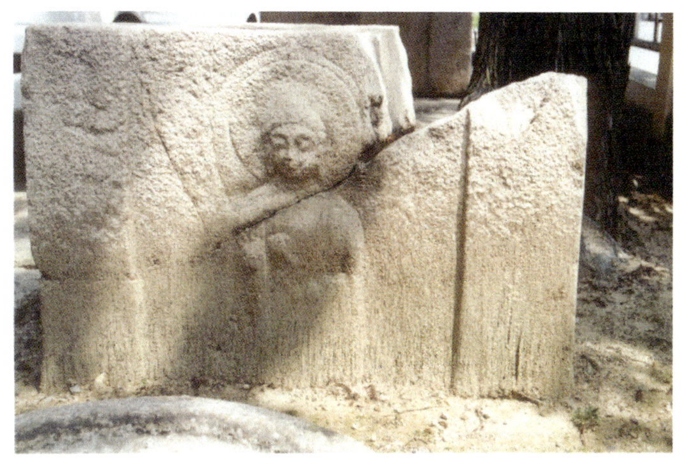

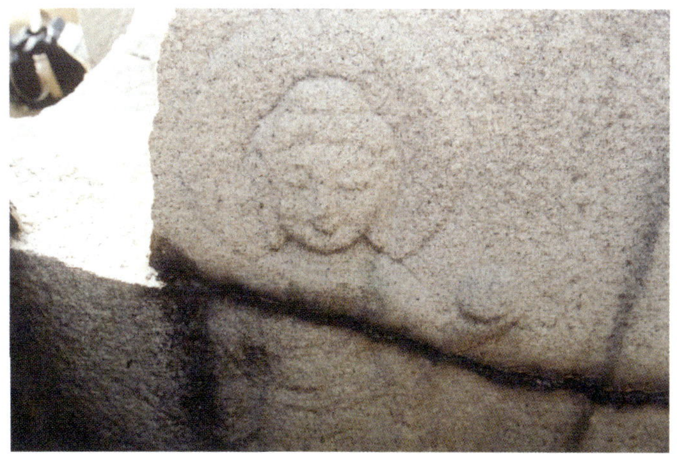

경주 동부동 석탑 사방불

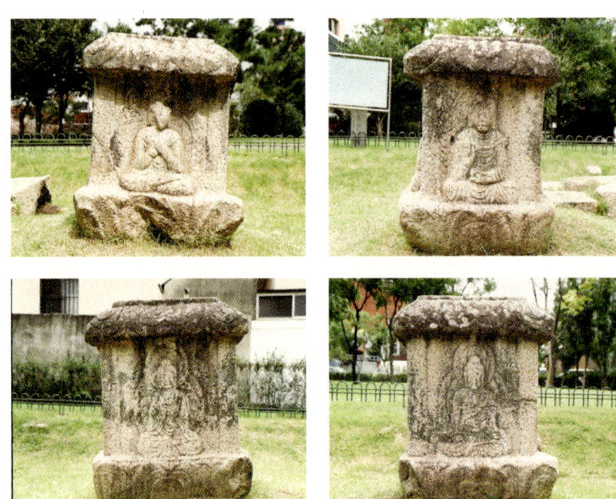

경주 동천동 사방불 탑신석

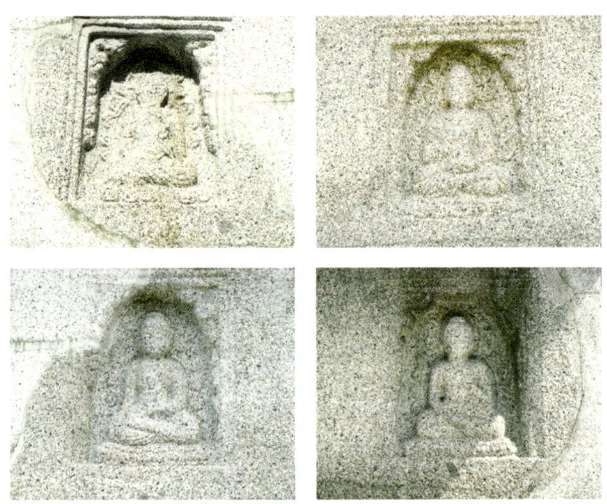

경주 금곡사지 석탑 사방불

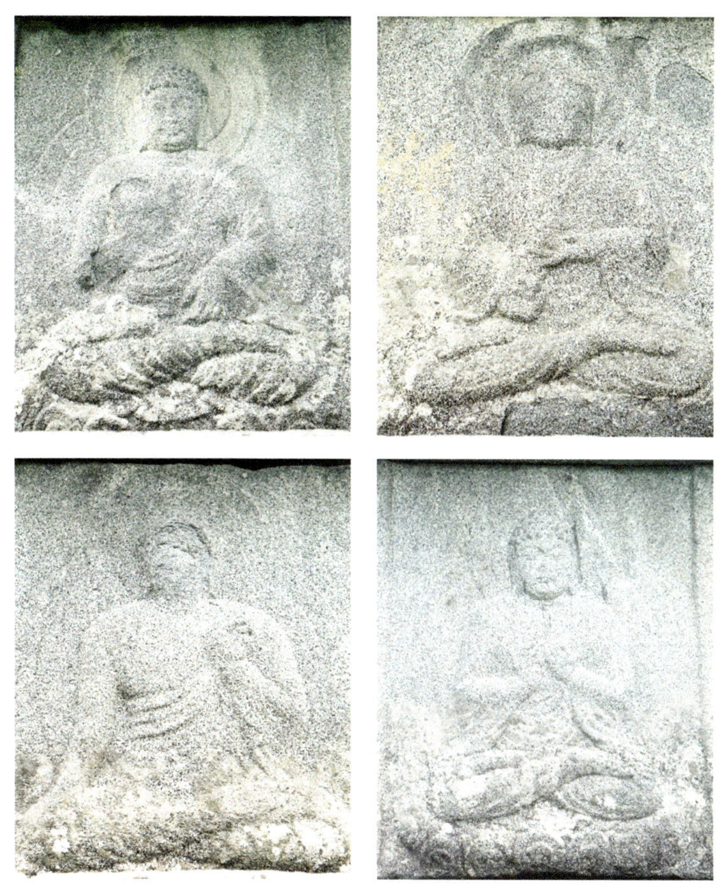

양양 진전사지 삼층석탑 사방불

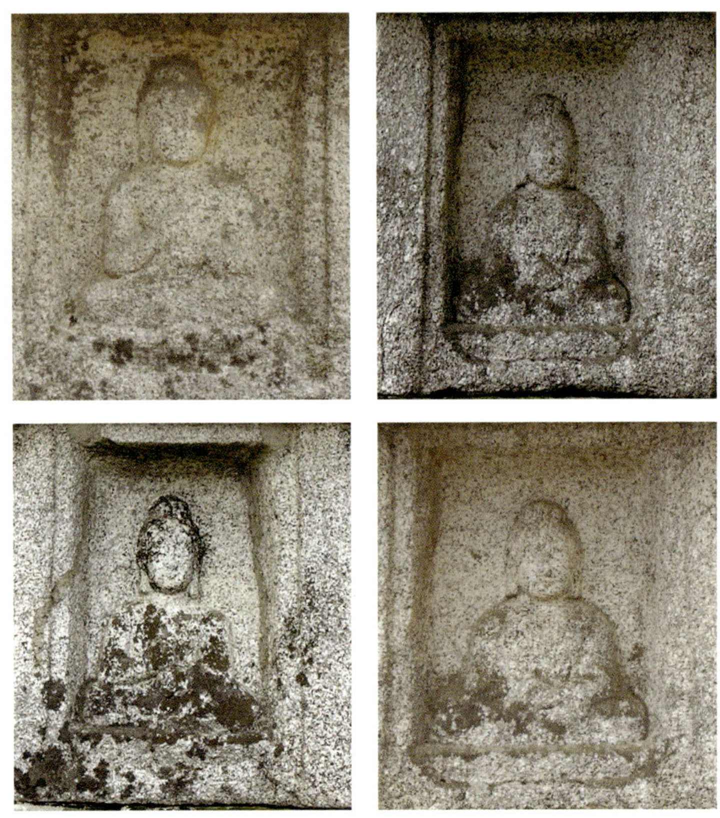

청암사 수도암 석탑 사방불

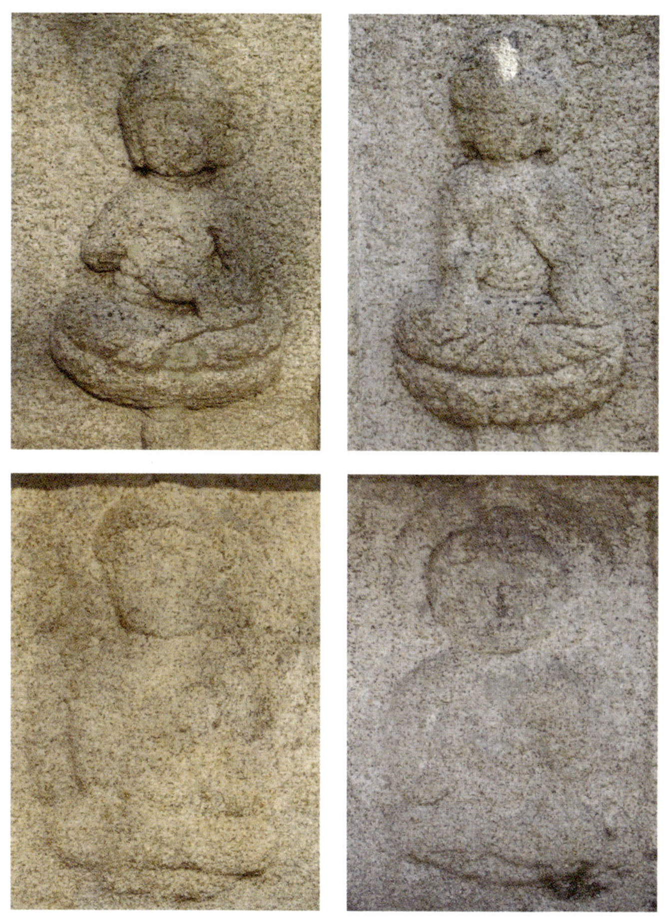

안국사지 석탑 사방불

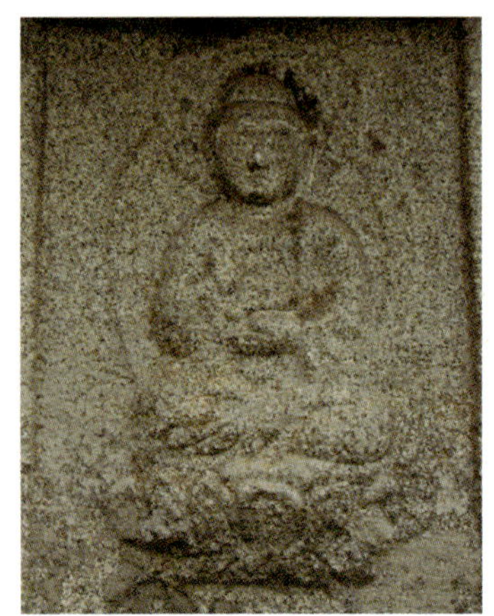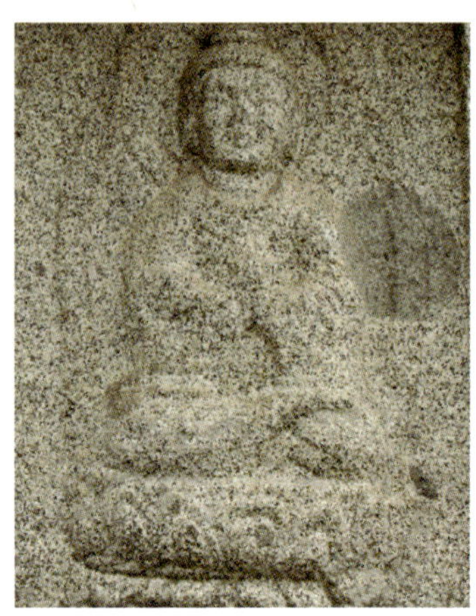

중흥산성 삼층석탑 사방불

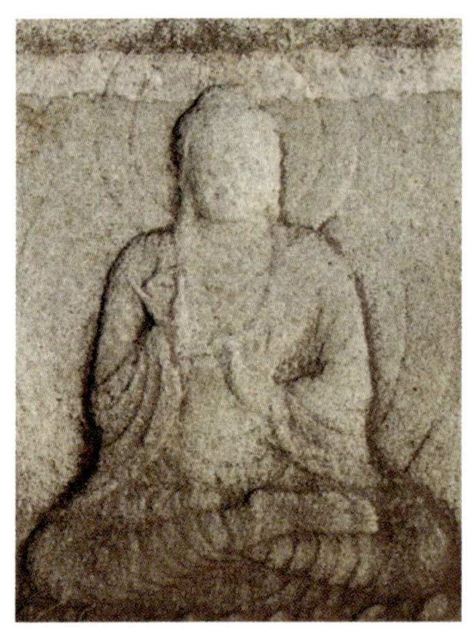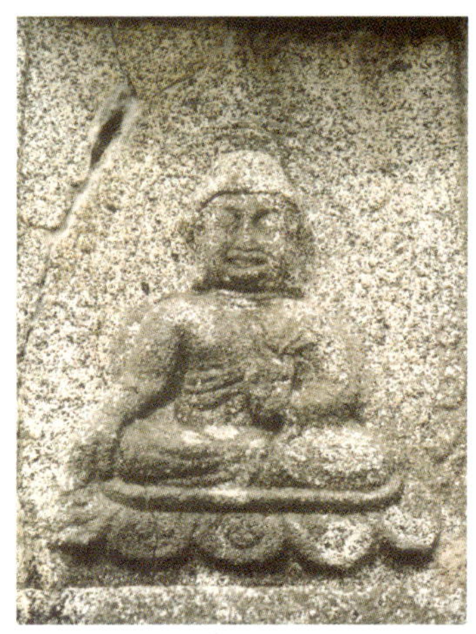

강릉옥천동 석탑 사방불　　　　　화엄사 구층암탑 사방불

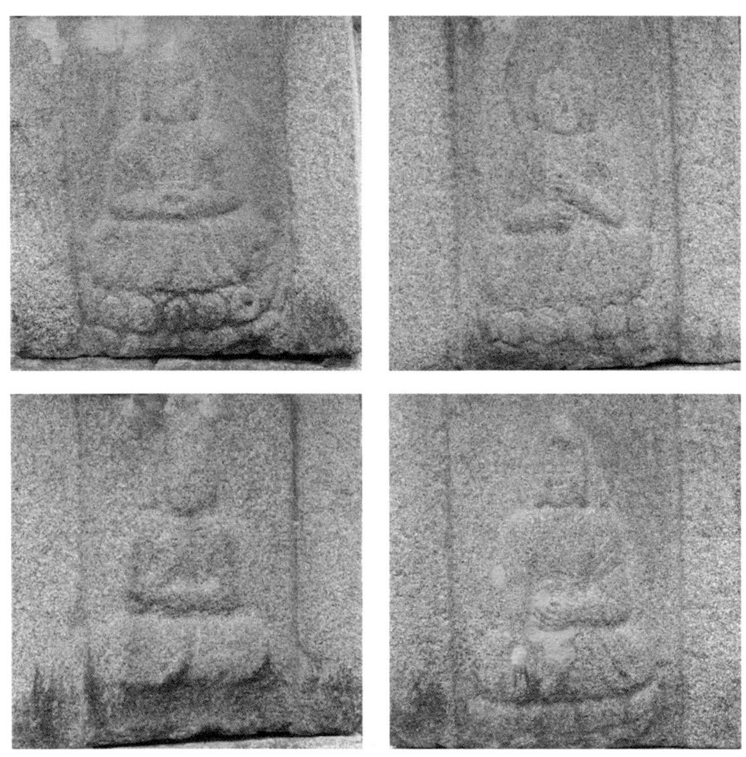

괴산 삼방리 석탑 사방불

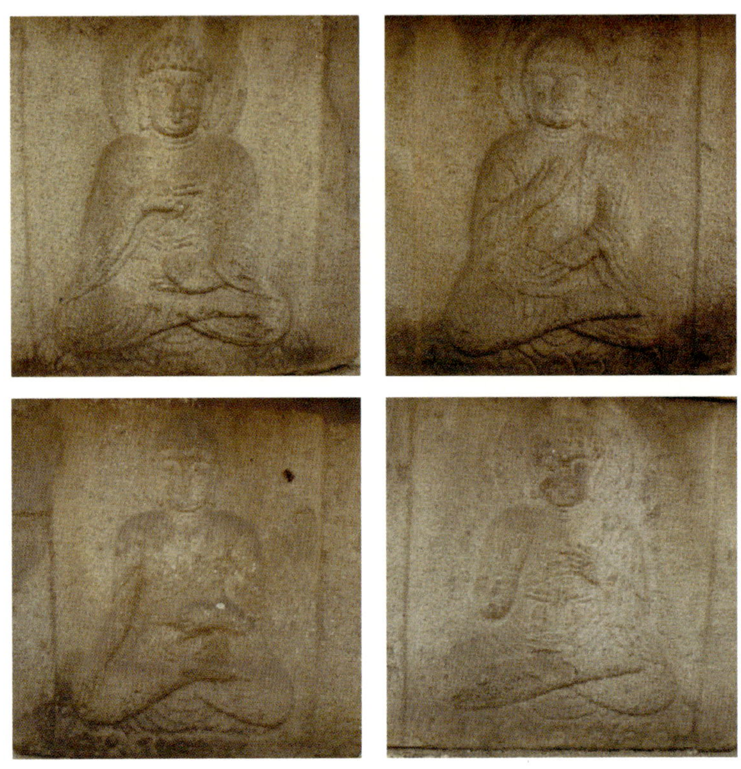

양평 지평리석탑 사방불

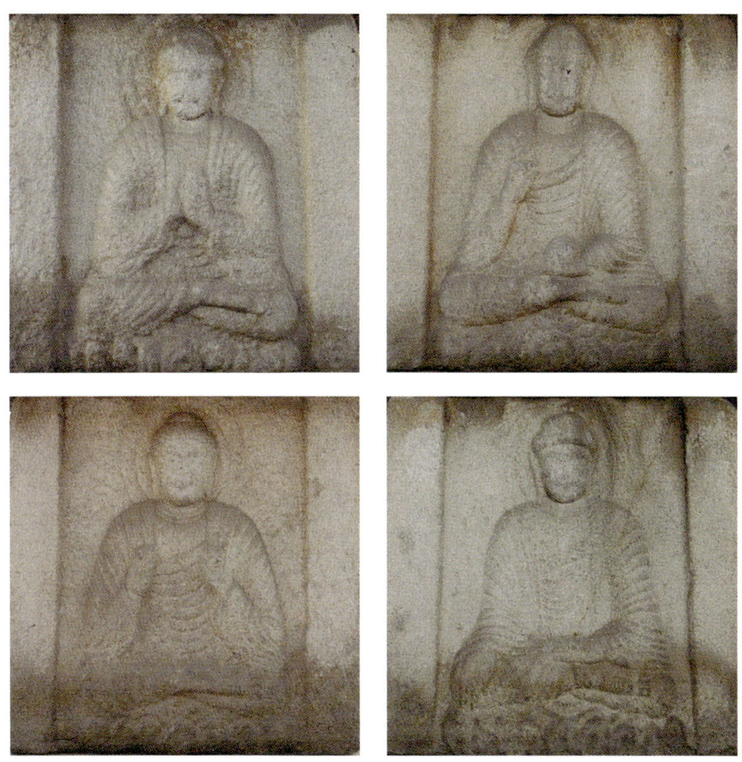

청주 탑동 석탑 사방불

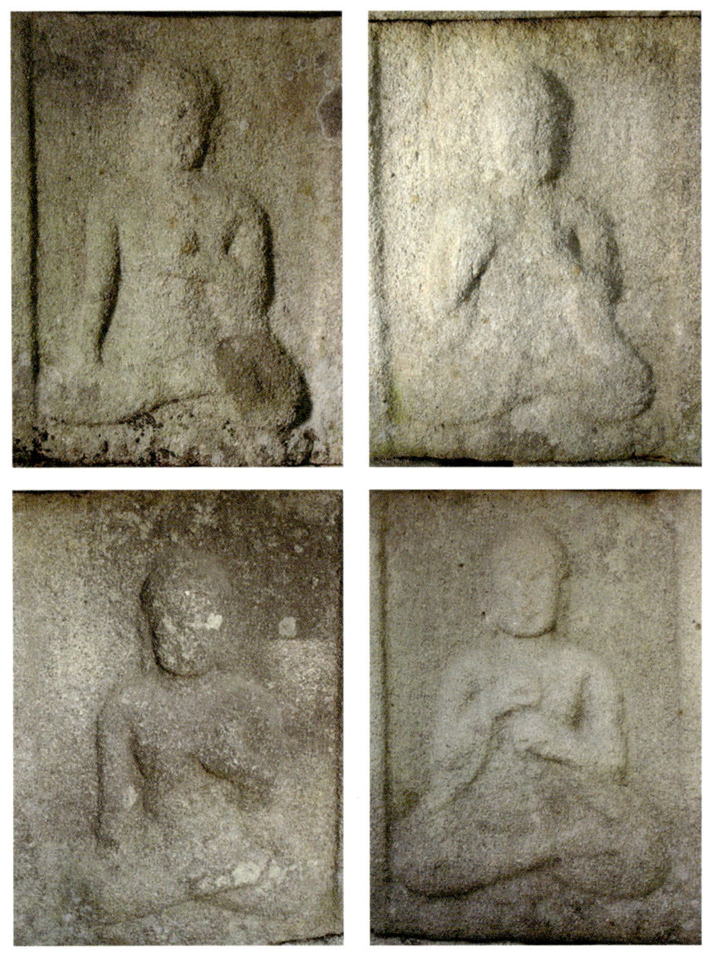

의성 치선동 석탑 사방불

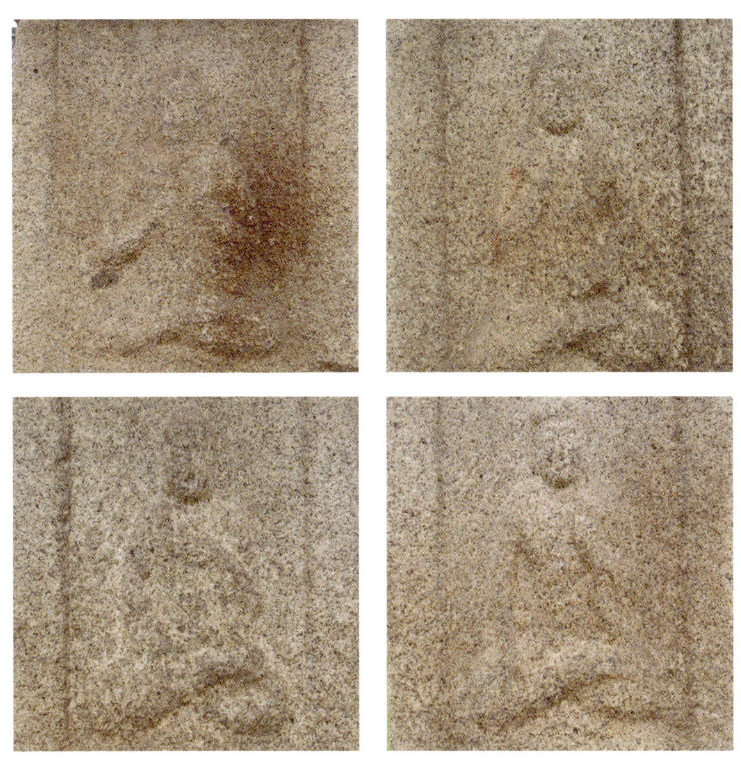

원주 법응사 석탑 사방불

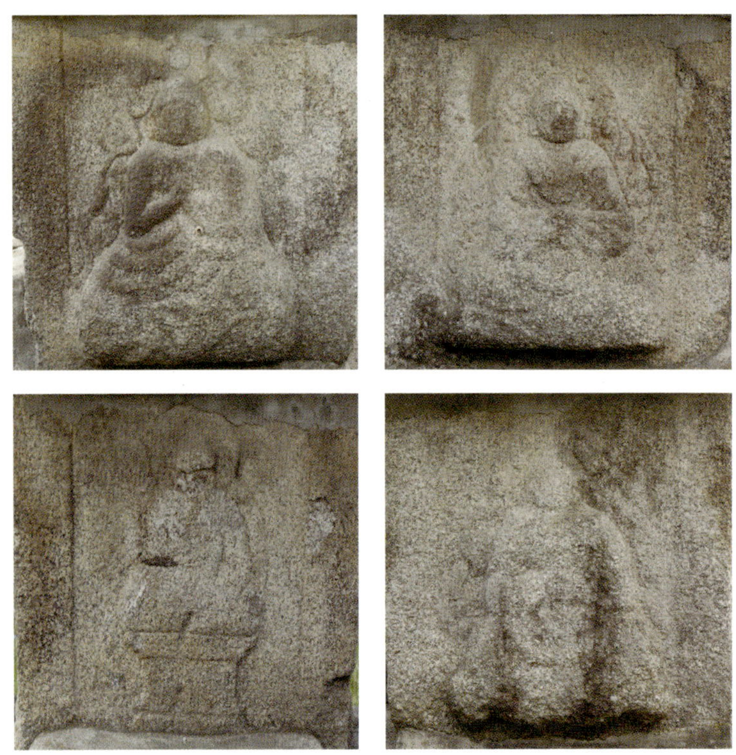

강릉 방내리 석탑 사방불

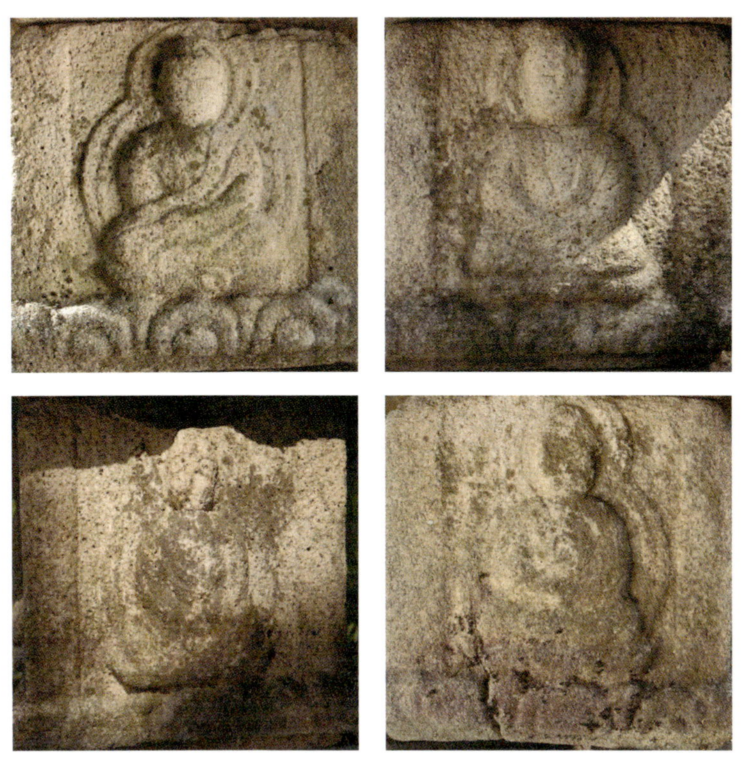

속초 노학동 삼층석탑 사방불

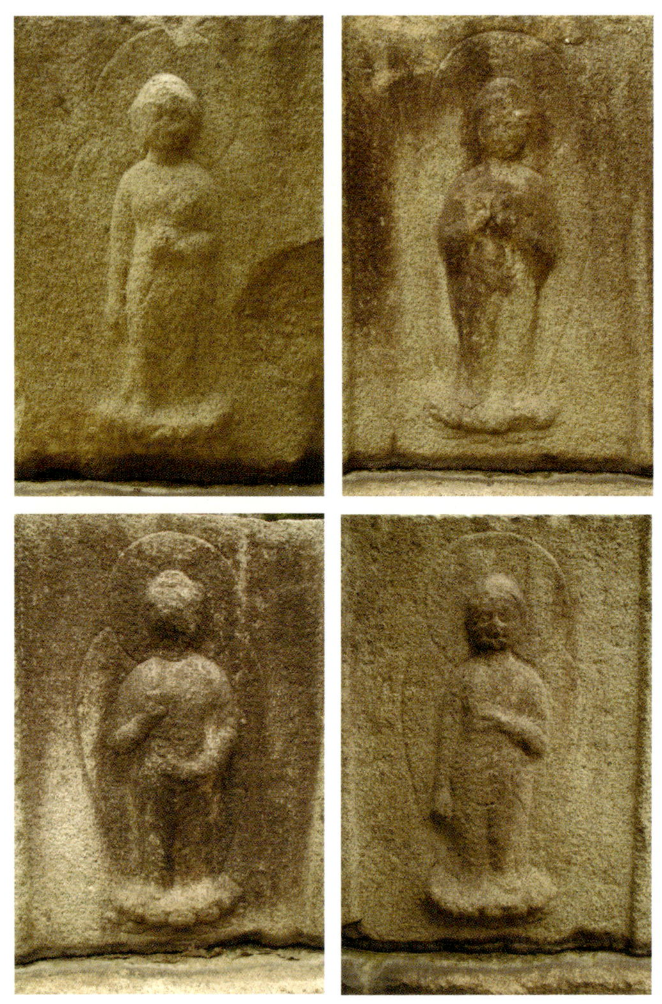

동국대학교 경주캠퍼스 내 사방불

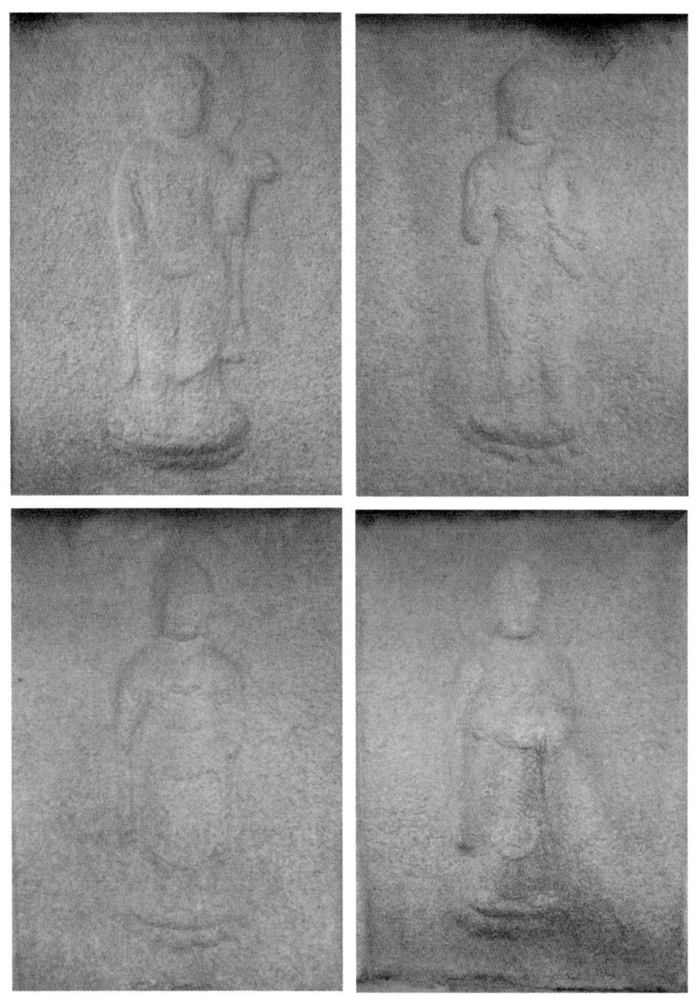

경주 동부동 석탑 사방불(경주 경찰서 내)

보살상(菩薩像)과 공양상(供養像)

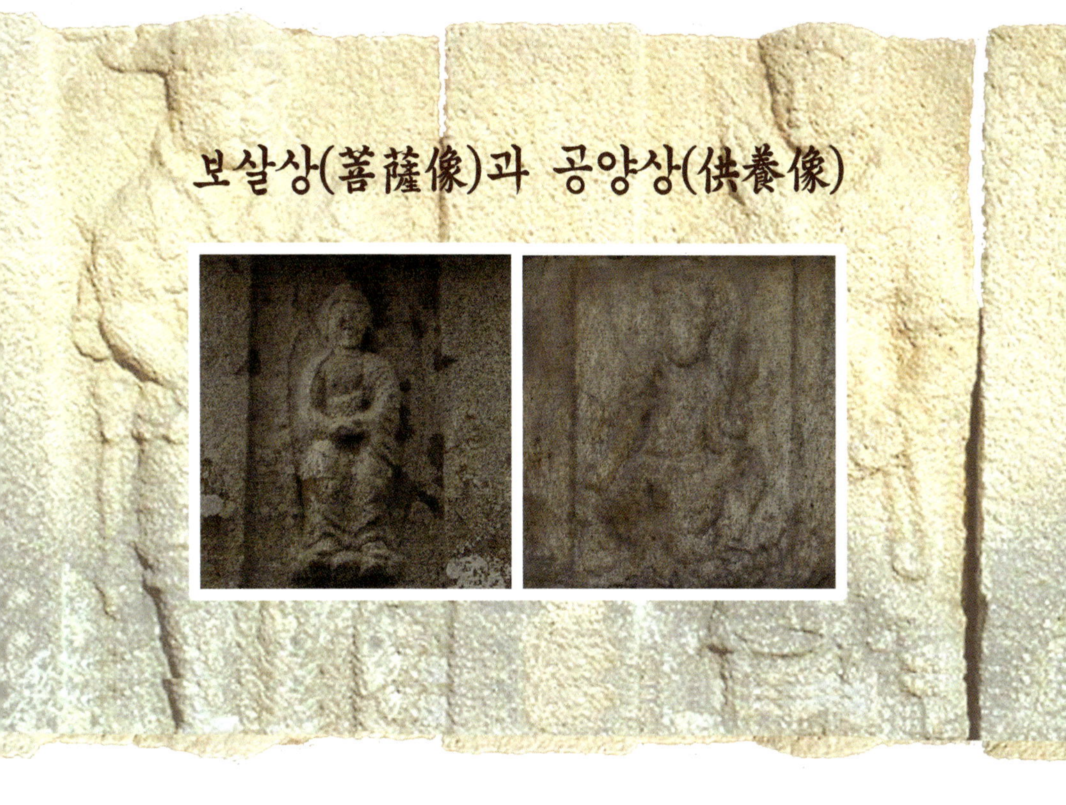

보살상 菩薩像

　　보살은 보리살타의 약칭으로 불교에서 말하는 보살은 자기 자신만의 깨달음을 추구하는 자기중심의 수행자는 아니고, '상구보리 하화중생(上求菩提下化衆生)'을 그 이상으로 삼아 위로는 보리, 곧 깨달음을 구하며, 아래로는 자비행(慈悲行)을 실천하여 중생을 구하려 애쓰는 자를 의미한다. 보살에는 문수보살, 보현보살, 관음보살, 대세지보살, 지장보살, 일광, 월광보살 등이 알려진 보살이며, 이 외에도 수많은 보살들이 있다. 이들은 각기 역할이나 특성에 따라서 정병, 보주, 금강저 등 상징화된 여러 가지 지물을 들고 있다.

　　석탑에 등장하는 보살상은 주로 초층 탑신 사면에 조식되고 있어 사방불과 같이 사리 수호와 공양에 근본 목적이 있다.

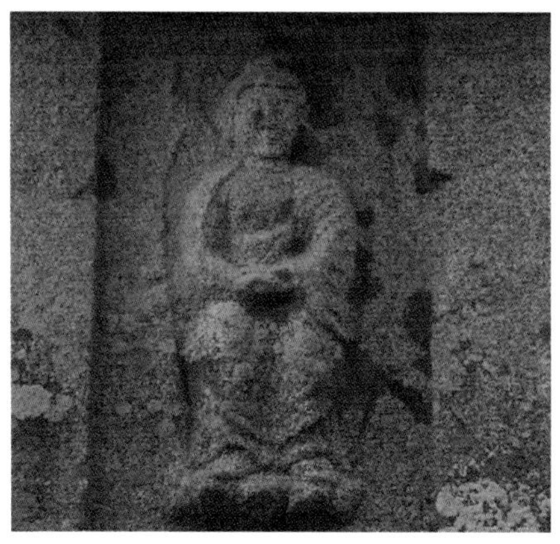

중흥산성 석탑 보살상

공양상 供養像

　공양은 원래 인도의 브라만교에서 불교에 행한 제사를 지내는 일종의 형식으로, 향을 피우며, 향기로운 꽃과 물 등을 바치고 등불을 켜 합장하며 공양하던 인도 브라만교 원주민의 풍습을 본 뜬 것이라고 한다. 꽃을 들고 있거나 향로, 화병 등을 들고 공양하는 경우도 있다.

　석탑에 나타나는 공양상은 연화좌(蓮花座) 위에 무릎을 꿇고 흔히 나타나며 초층 탑신에 많이 등장한다.

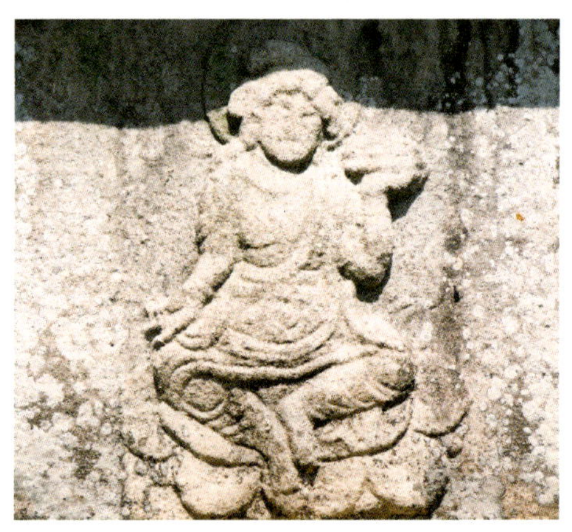

진주 관음사 석탑 공양상

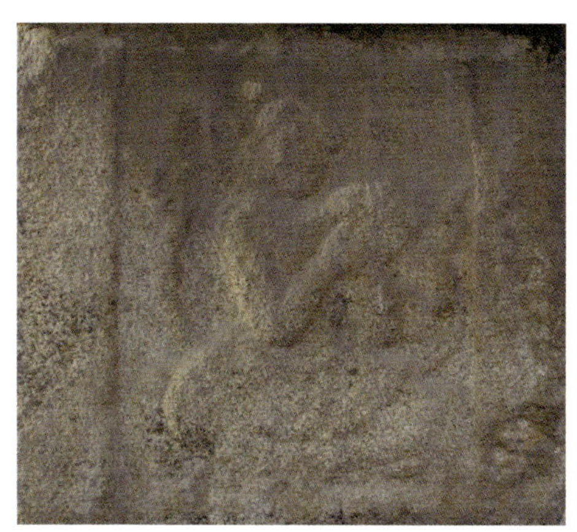

거창 아림사터 석탑 공양상

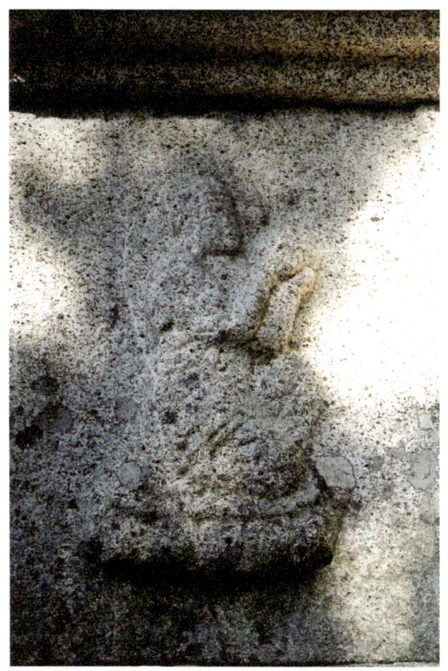

금둔사 삼층석탑 공양상

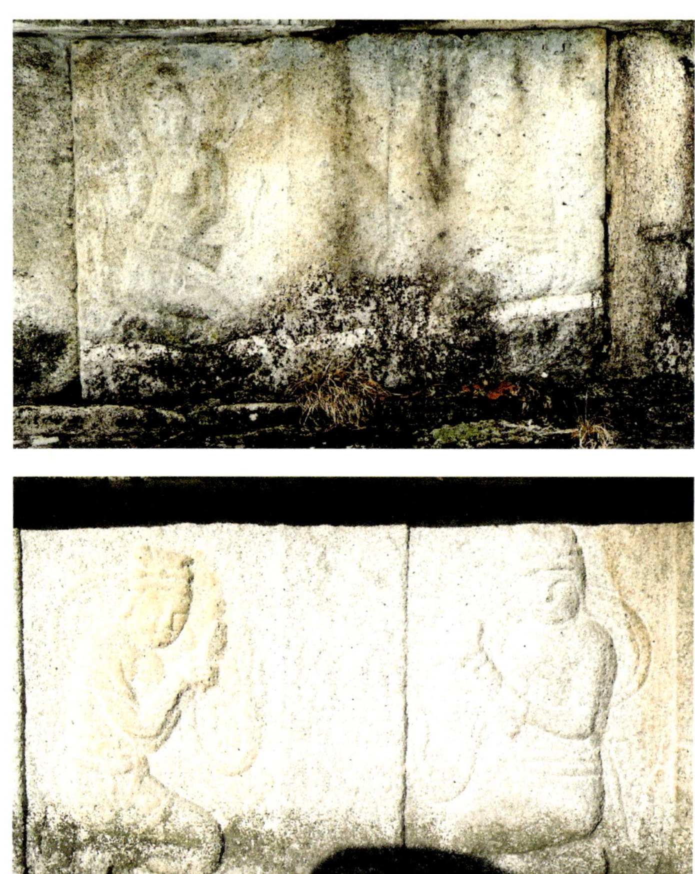

함양 승안사지 삼층석탑 공양상

범천(梵天)과 제석천(帝釋天)

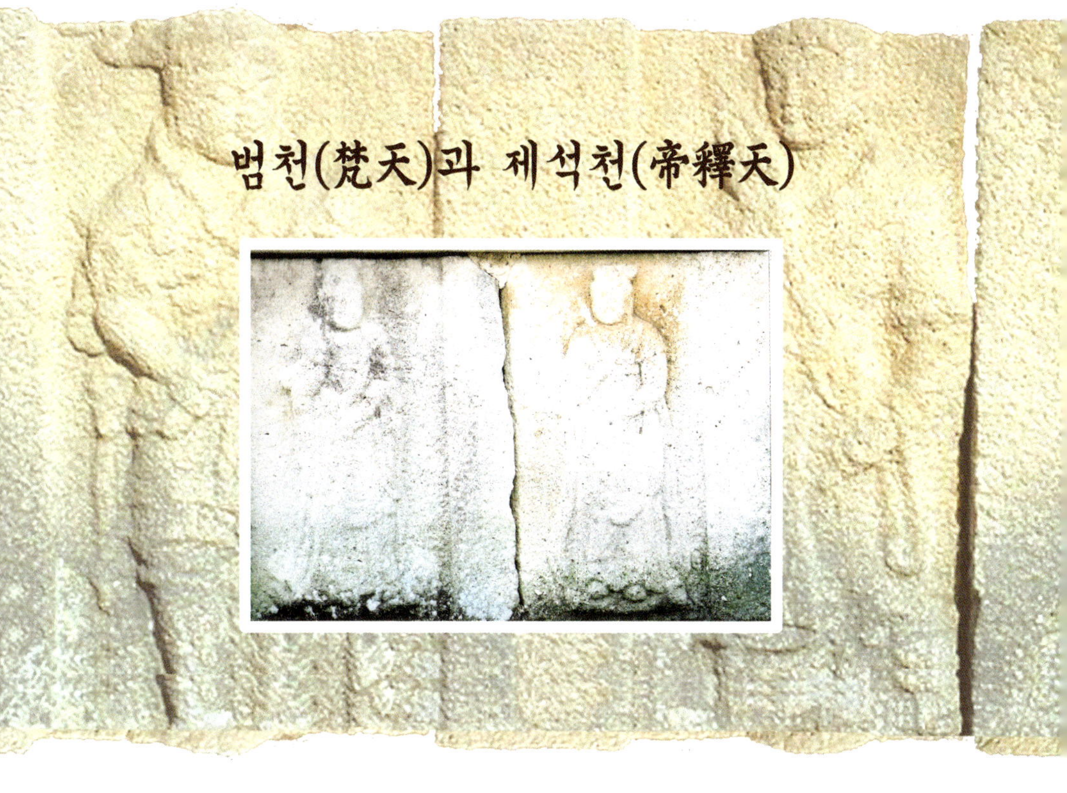

범천梵天 과 제석천帝釋天

　범천(梵天)은 브라만이 우주 창조신이라는 인격신적 성격과 합치될 때 범천이 된다.

　오래전부터 존재한 것이 아니며, '사바주범천(娑婆主梵天)'으로서 불타에게 설법을 권장하기도 하고, 불법(佛法)을 기리며 지키는 신으로 불자(拂子)를 지닌다.

　우리나라에서는 주로 통일신라 말 고려 초기 부도에 많이 등장하는 조각상이다.

　제석천(帝釋天)은 천상을 다스리는 신들의 왕으로 본래 인도 성전 리그베다에 등장하는 천신 중 벼락을 신격화한 가장 강력한 힘을 지닌 신이었으나 절대신이라는 성격을 버리고 불교에 수용되어서는 범천(梵天)과 함께 삼국시대에 호법선신 숭배 역할을 하며 금강저를 들고 있다.

　우리나라에서는 통일신라 하대 본격적으로 나타나는데, 화엄 신앙의 영향으로 부도에 많이 조각되어 나타난다.

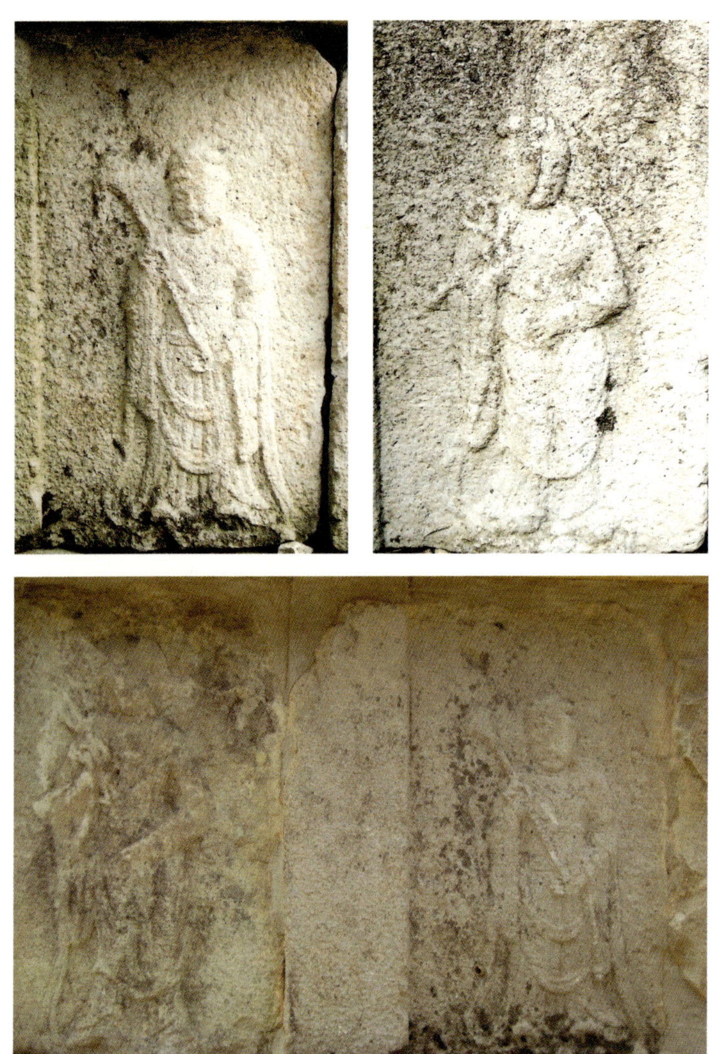

청송 대전사 석탑 범천과 제석천

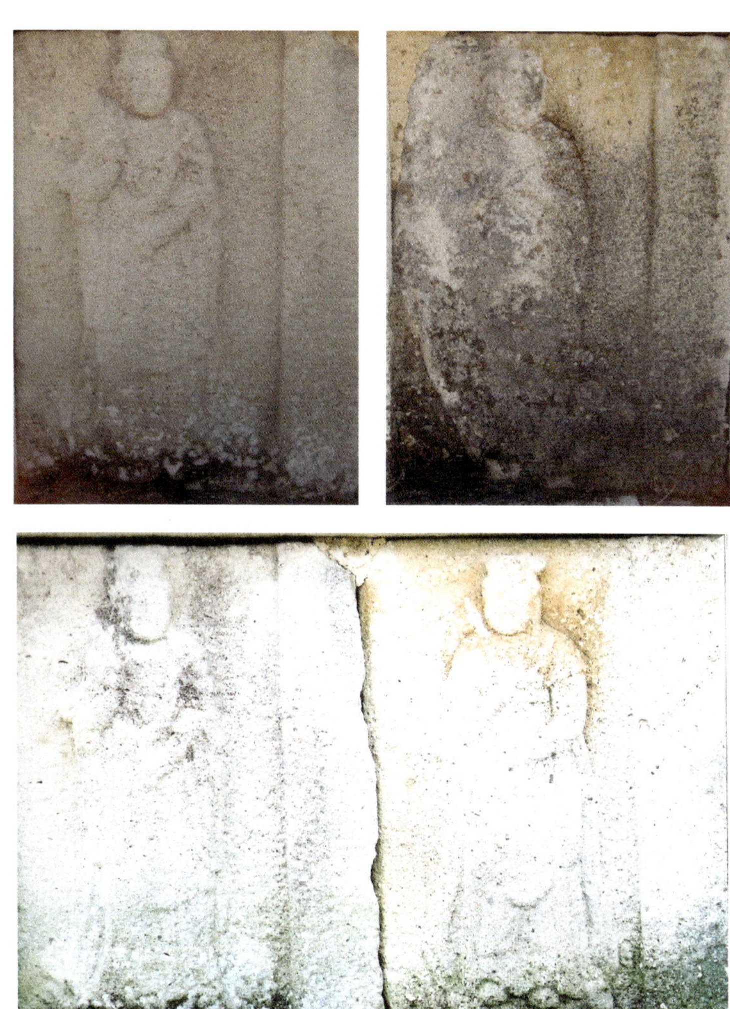

안동 임하동 십이지석탑 범천 제석천

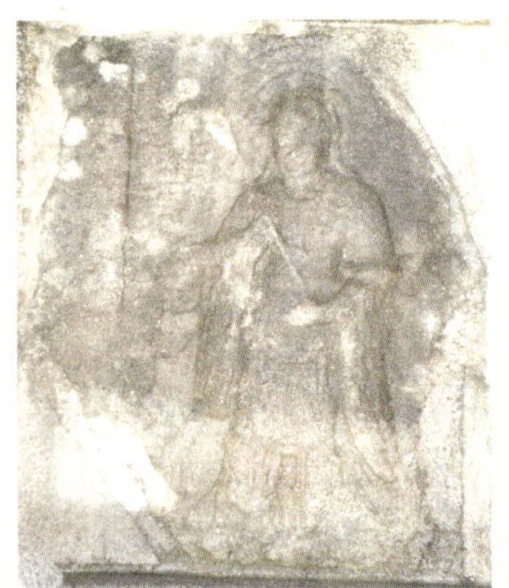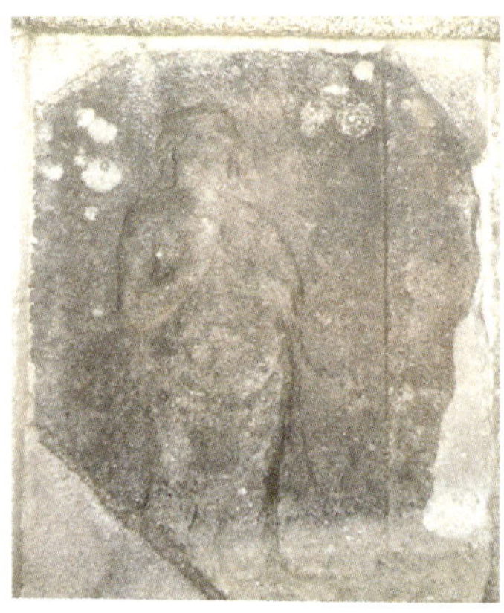

상주 용화사 삼층석탑 범천과 제석천

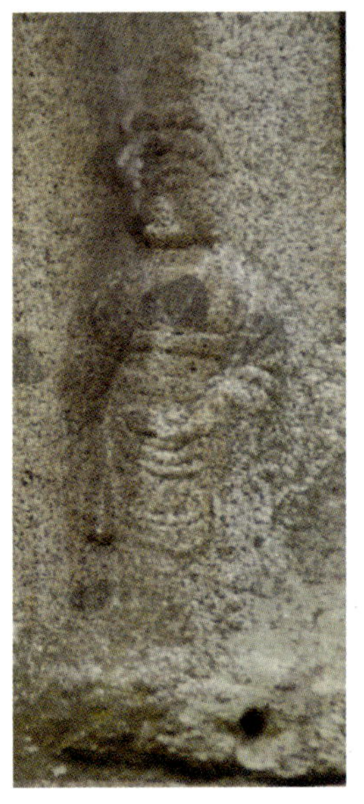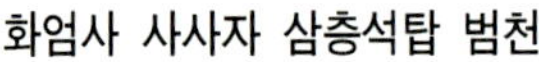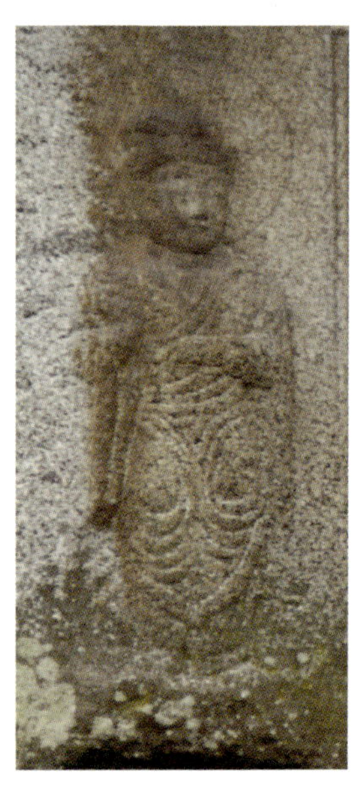

화엄사 사사자 삼층석탑 범천   화엄사사사자 삼층석탑 제석천

천인상(天人像)과 비천상(飛天像)

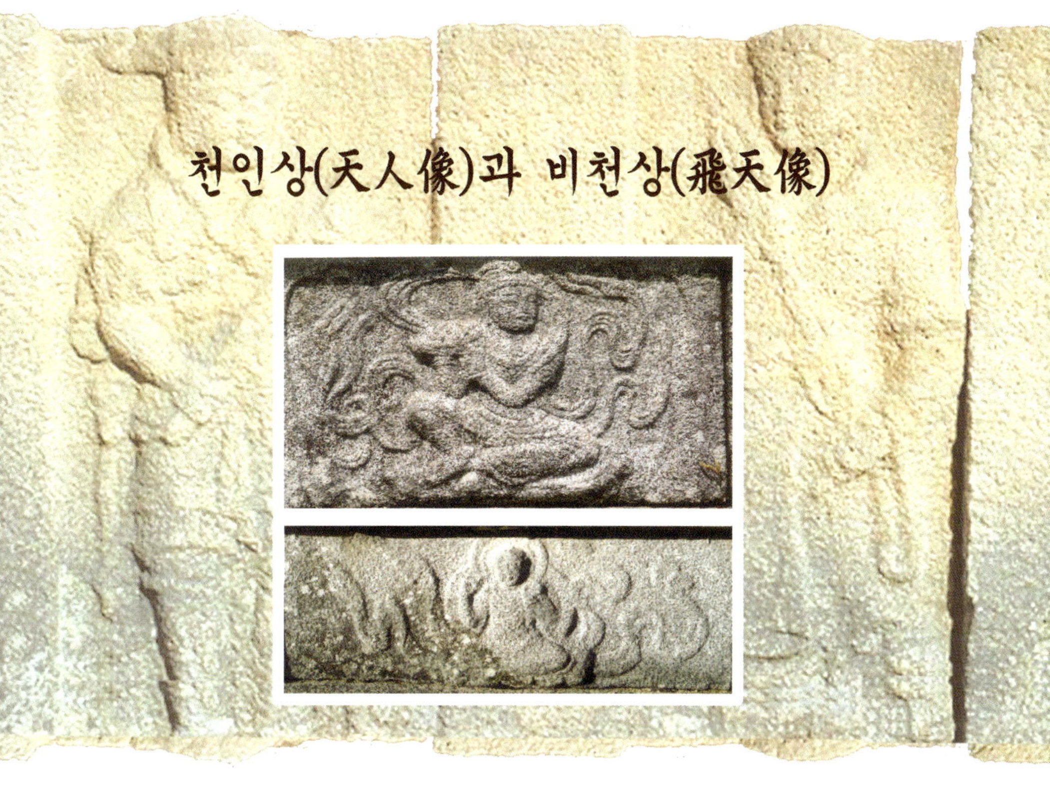

천인상 天人像

　천인상은 비천(飛天)을 주로 말하며, 하늘세계를 날아다니는 형상을 표현한 것인데, 머리에는 주로 화관을 쓰고, 날개형의 천의를 입고 유연하게 표현되어 있으며, 음악을 좋아한다. 보물 제661호 상주 석각천인상이 대표적인 예이다.

비천상 飛天像

　하늘을 나는 형상을 표현한 상으로 천인상이라 흔히 표현한다. 석탑과 부도에서 보이며, 공예로는 동종, 동경 등에 나타난다. 헌화와 주악 공양하는 모습으로 주로 기록되어 있다.

　석탑에서는 하층기단에 국한되어 나타나며, 구례 화엄사 사사자 삼층석탑, 강원도 양양 진전사지 삼층석탑, 의성 관덕동 삼층석탑이 그 대표적인 예라 하겠다.

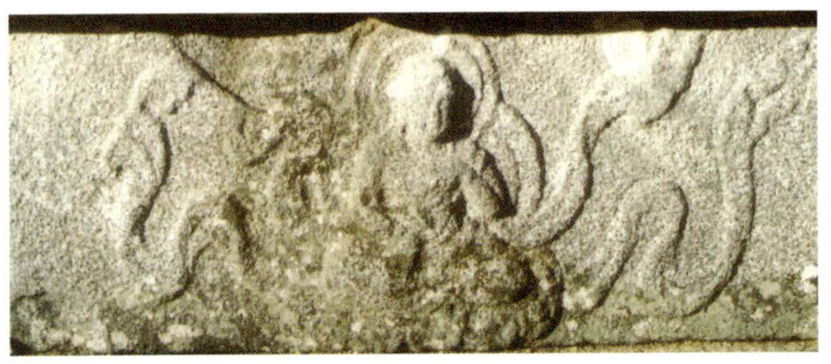

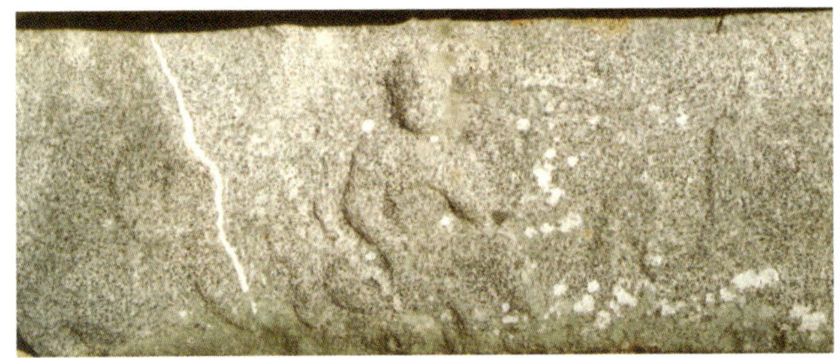

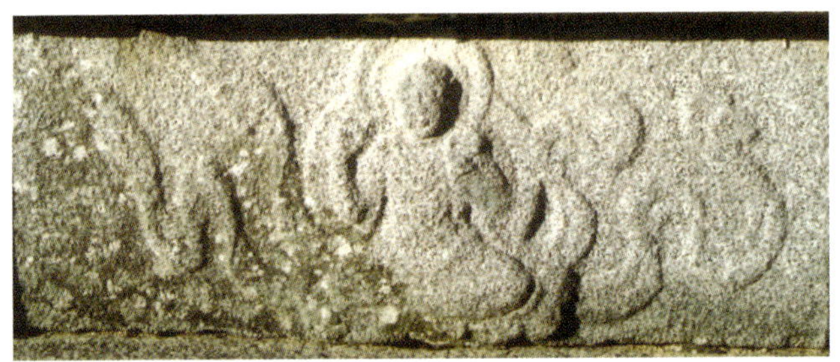

진전사지 삼층석탑 천인상

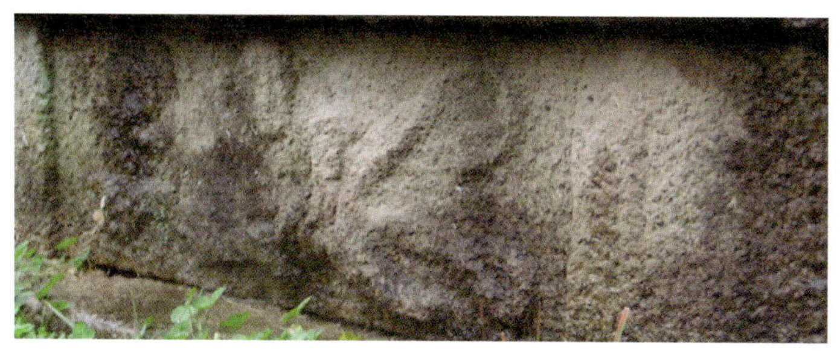

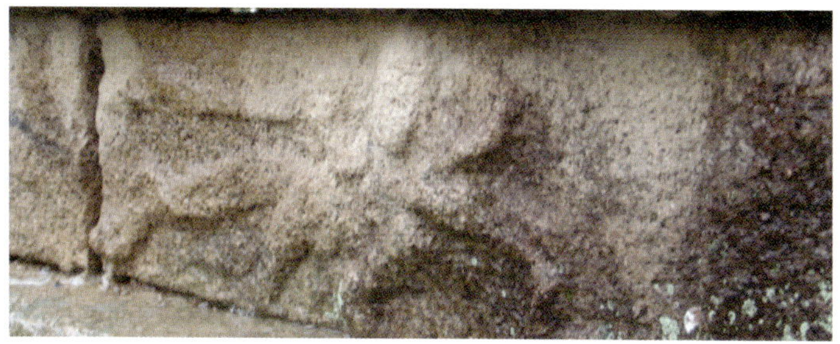

의성 관덕동 삼층석탑 비천상

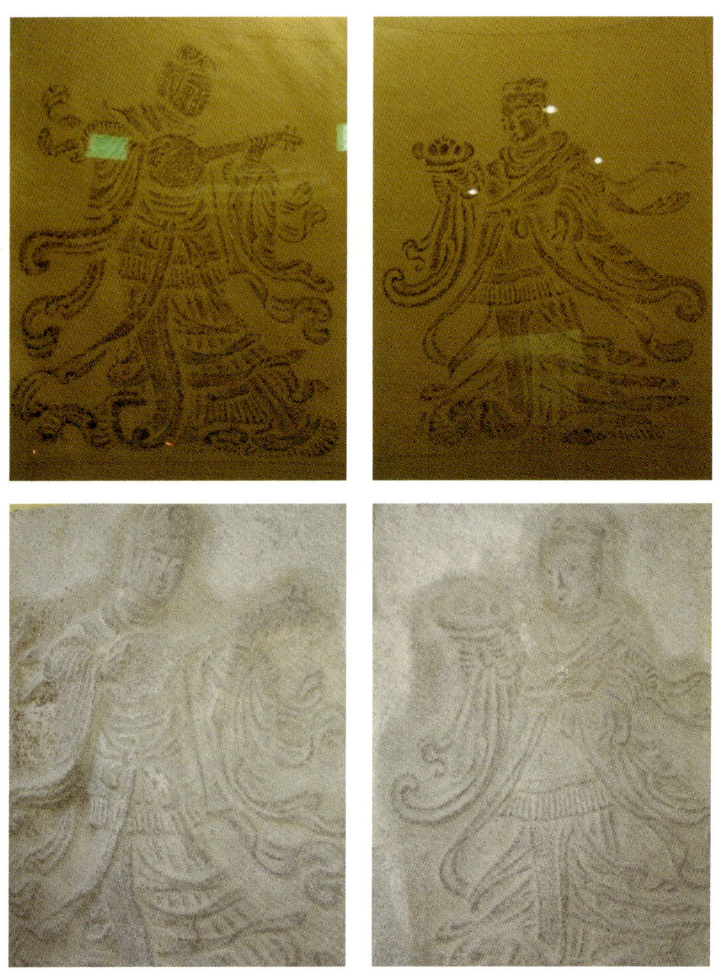

상주시립박물관 석각 천인상

감실(龕室) 문비(門扉) 안상(眼象)

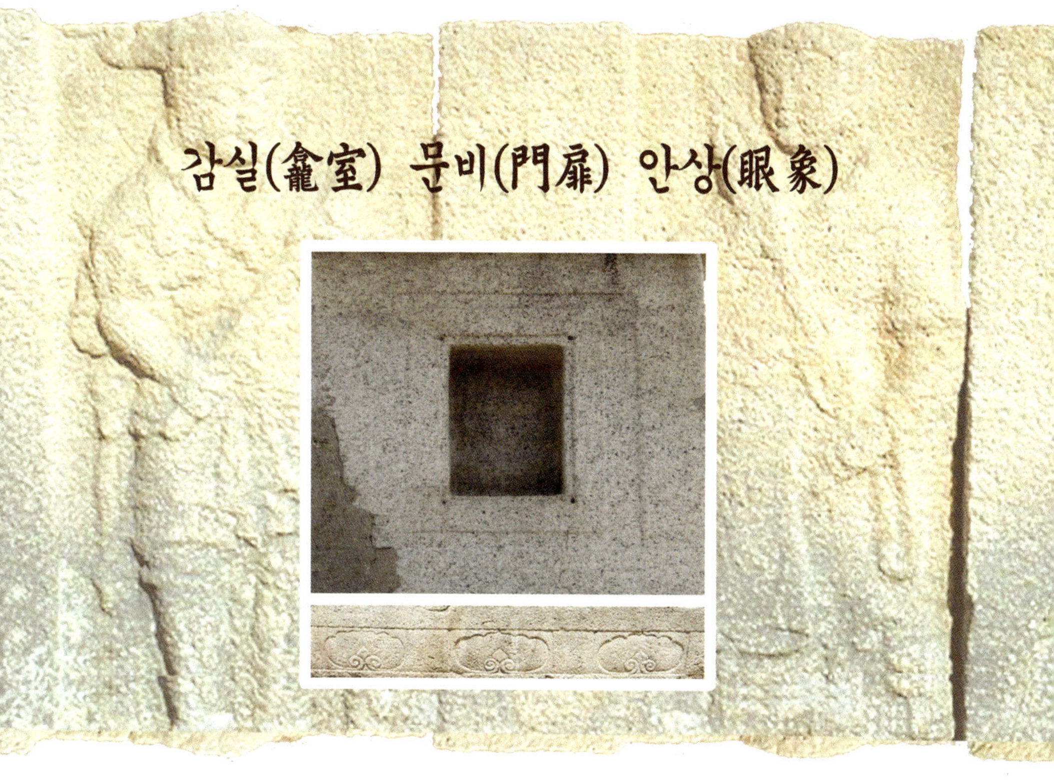

감실龕室 및 문비門扉

감실은 주로 초층 탑신에 표현되며, 직접 파서 내부 공간을 마련해 작은 불상을 모신다.

문비는 문짝을 표현한 것으로 자물쇠(성주사지 중앙 삼층석탑)형태나 문고리 장식(영국사 삼층석탑)을 표현하고 있어 눈에 띈다. 경주 분황사 석탑 감실, 의성 탑리 오층석탑의 감실, 경주 고선사지 삼층석탑, 구례 화엄사 사사자 석탑의 문비가 대표적이다.

안상眼象

안상은 석탑의 하층 기단부뿐만 아니라 신라 왕릉의 상석, 불상의 대좌, 석등의 대석, 부도 등 다양한 석조물에 조각되어 있다.

안상은 형태에 따라 여러 가지 유형으로 나타나는데, 주로 하층 기단에 나타나며, 탑신부에 나타나는 경우도 있다.

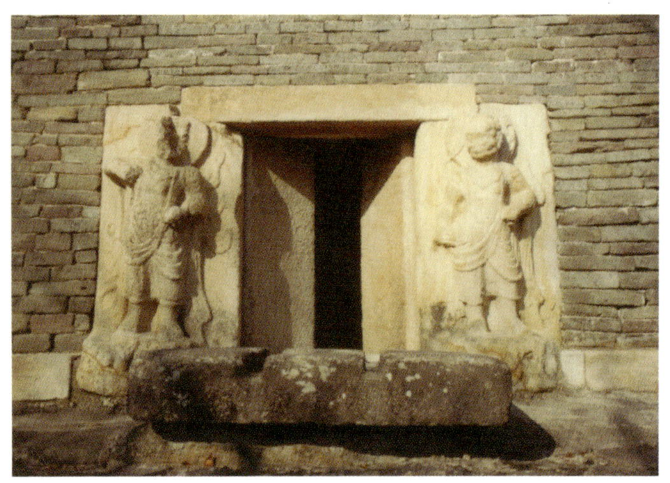

경주 분황사 석탑 감실

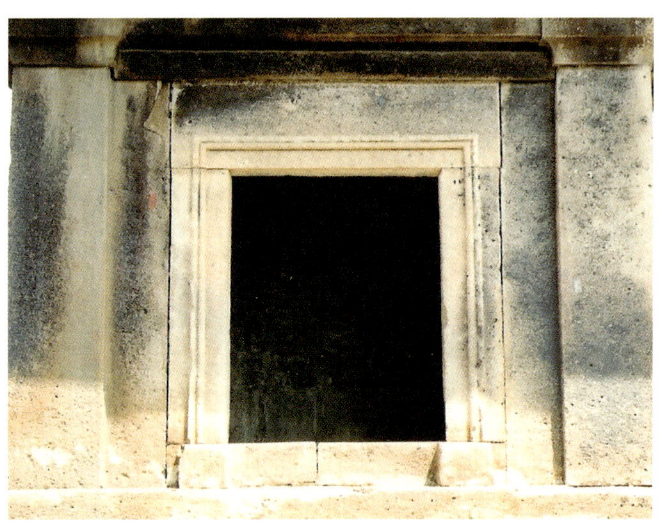

의성 탑리 오층석탑 감실

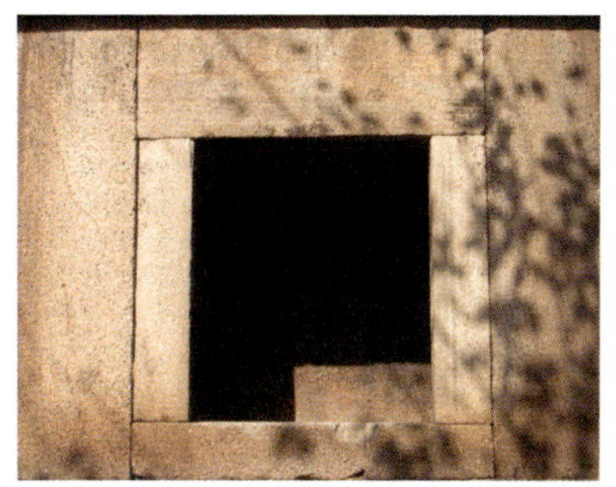

의성 빙산사지 오층석탑 감실

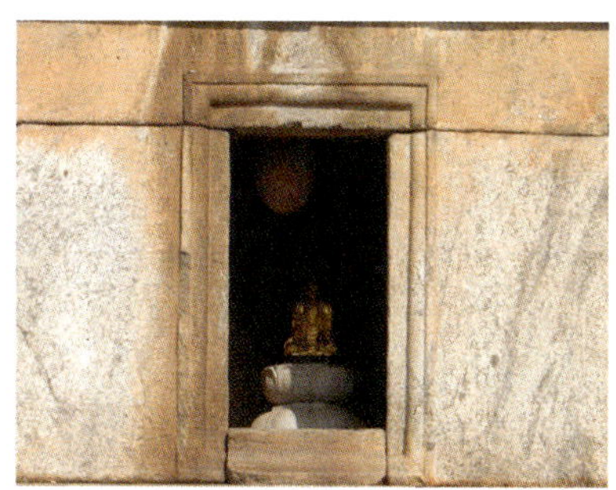

선산 죽장동 오층석탑 감실

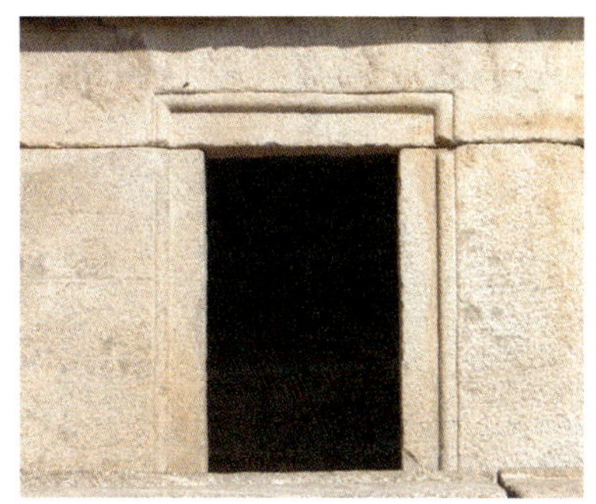

선산 낙산동 삼층석탑 감실

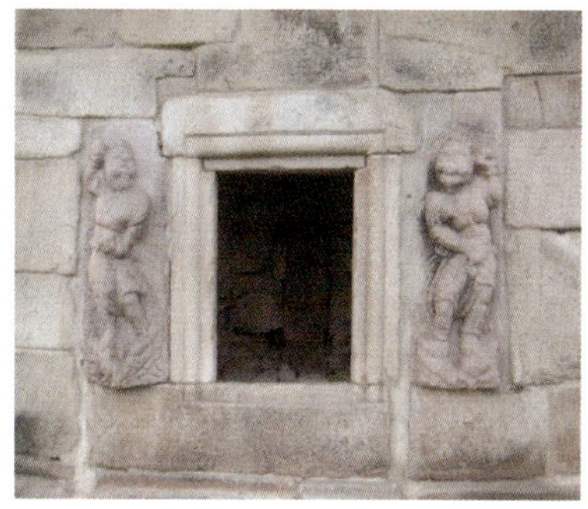

안동 조탑동 오층 전탑 감실

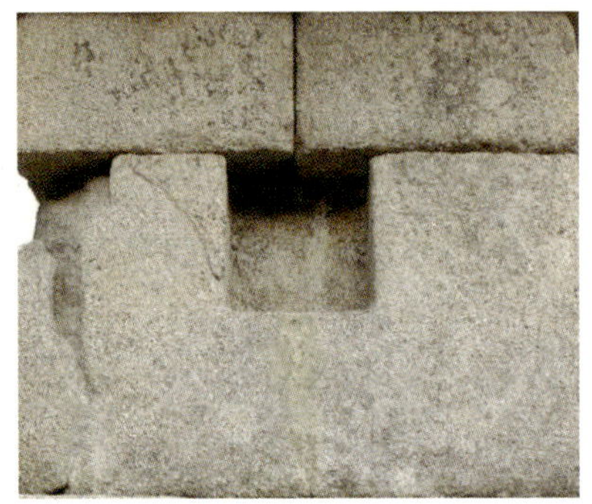

강진 금곡사 삼층석탑 감실

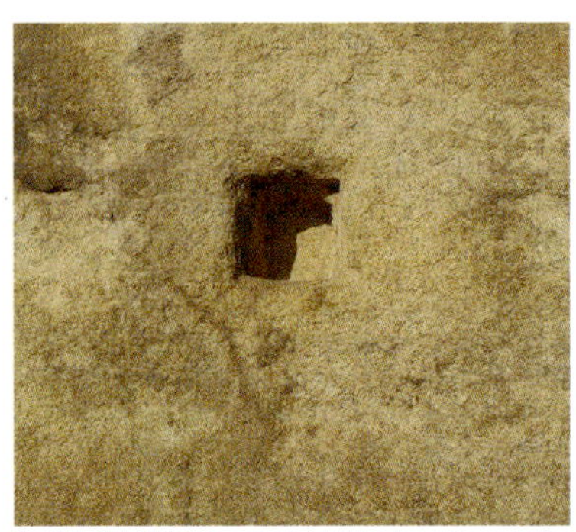

괴산 보안사 삼층석탑 감실

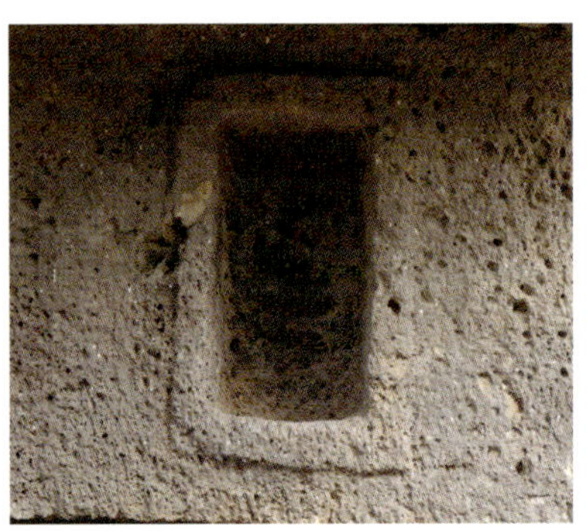

제주도 불탑사 오층석탑 감실

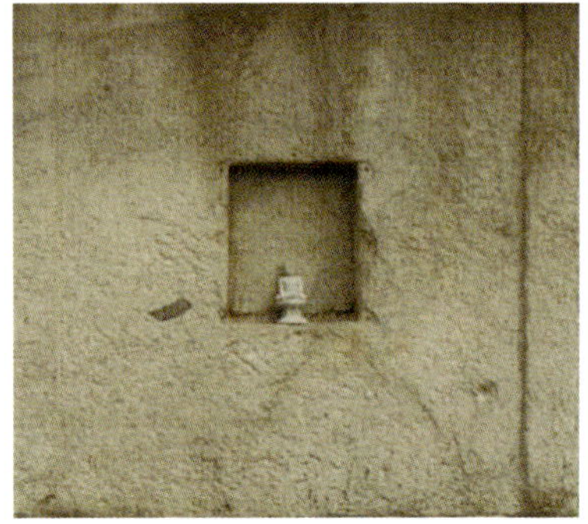

안성 죽산리 오층석탑 감실

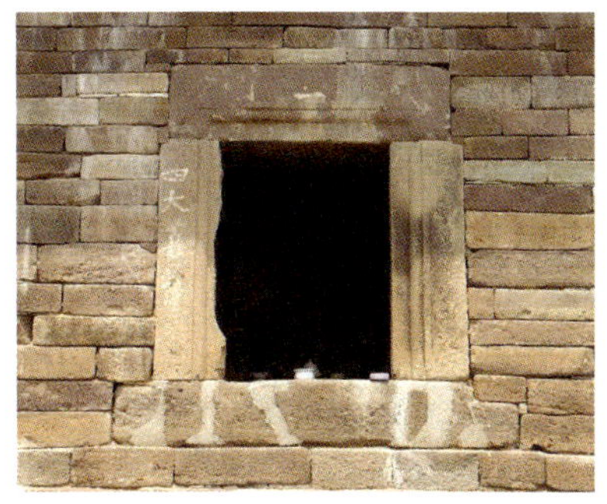

영양 봉감 모전 오층석탑 감실

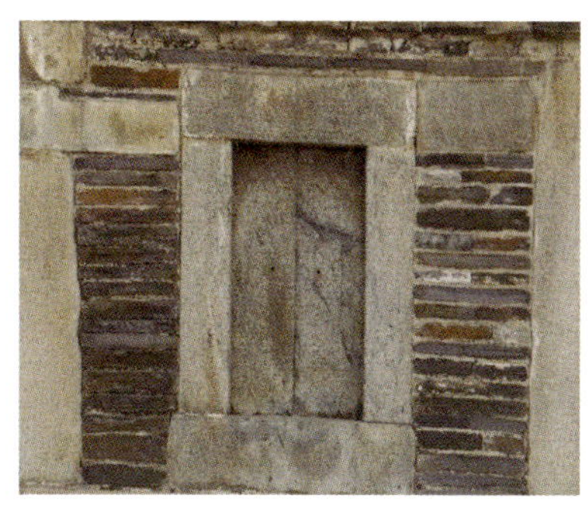

제천 장락리 칠층 모전 석탑 감실

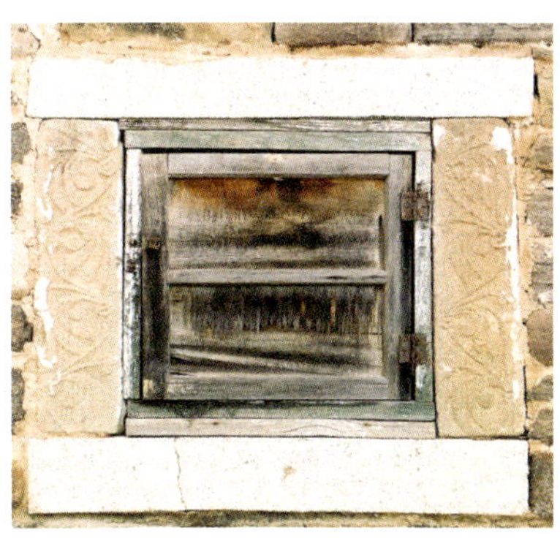

영양 현이동 모전 오층석탑 감실

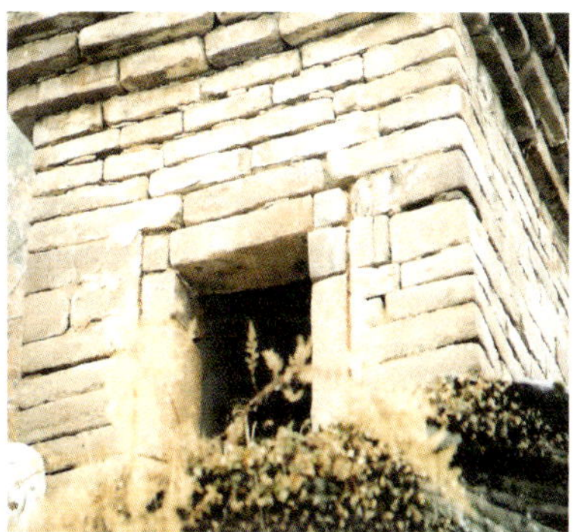

영양 삼지동 모전석탑 감실

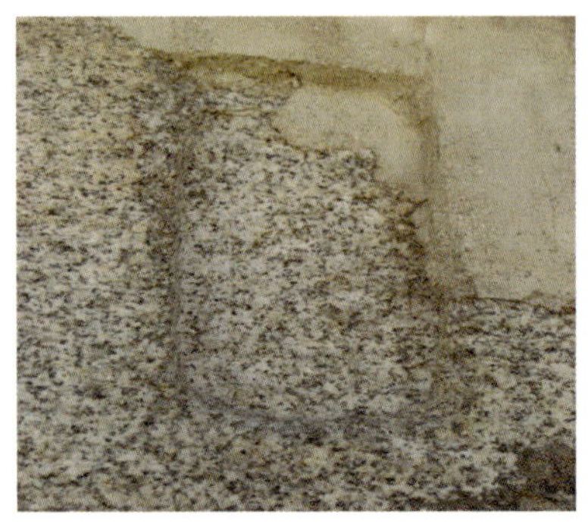

옥천 죽향리사지 삼층석탑 감실

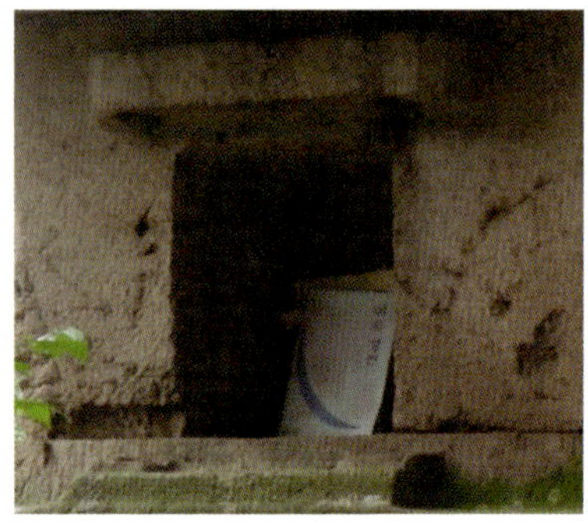

경주 오야리 삼층석탑 감실

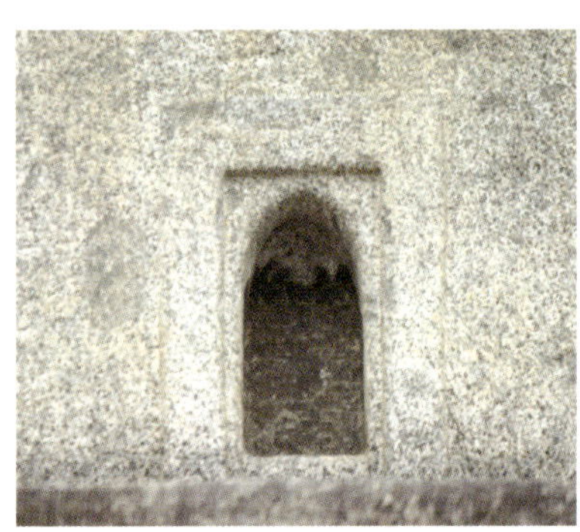

성주 동방사지 칠층석탑 감실

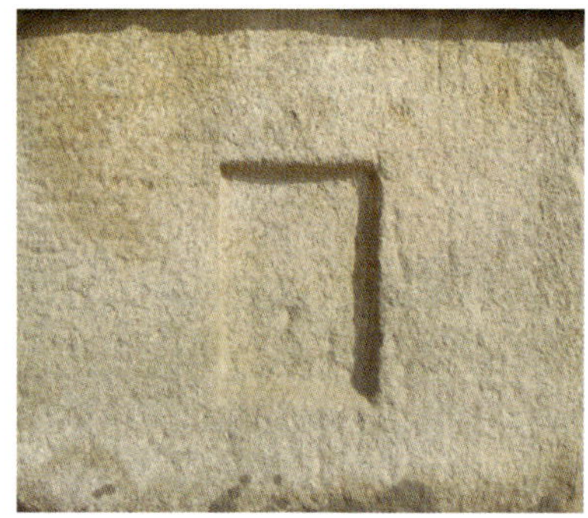

음성 오층 모전 석탑 감실

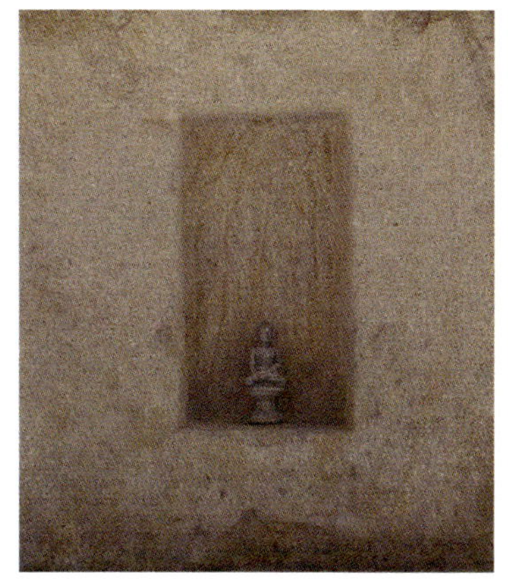

청량사지 칠층석탑 감실

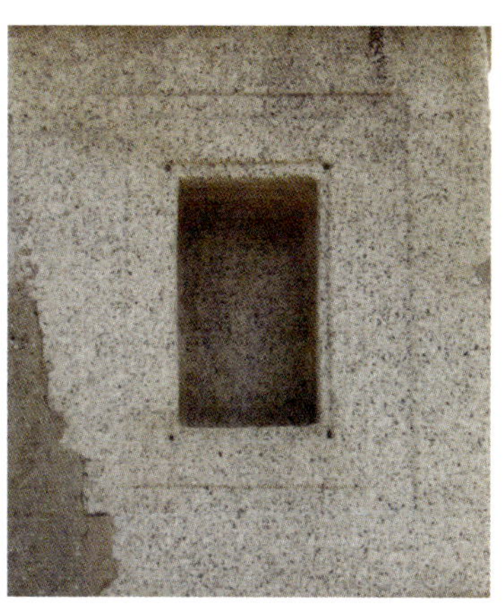

불모산 삼층석탑 감실

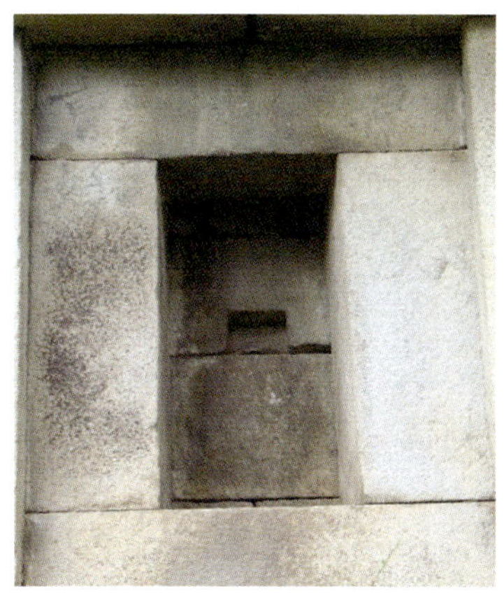

정혜사지 십삼층석탑 감실

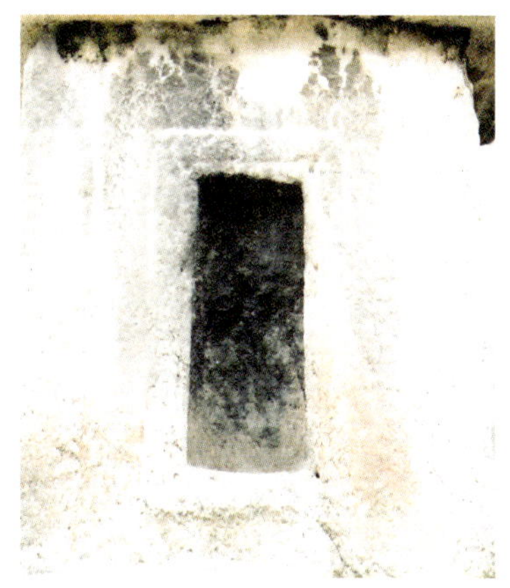

안동 안기동 삼층석탑 감실

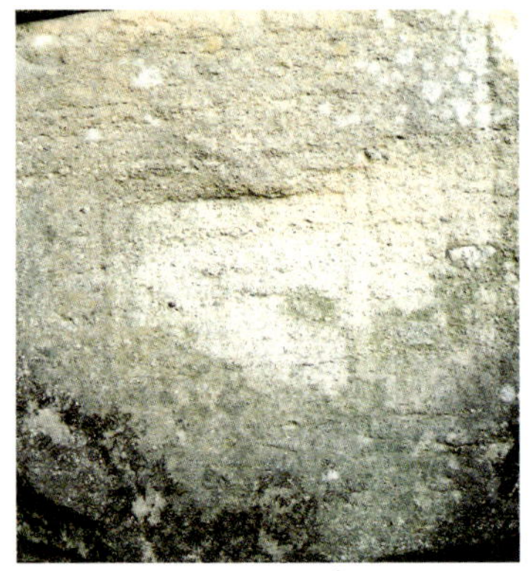

구미 수다사 석탑 문비

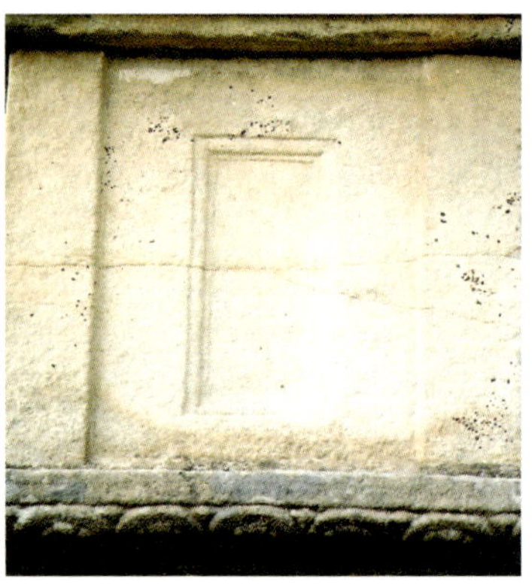

군위 지보사 삼층석탑 문비

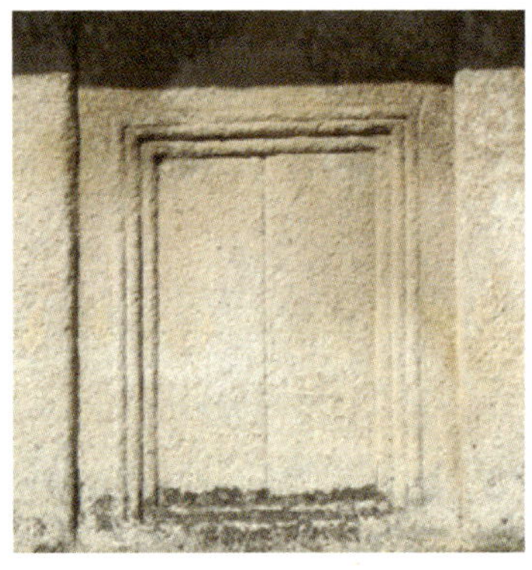

단양 향산리 삼층석탑 문비

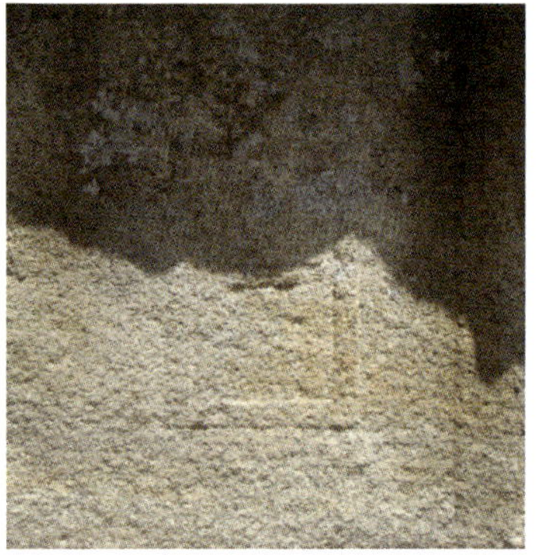

옥천 두암리 삼층석탑 문비

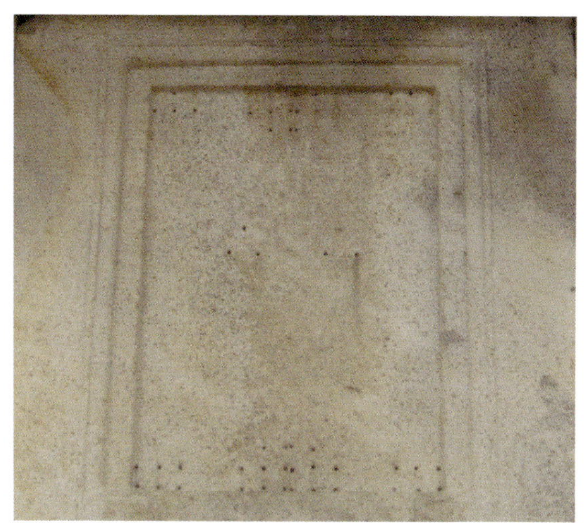

고선사지삼층석탑 문비

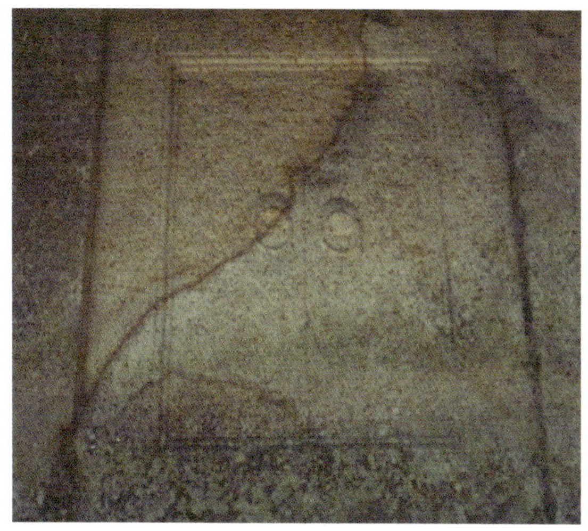

창림사지 삼층석탑 문비

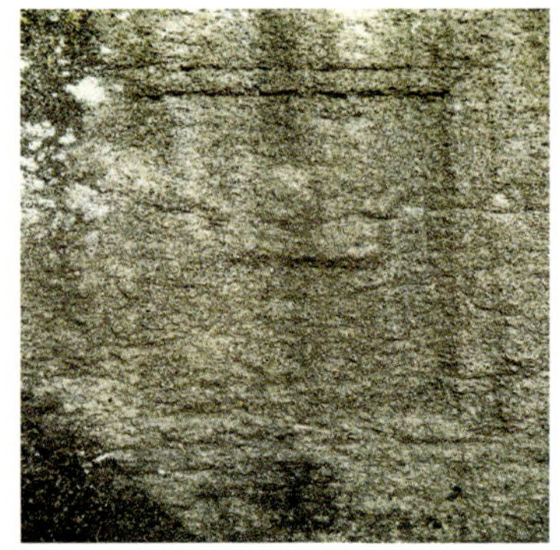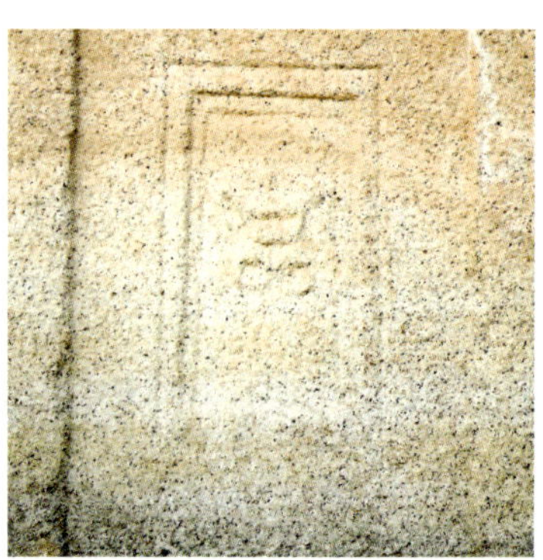

나소동 삼층석탑 문비   경주남산 기암골 석탑 문비

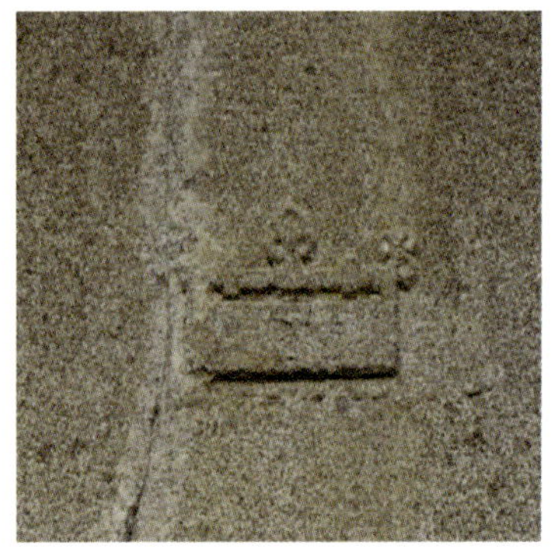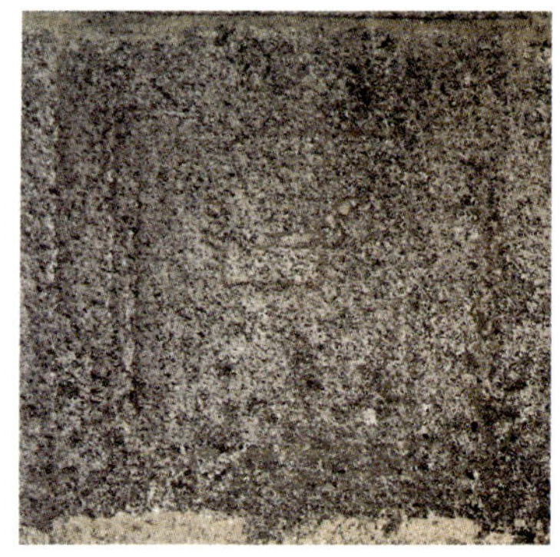

마곡사 오층석탑 문비   봉정사 삼층석탑 문비

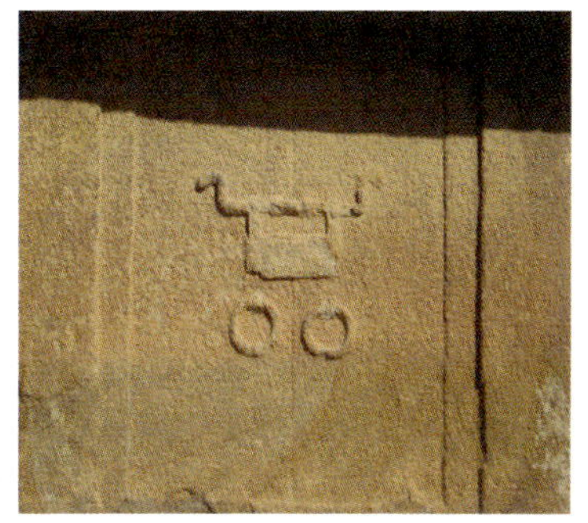

포항 보경사 오층석탑 문비

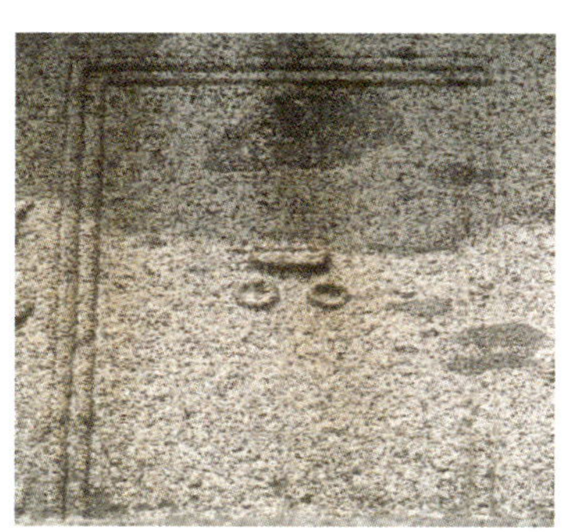

화엄사사사사자 석탑 문비

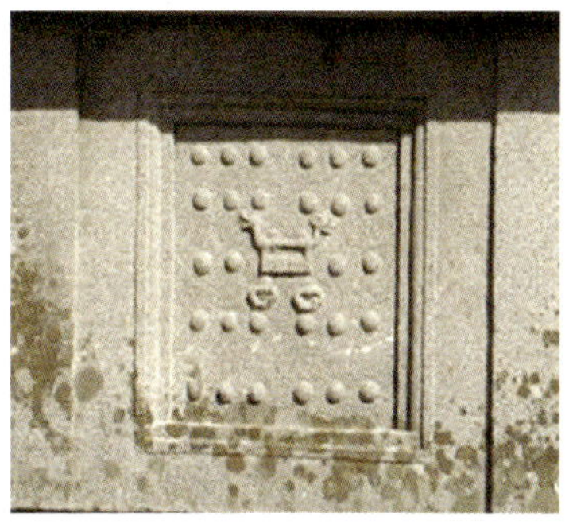

성주사지 중앙삼층 석탑 문비

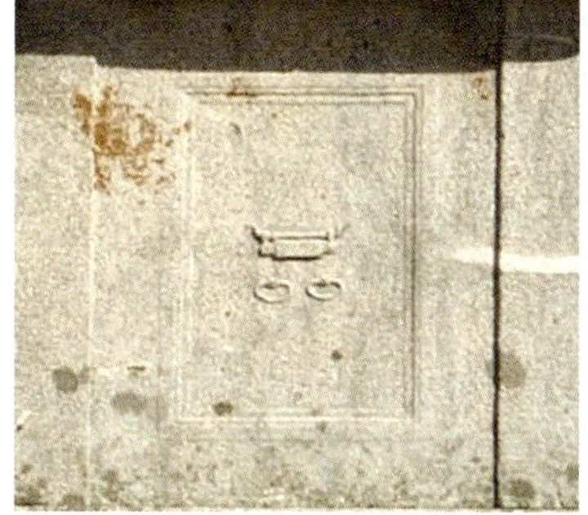

성주사지 서 삼층석탑 문비

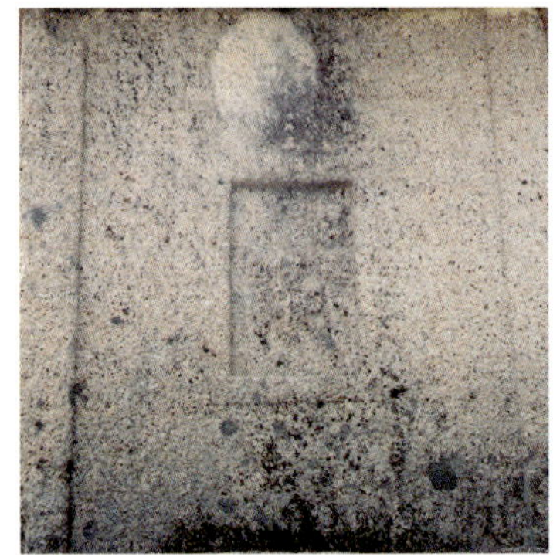

상주 상오리 석탑 문비

창원 성주사 석탑 문비

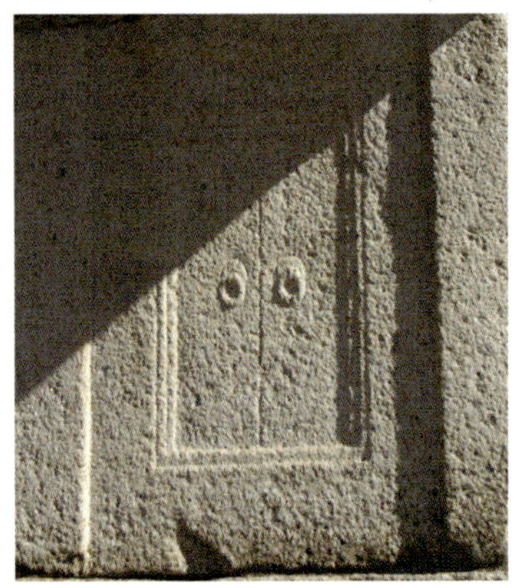

경주 숭복사지 석탑 문비

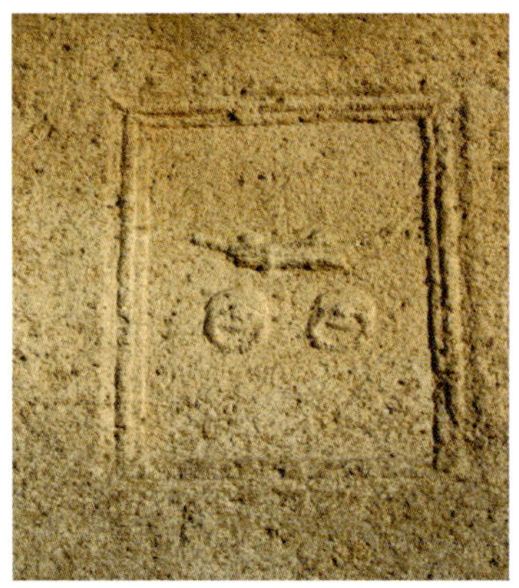

영천 신월동 삼층석탑 문비

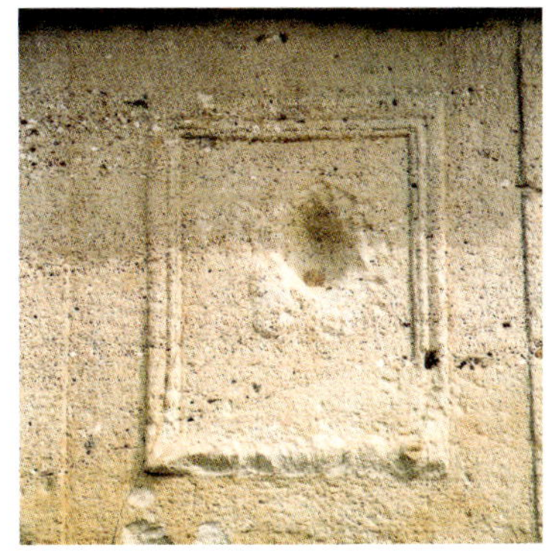
임하동 오층석탑 문비

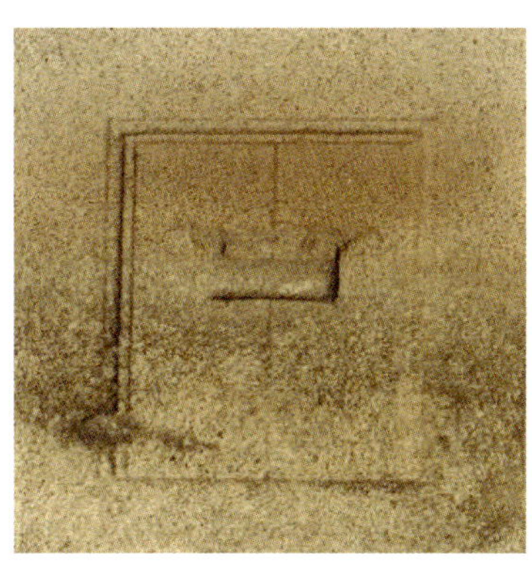
정도사지 석탑 문비

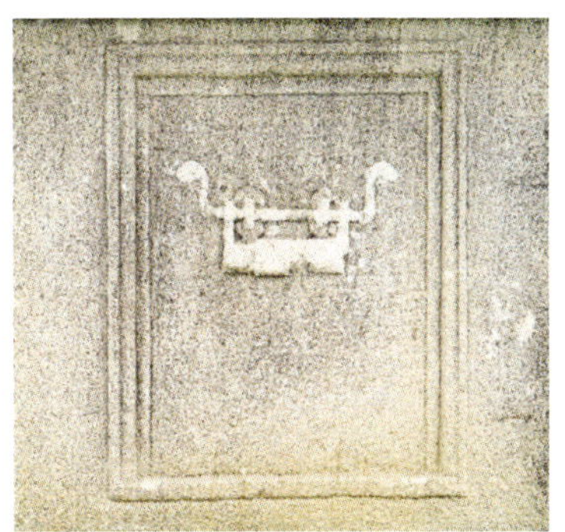
안동 봉림사지 석탑 문비

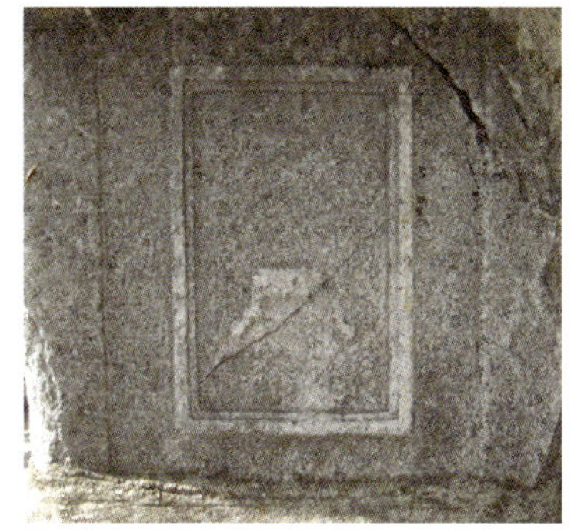
영동 이리사지 석탑 문비

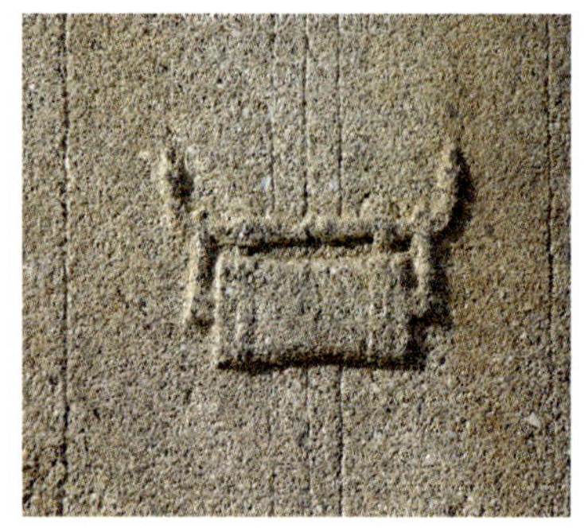

군위 법주사 삼층석탑 문비

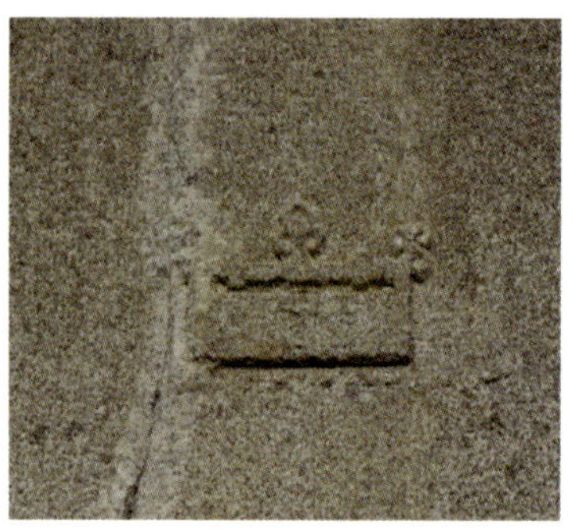

마곡사 오층석탑 문비

안동 옥동 삼층석탑 문비

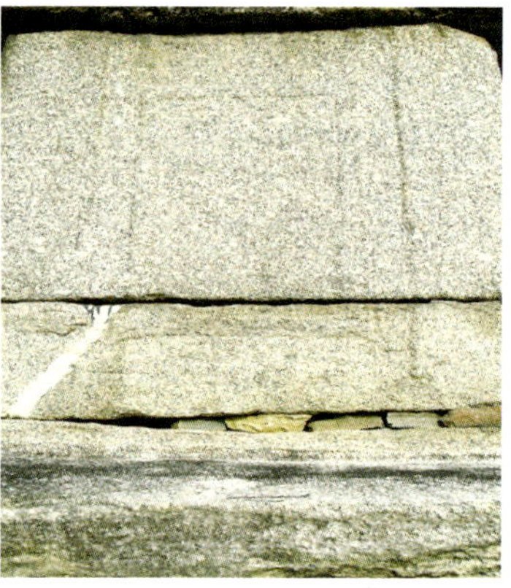

안동 하리동 삼층석탑 문비

창원 봉림사지 삼층석탑 문비

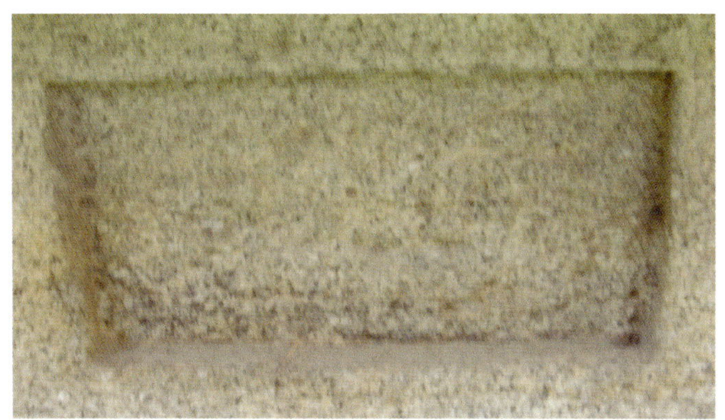

평창 유동리 오층석탑 문비

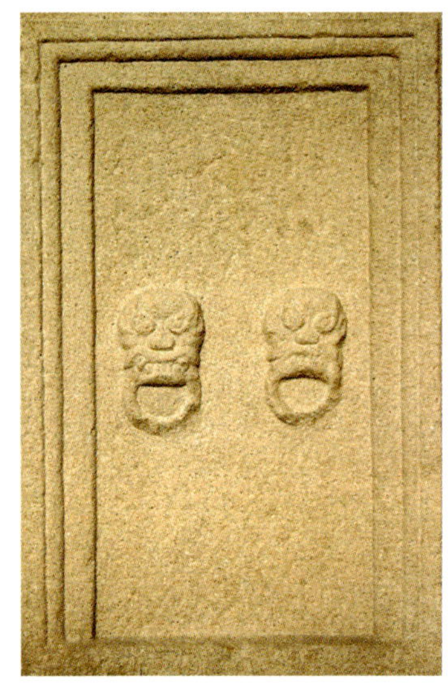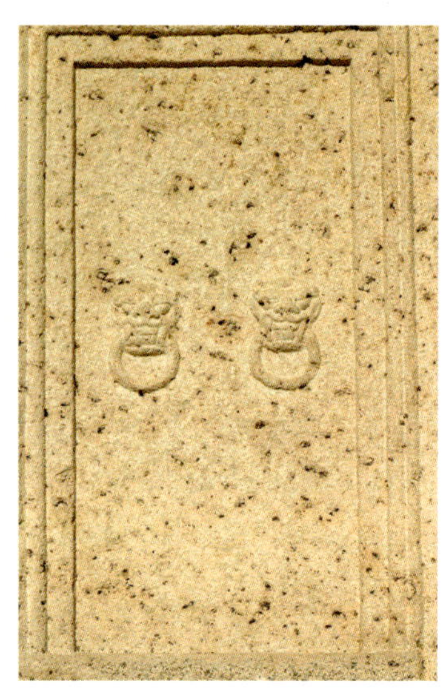

경주 장항리사지 석탑 문비

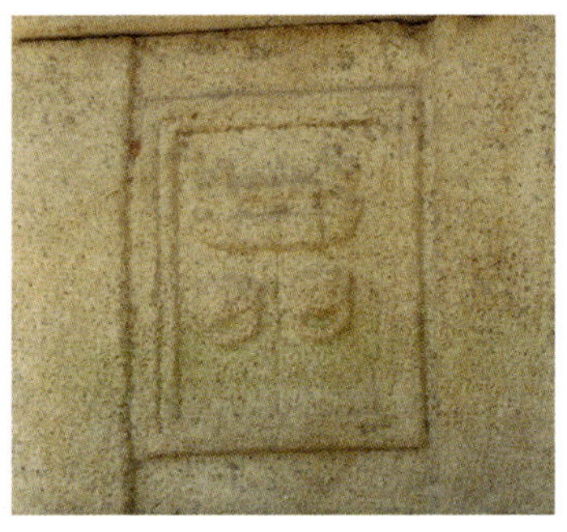

영동 영국사 삼층석탑 문비

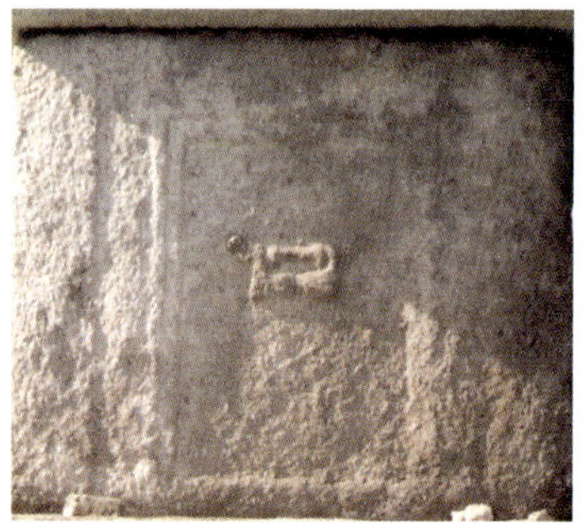

화성 용주사 석탑 문비

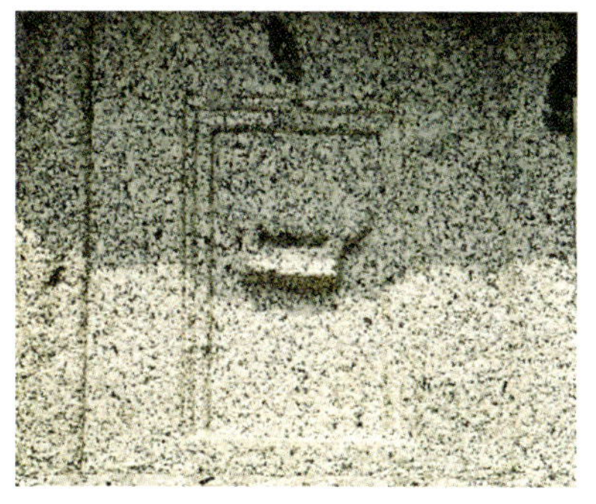

진천 보탑사 석탑 문비

안동 죽전동 삼층석탑 문비

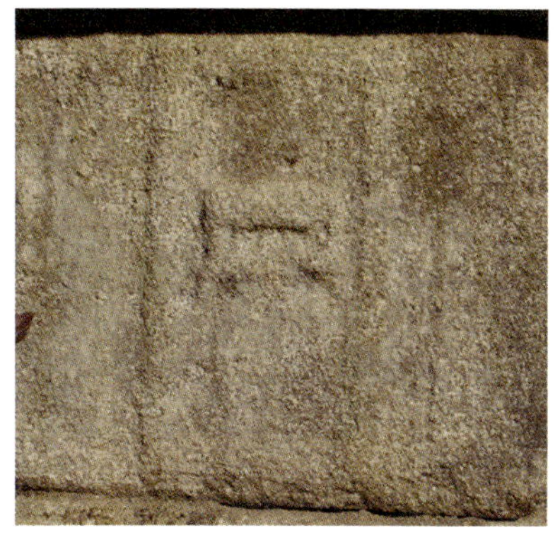

동학사 삼층석탑 문비

김해 안곡리 석탑 문비

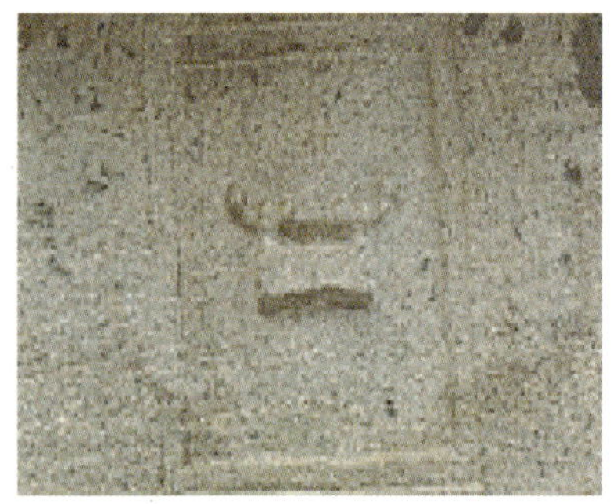

등명사지 오층석탑 문비

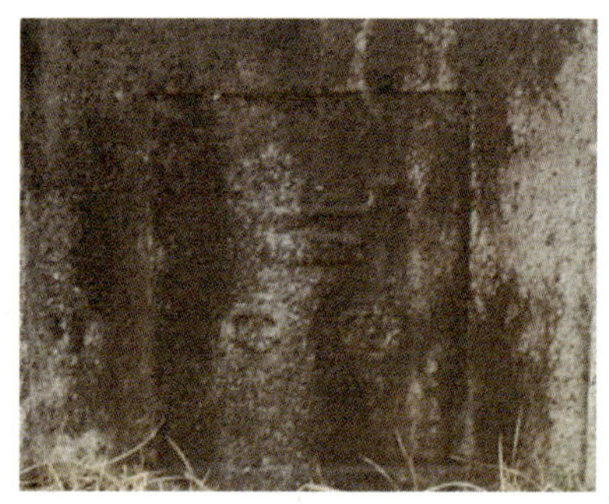

합천 죽죽리사지석탑 문비
(국립진주박물관)

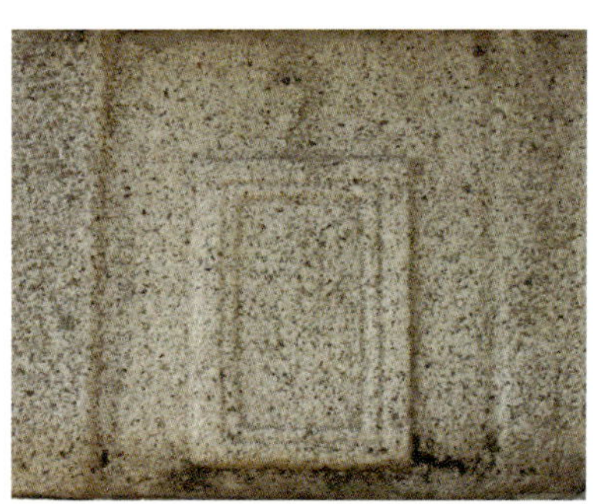

함안 구성리 삼층석탑 문비

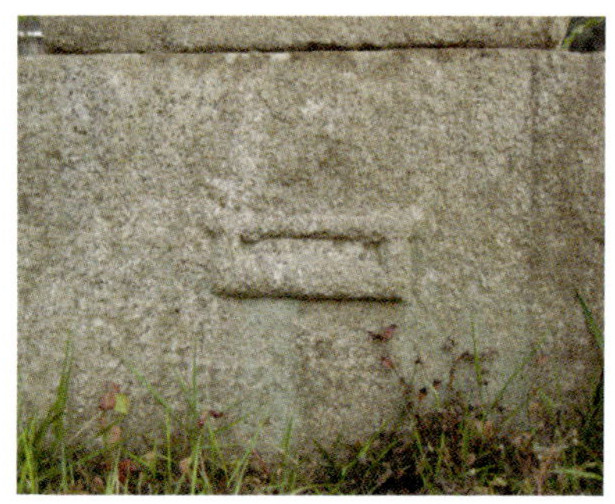

화천 계성리사지석탑 문비
(화천민속박물관)

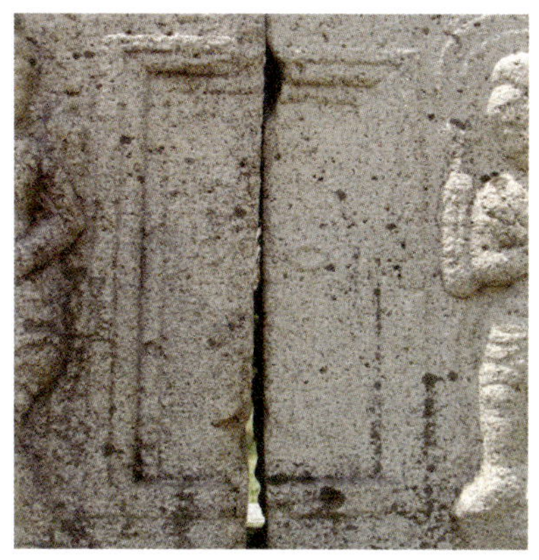

국립경주박물관 석탑 문비

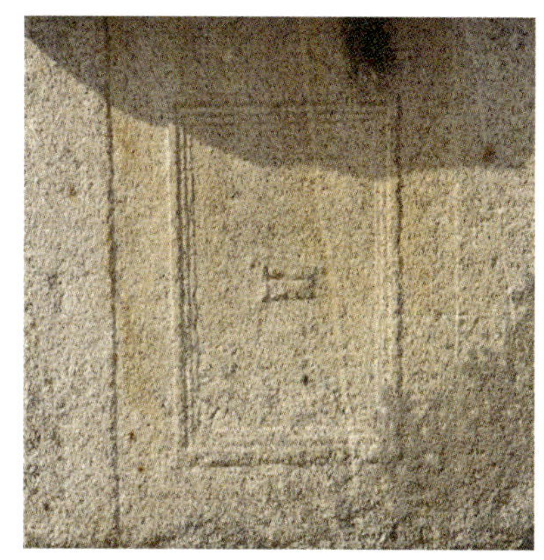

원주 흥법사지 삼층석탑 문비

서산 보원사지 오층석탑 문비

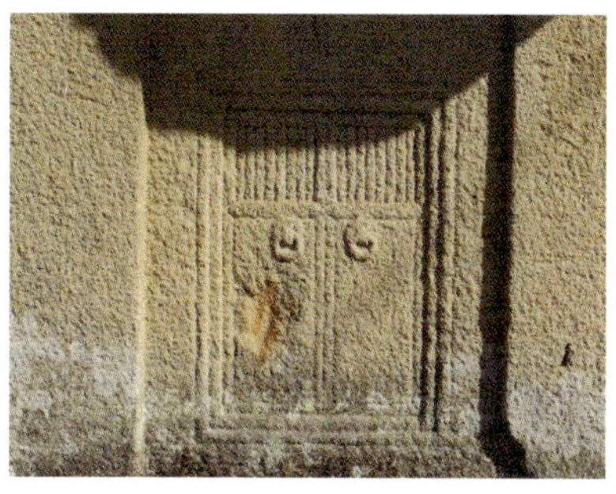

진주 진양 효자리 삼층석탑 문비

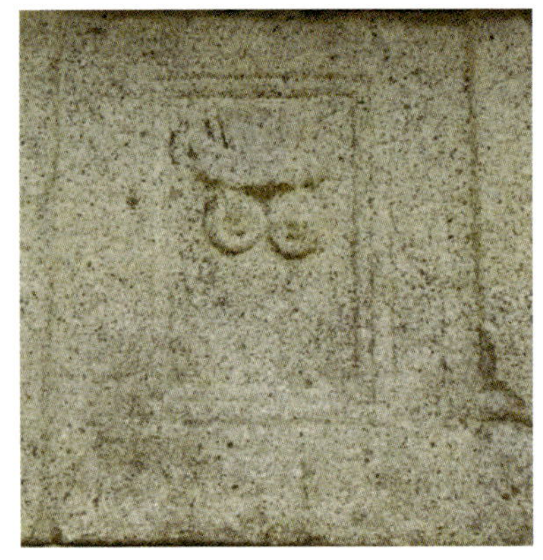

순천 금둔사지 삼층석탑 문비

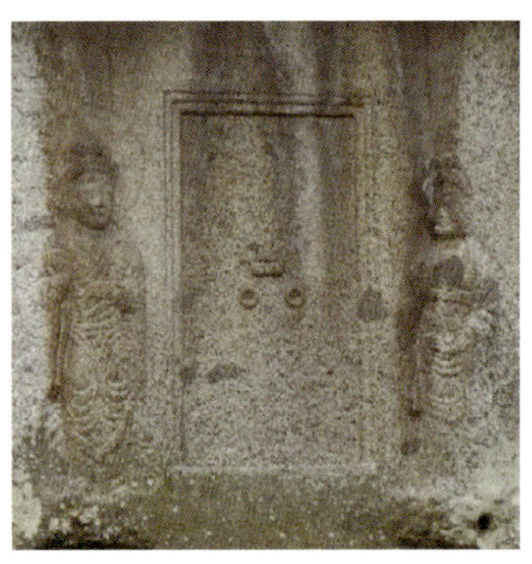

구례 화엄사 사사자 석탑 문비

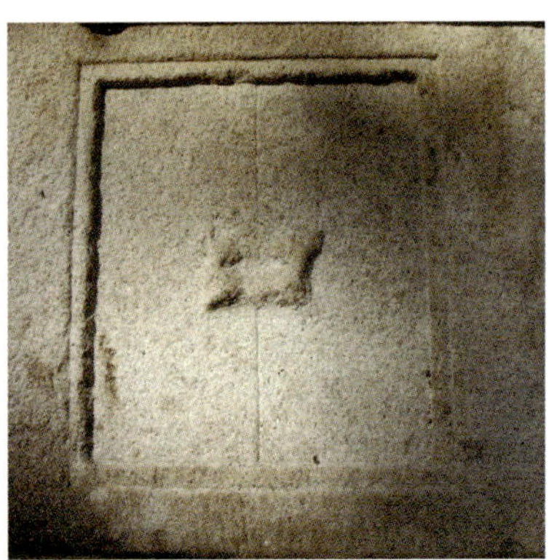

개성 흥국사 석탑 문비

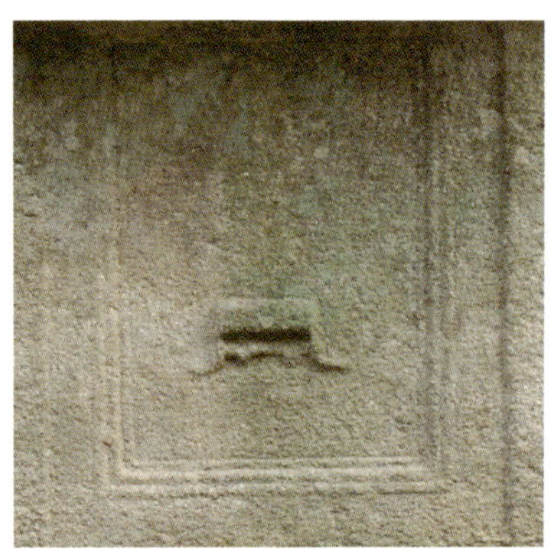

예천 청룡사 석탑 문비

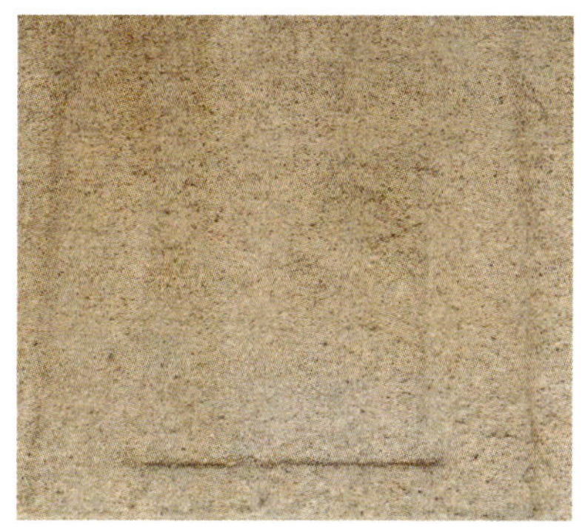

영동 영국사 망탑봉 석탑 문비

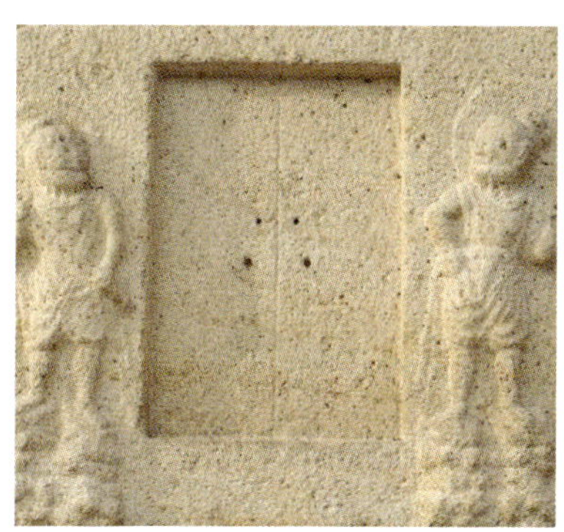

경주 서악리 삼층석탑 문비

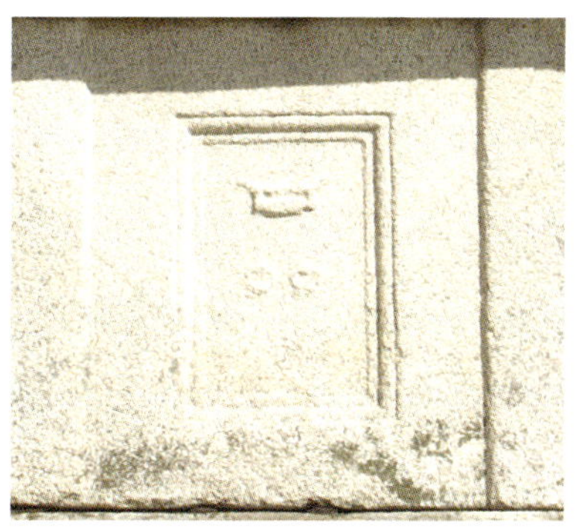

보령 성주사지 동삼층석탑 문비

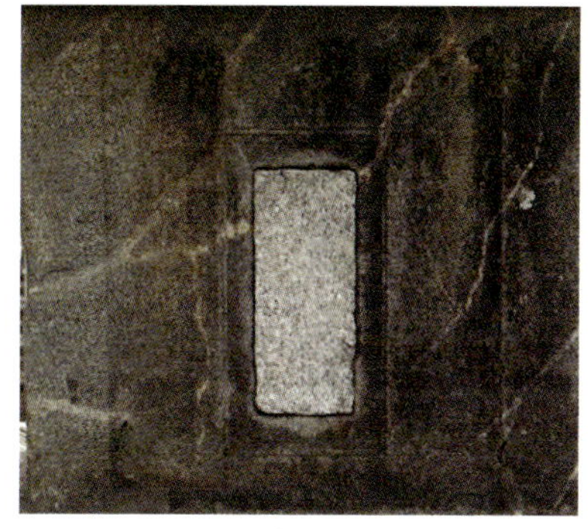

동사리 석탑 문비(국립부여박물관)

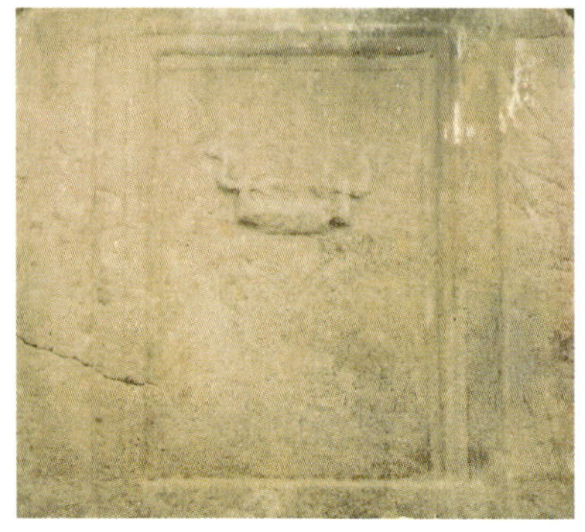

영양 신구동 삼층석탑 문비

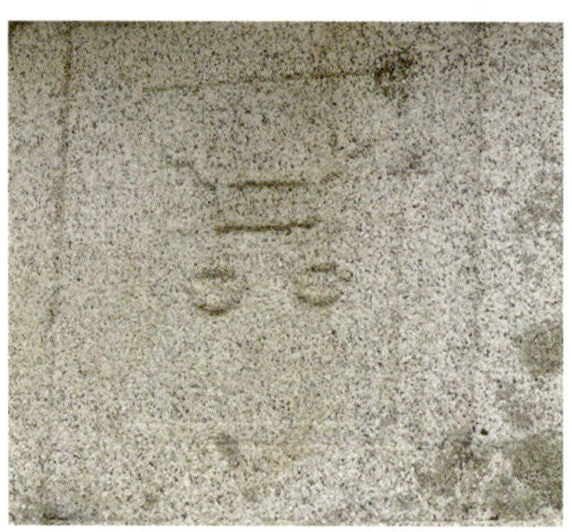

정양사 삼층석탑 문비

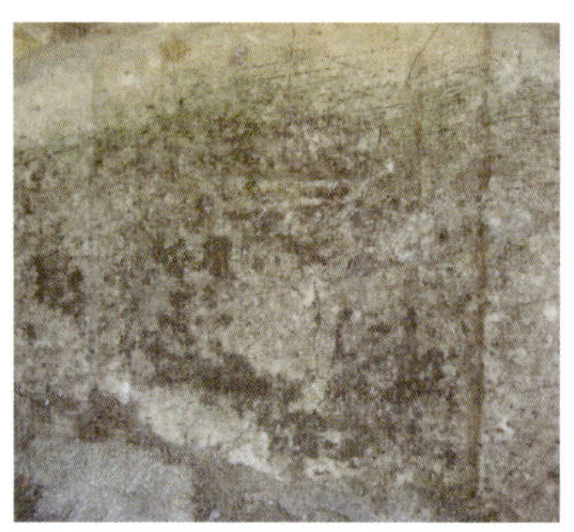

영동 송호리 석탑 문비

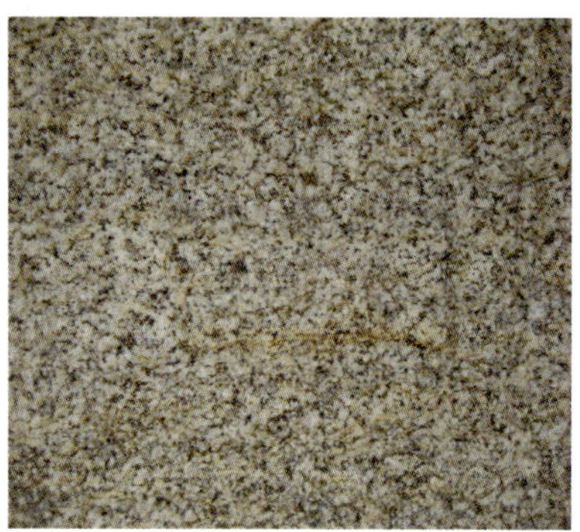

옥천 금암리 삼층석탑 석탑 문비

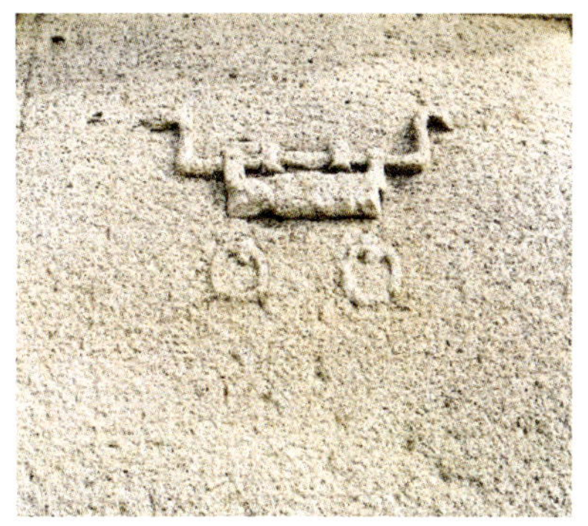

안동 임하동 동 삼층석탑 문비

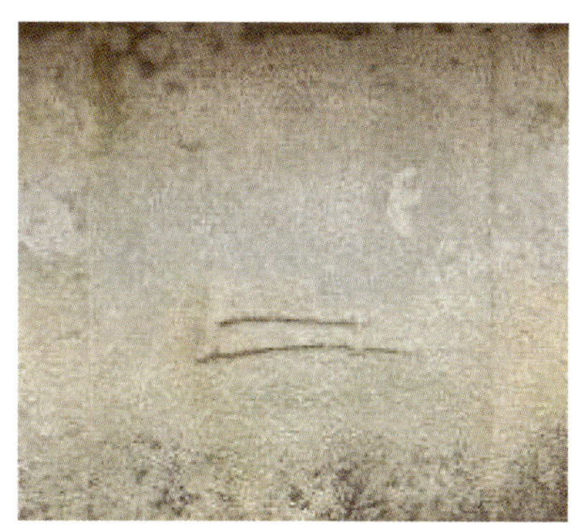

남해 당항 신흥사 삼층석탑 문비

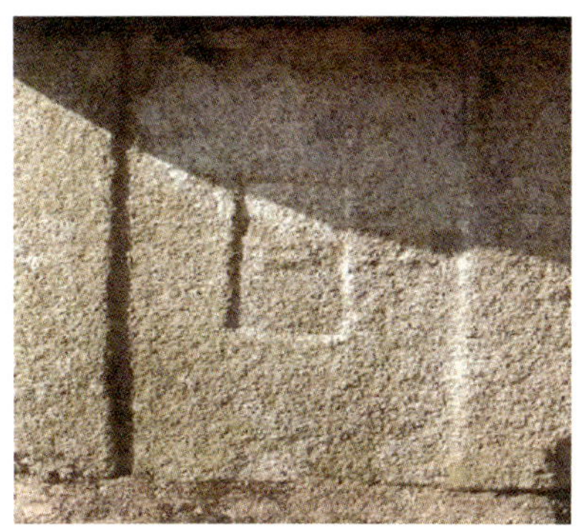

당진 안국사지 석탑 문비

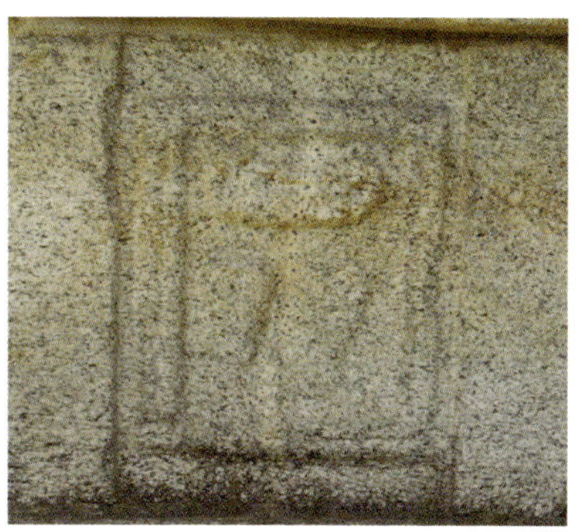

상주 무곡리 삼층석탑 문비

대구 인흥사지 석탑 안상

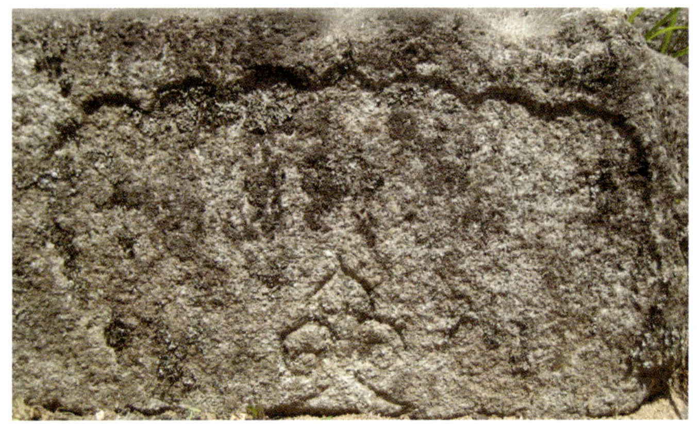

옥천 두암리 삼층석탑 안상

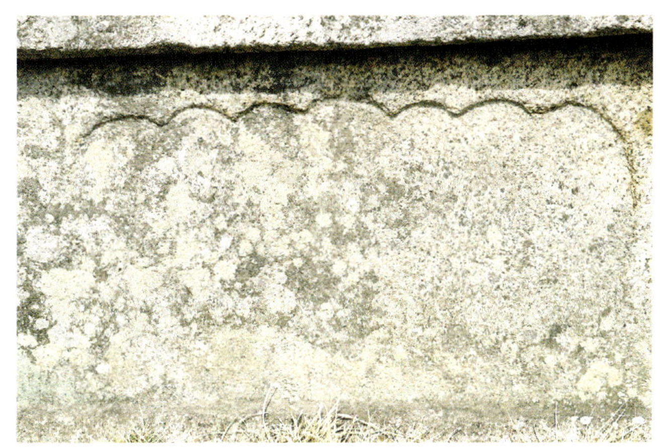

법수사지 삼층석탑 안상

경주 무장사지 삼층석탑 안상

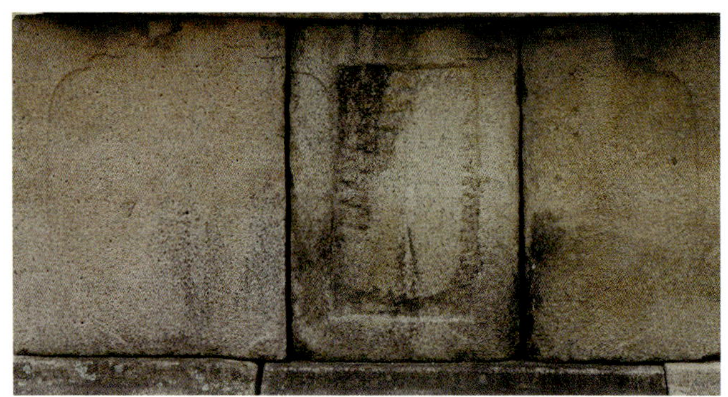

창녕 술정리 서삼층석탑 안상

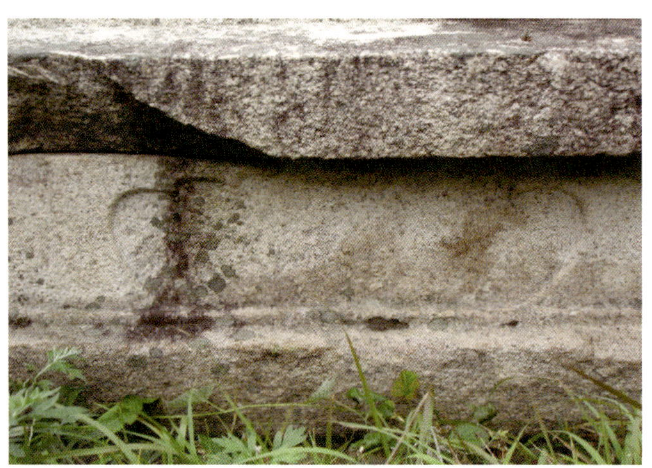

한계사지 남 삼층석탑 안상

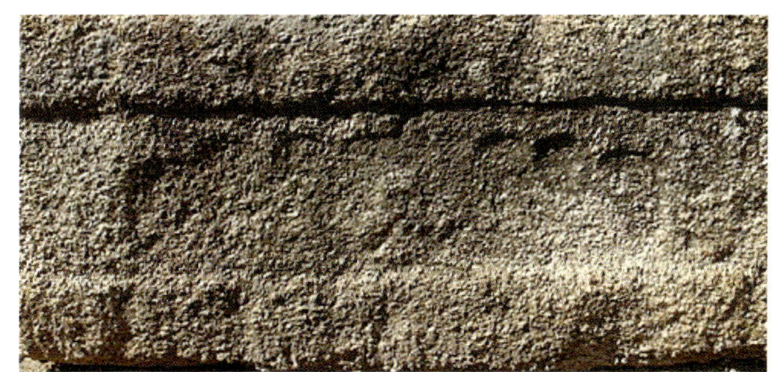

홍성 고산사 삼층석탑 안상

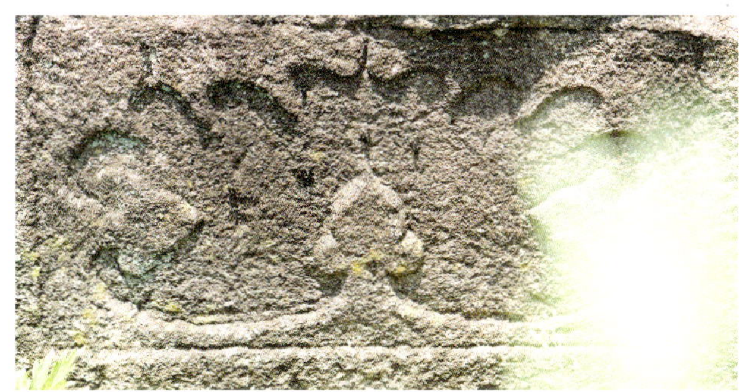

안동 봉림사지 삼층석탑 안상

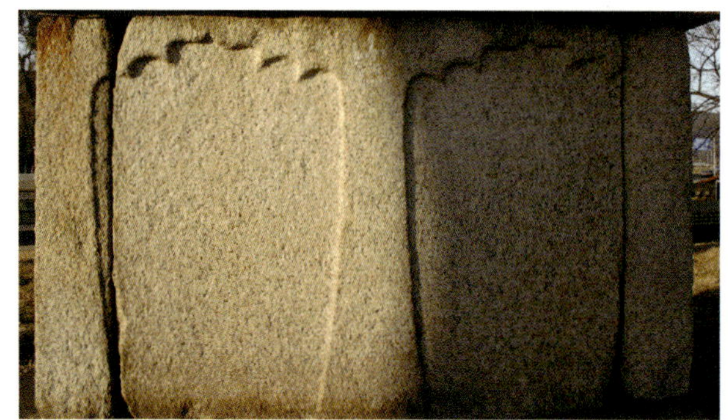

경주남산 승소곡 삼층석탑 안상

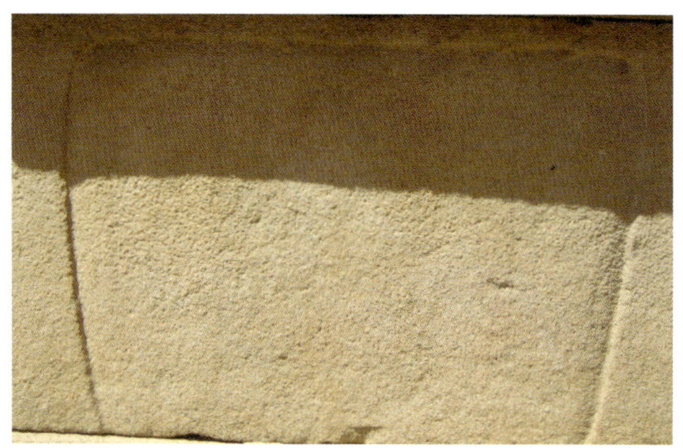

영동 영국사 삼층석탑 안상

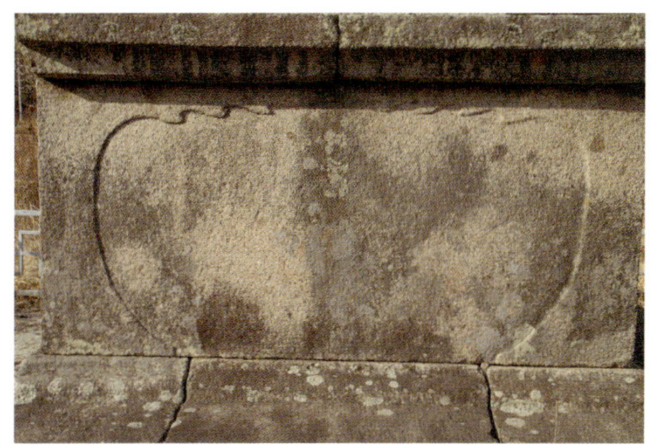

칠곡 기성동 삼층석탑 안상

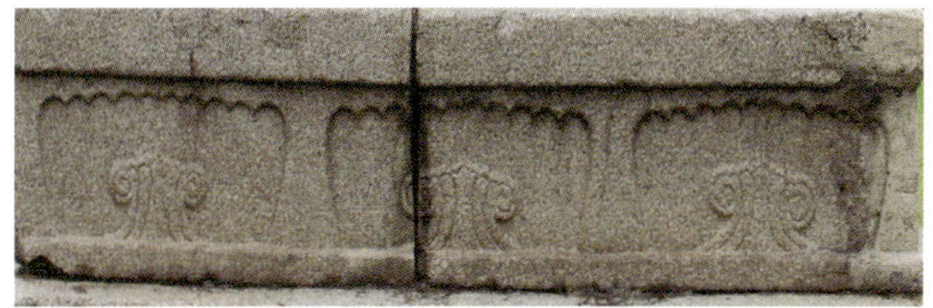

정도사지 석탑 안상

부산 범어사 삼층석탑 안상

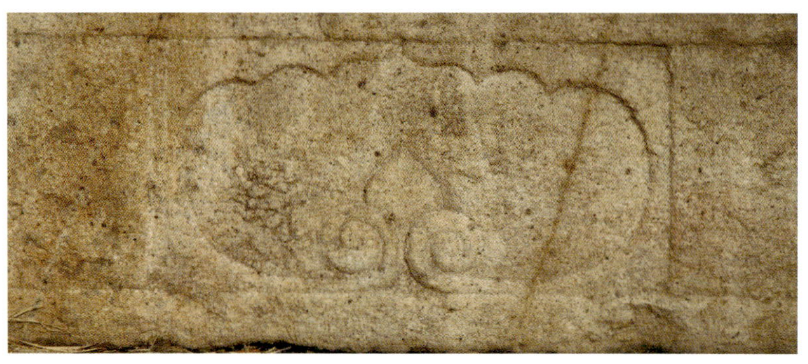

제천 사자빈신사지 삼층석탑 안상

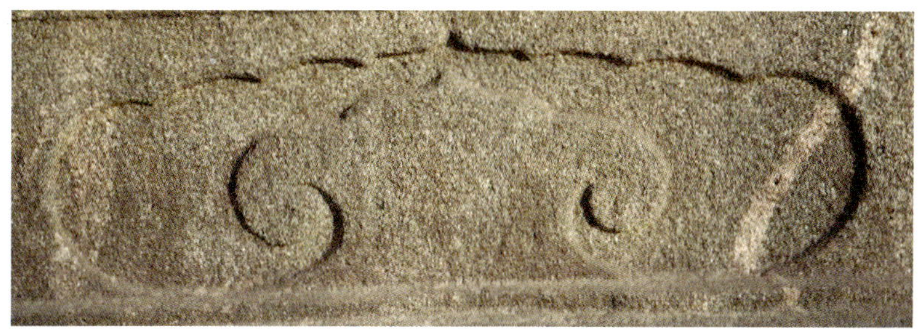

동사리 석탑 안상(국립부여박물관)

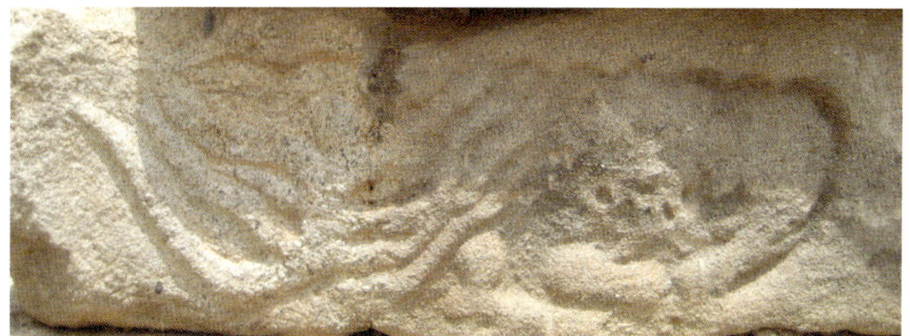

구미 대원사 석탑 안상

사자상(獅子像)

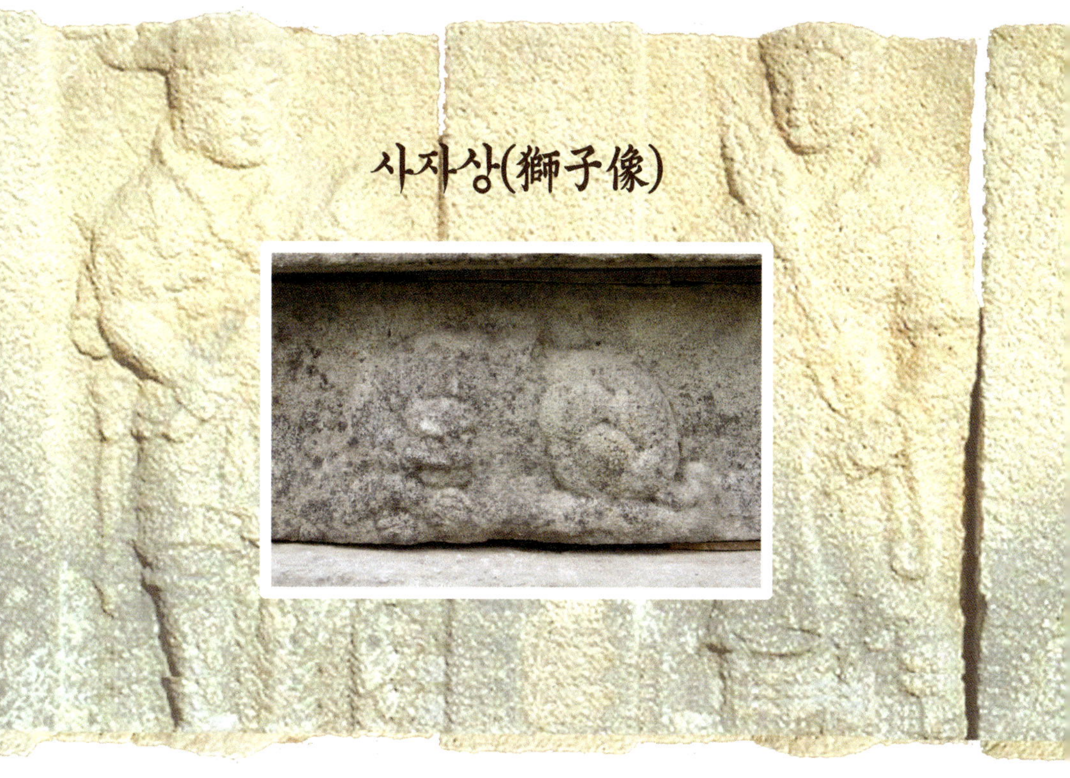

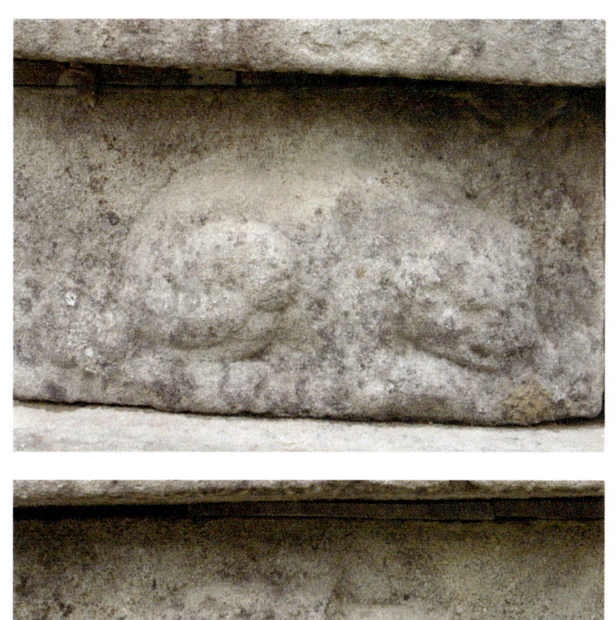

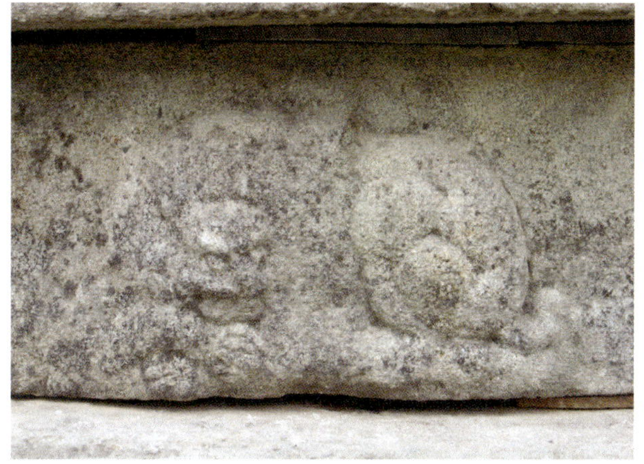

군위 지보사 삼층석탑 사자상

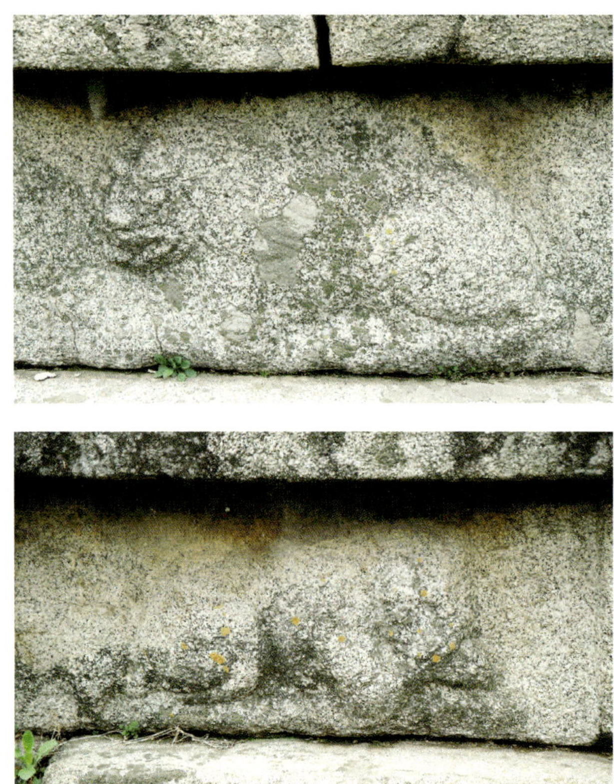

서산 보원사지 오층석탑 사자상

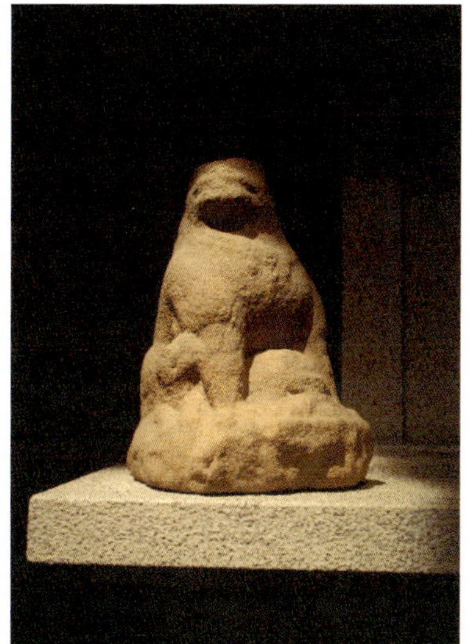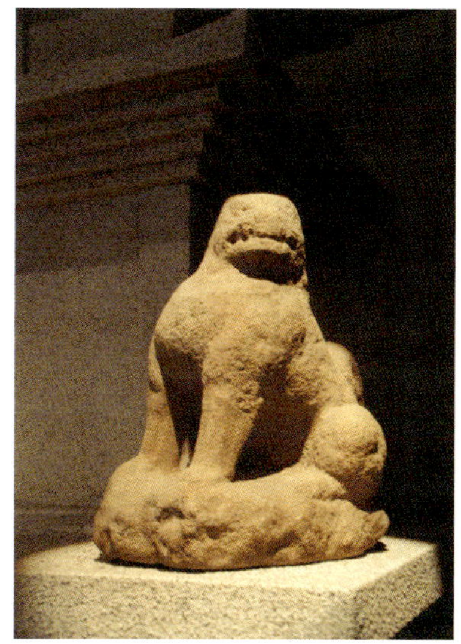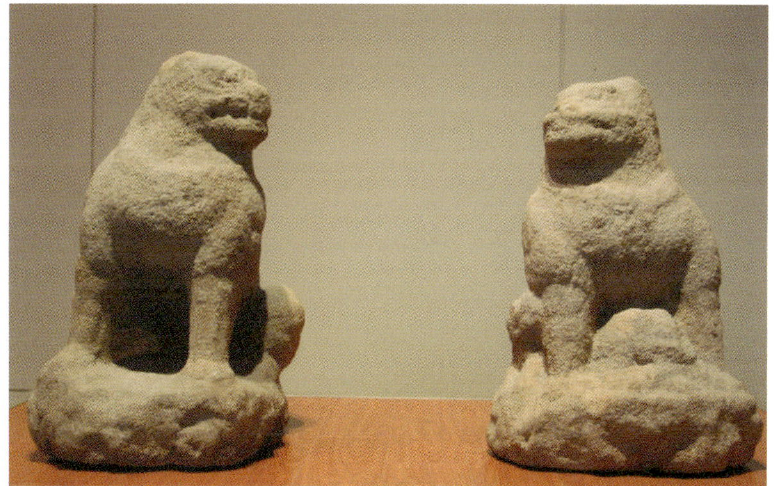

의성 관덕동 삼층석탑 석사자(국립대구박물관)

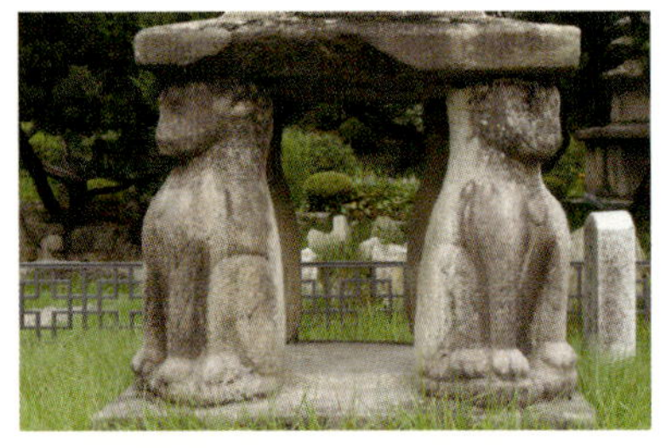

홍천 괘석리 석탑 사자상

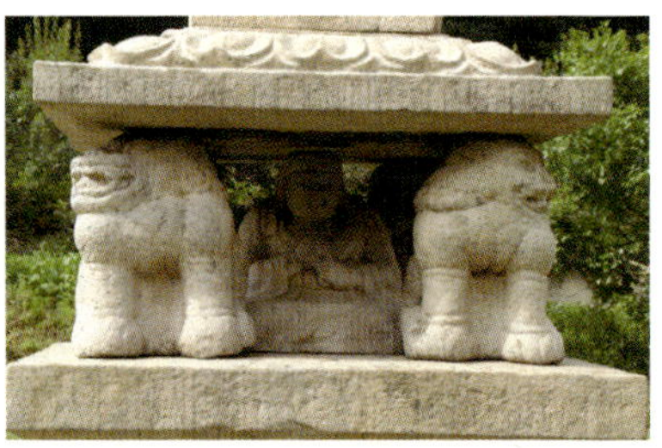

제천 사자빈신사지 석탑 사자상

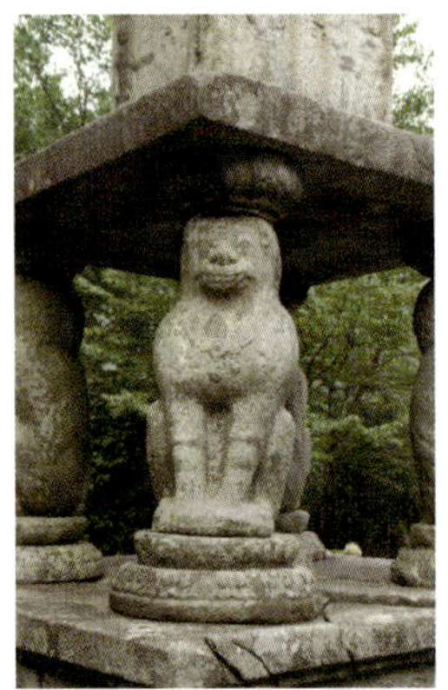

구례 화엄사 사사자석탑

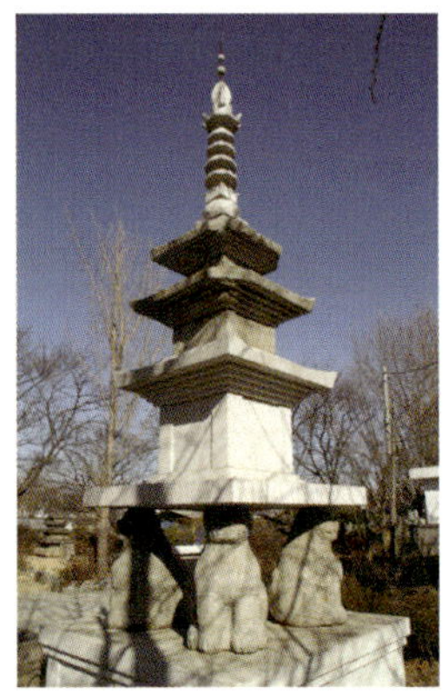

함안 주리사지 석탑사자상

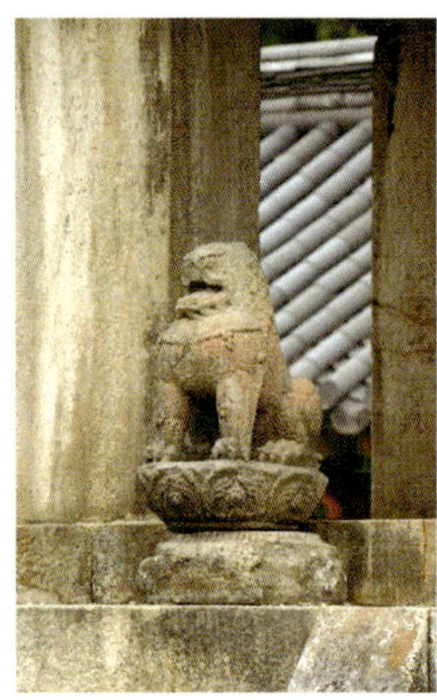

경주 불국사 다보탑 사자상

부 록

전국 석탑 문화재 현황

[서울특별시]

순 번	지정번호	탑 명	소재지	시 대
1	국보 2호	원각사지 십층석탑	서울시 종로구 2가38 탑골공원	조선
2	국보 86호	경천사지 십층석탑	서울시 용산구 6가 국립중앙박물관	고려후기
3	국보 99호	갈항사지 삼층석탑	서울시 용산구 6가 국립중앙박물관	통일신라
4	국보 100호	남계원 칠층석탑	서울시 용산구 6가 국립중앙박물관	고려
5	국보 105호	산청 범학리삼층석탑	서울시 용산구 6가 국립중앙박물관	통일신라
6	보물 166호	서울 홍제동 오층석탑	서울시 용산구 6가 국립중앙박물관	고려
7	보물 358호	영전사지 보제존자 사리탑	서울시 용산구 국립중앙박물관	고려후기
8	보물 580호	전 문경 오층석탑	서울 성북구 97-1 간송미술관	고려
9	보물 1119호	창경궁내 팔각 칠층석탑	서울시 종로구 와룡동 창경궁	조선
10	시도유형 39호	약사사 삼층석탑	서울시 강서구 개화동 322-2	고려
11	시도유형 93호	원지동 석탑	서울시 서초구 원지동 362-4	조선
12	시도유형 4호	낙성대 삼층석탑	서울시 관악구 봉천동 산48	고려

[인천광역시]

1	보물 10호	강화 하점면 오층석탑	인천시 강화군 하점면 장정리 산 193	고려

[제주특별자치도]

1	보물 1187호	불탑사 오층석탑	제주 제주시 삼양 1동 불탑사	고려후기

[대전광역시]

1	비지정	봉소사 오층석탑	대전 유성구 성북동 산11	고려

[광주광역시]

1	보물 109호	광주서 오층석탑	광주 남구 구동 16-2	고려
2	보물 110호	광주동 오층석탑	광주 동구 지산동 438-2	통일신라
3	시도유형 1호	증심사 삼층석탑	광주 동구 운림동 56	고려
4	시도유형 12호	신용리 오층석탑	광주 광산구 신룡동 57-1	고려

[부산광역시]

1	보물 250호	범어사 삼층석탑	부산 금정구 청룡동 546	통일신라
2	시도유형 9호	오층석탑	부산 금정구 장전동 부산대학교	통일신라
3	시도유형 10호	삼층석탑	부산 서구 동대신동 동아대학교	고려후기
4	시도유형 11호	원효암 동편 삼층석탑	부산 금정구 청룡동 546 범어사	통일신라
5	시도유형 12호	원효암 서편 삼층석탑	부산 금정구 청룡동 546 범어사	고려초기
6	시도유형 13호	고려 오층석탑	부산 동래구 온천동 301-15	고려
7	시도유형 23호	범방동 삼층석탑	부산 강서구 범방동 1345	고려

[대구광역시]

1	보물 247호	동화사 비로암 삼층석탑	대구 동구 도학동 산124	통일신라
2	보물 248호	동화사 금당암 삼층석탑	대구 동구 도학동 산124	통일신라
3	보물 357호	정도사지 오층석탑	대구 수성구 황금로 200 국립대구박물관	고려 현종
4	시도유형 6호	북지장사 삼층석탑	대구 동구 도학동 620	통일신라
5	시도유형 17호	부인사 서탑	대구 동구 신무동 356	통일신라
6	시도유형 19호	동화사 염불암 청석탑	대구 동구 도학동 35	고려
7	시도유형 42호	대견사지 삼층석탑	대구 달성군 유가면 용봉리 산1	통일신라
8	문화재자료 5호	법장사 삼층석탑	대구 남구 봉덕동 산148	통일신라
9	문화재자료 28호	용연사 삼층석탑	대구 달성군 옥포면 반송리 882	고려

[울산광역시]

1	보물 382호	청송사지 삼층석탑	울산 울주군 청량면 율리 1202	통일신라
2	시도유형 5호	석남사 삼층석탑	울산 울주군 상북면 덕현리 232-1	통일신라
3	시도유형 11호	동축사 삼층석탑	울산 동구 동부동 565	통일신라
4	비지정	간월사지 삼층석탑	울산 울주군 상북면 등억리 512-1	통일신라

[경기도]

1	시도유형 186호	회룡사 오층석탑	경기도 의정부시 호원동 산 89	고려
2	시도유형 164호	안양 중초사지삼층석탑	경기도 안양시 만안구 석수동 22-1 우유산업내	고려
3	시도유형 112호	삼막사 삼층석탑	경기도 안양시 만안구 석수동 214-54	고려
4	보물 435호	안성 죽산리 오층석탑	경기도 안양시 죽산면 죽산리 148-5 봉업사지	고려
5	시도유형 78호	안성 죽산리 삼층석탑	경기도 안성시 죽산면 죽산리 240-2	고려
6	시도유형 116호	청원사 칠층석탑	경기도 안성시 원곡면 성은리 397	조선
7	시도유형 130호	신창리 삼층석탑	경기도 안성시 고삼면 신창리 293-5	고려
8	시도유형 179호	안성 죽림리 삼층석탑	경기도 안성시 일죽면 죽림리 226-54	고려
9	문화재자료 59호	청룡사 삼층석탑	경기도 안성시 서운면 청룡리 28	고려
10	문화재자료 76호	안성 도기동 삼층석탑	경기도 안성시 도기동 184	고려

11	시도유형 104호	연주암 삼층석탑	경기도 과천시 중앙동 산 12−1	고려
12	문화재자료 39호	시흥 문원리 삼층석탑	경기도 과천시 갈현동 산 126−21	고려
13	보물 12호	광주 춘궁리 오층석탑	경기도 하남시 춘군동 466	고려
14	보물 13호	광주 춘궁리 삼층석탑	경기도 하남시 춘군동 465	고려
15	시도유형 63호	현등사 삼층석탑	경기도 가평군 하면 하판리 163	고려
16	문화재자료 17호	가평 하판리 지진탑	경기도 가평군 하면 하판리 163	고려
17	보물 91호	여주 창리 삼층석탑	경기도 여주군 여주읍 창리 136−6	고려
18	보물 92호	여주 하리 삼층석탑	경기도 여주군 여주읍 창리 136−6	고려
19	보물 225호	신륵사 다층석탑	경기도 여주군 북내면 천송리 282 신륵사	조선
20	보물 226호	신륵사 다층전탑	경기도 여주군 북내면 천송리 282 신륵사	고려
21	시도유형 180호	양평 지평리 삼층석탑	경기도 양평군 지제면 지평리 502−2 지평초등학교내	고려
22	문화재자료 21호	양평 용천리 삼층석탑	경기도 양평군 옥천면 용천리 304 사나사	고려
23	시도유형 106호	이천 중리 삼층석탑	경기도 이천시 중리동 187	고려
24	문화재자료 42호	용인 공세리 오층석탑	경기도 용인시 기흥읍 공세리 264	고려
25	문화재자료 43호	용인 어비리 삼층석탑	경기도 용인시 이동면 어비리 산 99−2 동도사	고려
26	시도유형 22호	수종사 오층석탑	경기도 남양주시 조안면 송촌리 1060	조선전기

[강원도 지역]

1	보물 87호	신복사지 삼층석탑	강원도 강릉시 내곡동 403−2	고려
2	시도유형 36호	방내리 삼층석탑	강원도 강릉시 연곡면 방내리 305−1	고려
3	시도유형 37호	등명사지 오층석탑	강원도 강릉시 정동진리 산7−3 락가사	고려
4	시도유형 112호	강릉 관음리 오층석탑	강원도 강릉시 성산면 관음리 774	고려
5	문화재자료 4호	강릉 옥천동 석탑재	강원도 강릉시 죽헌동 177−4 강릉시립박물관	통일신라
6	문화재자료 43호	강릉 산계리 석탑	강원도 강릉시 옥계면 산계리 1232	고려
7	보물 1277호	동해 삼화사 삼층석탑	강원도 동해시 삼화동 172	통일신라
8	보물 443호	향성사지 삼층석탑	강원도 속초시 설악동 산112	통일신라
9	문화재자료 127호	속초 노학동 삼층석탑	강원도 속초시 노학동 산432−2	고려
10	문화재자료 28호	주천 삼층석탑	강원도 영월군 주천면 주천리 1125−4	고려
11	국보 122호	진전사지 삼층석탑	강원도 양양군 강현면 둔전리 100−2	통일신라
12	보물 444호	선림원지 삼층석탑	강원도 양양군 서면 황이리 424	통일신라
13	보물 497호	양양 오색리 삼층석탑	강원도 양양군 서면 오색리 1−21	통일신라
14	보물 499호	낙산사 칠층석탑	강원도 양양군 강현면 전진리 55	조선
15	문화재자료 120호	양양서림사지삼층석탑	강원도 양양군 서면 서림리 74−1 상평초등학교 현서분교 내	고려

16	보물 464호	흥법사지 삼층석탑	강원도 원주시 지정면 안창리 517-2	고려
17	보물 750호	거돈사지 삼층석탑	강원도 원주시 부론면 정산리 188	통일신라
18	시도유형 5호	일산동 오층석탑	강원도 원주시 봉산동 836-1 원주시립박물관	고려
19	유형문화재 25호	상원사지 석탑(2기)	강원도 원주시 신림면 성남리 781	고려
20	유형문화재 43호	용운사지 삼층석탑	강원도 원주시 호저면 용곡리 402-1	고려
21	유형문화재 103호	원주 보문사 청석탑	강원도 원주시 행구동 산105	고려
22	문화재자료 19호	입석사 석탑	강원도 원주시 소초면 흥양리 1	고려
23	문화재자료 22호	주포리 삼층석탑	강원도 원주시 귀래면 주포리 25-2	고려
24	문화재자료 122호	원주 부흥사지 석탑재	강원도 원주시 소초면 흥양리 165	고려
25	보물 1275호	한계사지 남삼층석탑	강원도 인제군 북면 한계리 90-4	통일신라
26	보물 1276호	한계사지 북삼층석탑	강원도 인제군 북면 한계리 1-67	통일신라
27	시도유형 31호	봉정암 석가사리탑	강원도 인제군 북면 용대리 산76	고려
28	문화재자료 34호	상동리 삼층석탑	강원도 인제군 인제읍 상동리 산1-3	고려
29	문화재자료 117호	인제 갑둔리 오층석탑 및 삼층석탑	강원도 인제군 남면 갑둔리 산69, 598	고려
31	보물 223호	도피안사 삼층석탑	강원도 철원군 동송읍 관우리 450	통일신라
30	보물 410호	정암사 수마노탑	강원도 정선군 고한읍 고한리 산214 정암사	고려

32	보물 77호	춘천 칠층석탑	강원도 춘천시 소양로 2가 162	고려
33	시도유형 16호	서상리 삼층석탑	강원도 춘천시 서면 서상리 247	통일신라
34	문화재자료 8호	청평사 삼층석탑	강원도 춘천시 북산면 청평리 산189-2	고려
35	문화재자료 9호	월송리 삼층석탑	강원도 춘천시 서면 월송2리 666-1	고려
36	문화재자료 126호	태백 본적사지 삼층석탑재	강원도 태백시 황지동 467-10 석탄박물관	통일신라
37	국보 48호	월정사 팔각 구층석탑	강원도 평창군 진부면 동산리 63-1	고려
38	시도유형 29호	탑동 삼층석탑	강원도 평창군 진부면 탑동리 204	고려
39	문화재자료 30호	유동리 오층석탑	강원도 평창군 평창읍 유동리 산1	고려
40	보물 79호	홍천 희망리 삼층석탑	강원도 홍천군 홍천읍 희망리 151-7 홍천군청내	고려
41	보물 540호	홍천 괘석리 사사자 삼층석탑	강원도 홍천군 홍천읍 희망리 151-7 홍천군청내	고려
42	보물 545호	홍천 물걸리 삼층석탑	강원도 홍천군 내촌면 물걸리 589-1	통일신라
43	문화재자료 10호	홍천 양덕원 삼층석탑	강원도 홍천군 남면 양덕원리 210-3(2005.9.15 도난)	고려
44	문화재자료 11호	수타사 삼층석탑	강원도 홍천군 동면 덕치리 10	고려
45	문화재자료 12호	괘석리 삼층석탑	강원도 홍천군 두촌면 괘석리 645	고려
46	문화재자료 13호	장남리 삼층석탑	강원도 홍천군 두촌면장남리 681	고려
47	시도유형 30호	위라리 칠층석탑	강원도 화천군 하남면 위라리 397	고려

48	시도유형 19호	중금리 삼층석탑	강원도 횡성군 갑천면 구방리 512	통일신라
49	시도유형 21호	상동리 삼층석탑	강원도 횡성군 공근면 상동리 495	고려
50	시도유형 23호	읍하리 삼층석탑	강원도 횡성군 횡성읍 읍하리 58	고려
51	시도유형 60호	횡성 신대리 삼층석탑	강원도 횡성군 청일면 신대리 239	고려

[충청북도]

1	보물 405호	단양 향산리 삼층석탑	충북 단양군 가곡면 향산리 471-1	통일신라
2	보물 94호	사자빈신사지 석탑	충북 제천시 한수면 송계리 1002	고려현종
3	보물 459호	제천 장락리 칠층 모전석탑	충북 제천시 장락동 65-2	통일신라
4	보물 1296호	제천 신륵사 삼층석탑	충북 제천시 덕산면 월악리 803-5	고려
5	보물 95호	괴산 미륵리 오층석탑	충북 충주시 상모면 미륵리 56	고려
6	시도유형 8호	중원 창동 오층석탑	충북 충주시 가금면 창동리 243	고려
7	시도유형 33호	중원 미륵리 삼층석탑	충북 충주시 상모면 미륵리 56	통일신라
8	시도유형 69호	충주 단호사 삼층석탑	충북 충주시 단월동 45	고려
9	시도유형 225호	충주 추평리 삼층석탑	충북 충주시 엄정면 추평리 576-6	고려
10	시도유형 9호	음성 오층 모전석탑	충북 음성군 음성읍 읍내리 817-12 음성 향토사료관	고려

11	시도유형 129호	읍성 읍내리 삼층석탑	충북 음성군 읍내리 817 강호정	고려
12	시도유형 25호	청주 탑동 오층석탑	충북 청주시 상당구 탑동 251	고려
13	시도유형 65호	청주 보살사 오층석탑	충북 청주시 상당구 용암동 7	조선1703
14	보물 511호	청원 계산리 오층석탑	충북 청원군 가덕면 계산리 48	고려
15	시도유형 118호	보은 원정리 삼층석탑	충북 보은군 마로면 원정리 산60	고려
16	시도유형 200호	속리산 금강골 쌍탑	충북 보은군 내속리면 사내리 산1	고려
17	보물 1338호	옥천용암사 쌍삼층석탑	충북 옥천군 옥천읍 삼청리 산51	고려
18	시도유형 120호	옥천 두암리 삼층석탑	충북 옥천군 이원면 이원리 624	고려
19	보물 1299호	괴산 보안사 삼층석탑	충북 괴산군 청안면 효근리 385	고려
20	시도유형 29호	괴산봉학사지 오층석탑	충북 괴산군 사리면 사담리 산1	고려
21	시도유형 141호	남하리 삼층석탑	충북 증평군 증평읍 남하리 35-2	고려
22	시도유형 182호	괴산 삼방리 삼층석탑	충북 괴산군 불정면 삼방리 61	고려
23	보물 533호	영국사 삼층석탑	충북 영동군 양산면 누교리 1397	통일신라
24	보물 535호	영국사 망탑봉삼층석탑	충북 영동군 양산면 누교리 1397	고려
25	보물1371호	영동 반야사 삼층석탑	충북 영동군 황간면 우매리 151	고려

[충청남도]

1	보물 799호	마곡사 오층석탑	충남 공주시 사곡면 운암리 567	고려
2	보물 1284호	청량사지 오층석탑	충남 공주시 반포면 학봉리 산18	고려
3	보물 1285호	청량사지 칠층석탑	충남 공주시 반포면 학봉리 산18	고려
4	시도유형 31호	신원사 오층석탑	충남 공주시 계룡면 양화리 8	고려
5	시도유형 49호	공주 동원리 석탑	충남 공주시 신풍면 동원리 380	고려
6	시도유형 98호	공주 가척리 석탑	충남 공주시 탄천면 가척리 5	고려
7	문화재자료 55호	갑사 중사자암지 삼층석탑	충남 공주시 계룡면 중장리 54	고려
8	문화재자료 58호	동학사 삼층석탑	충남 공주시 반포면 학봉리 789	고려
9	문화재자료 326호	탑선리 석탑	충남 금산군 금산읍 중도7리	고려
10	문화재자료 327호	아인리 석탑	충남 금산군 금산면 아인2리	고려
11	시도유형 60호	논산 탑정리 석탑	충남 논산시 부적면 탑정리 산5	고려
12	문화재자료 274호	개태사 오층석탑	충남 논산시 연산면 천호리 396	고려
13	보물 101호	안국사지 석탑	충남 당진군 정미면 수당리 102	고려
14	문화재자료 216호	영탑사 칠층석탑	충남 당진군 면천면 성하리 510	조선
15	보물 19호	성주사지 오층석탑	충남 보령시 성주면 성주리 73	통일신라

16	보물 20호	성주사지 중앙삼층석탑	충남 보령시 성주면 성주리 73	통일신라
17	보물 47호	성주사지 서삼층석탑	충남 보령시 성주면 성주리 74	통일신라
18	시도유형 26호	성주사지 동삼층석탑	충남 보령시 성주면 성주리 73	통일신라
19	문화재자료 139호	보령리 오층석탑	충남 보령시 주포면 보령중학교	고려
20	국보 9호	부여정림사지 오층석탑	충남 부여군 부여읍 동남리 379	백제
21	보물 184호	부여장하리 삼층석탑	충남 부여군 장암면 장하리 536	고려
22	보물 185호	무량사 오층석탑	충남 부여군 외산면 만수리 166	고려
23	시도유형 21호	부여 세탑리 오층석탑	충남 부여군 초촌면 세탑리 311	고려
24	시도유형 29호	부여 홍량리 오층석탑	충남 부여군 홍산면 홍량리 190	고려
25	문화재자료 88호	금암리 오층석탑	충남 부여군 규암면 금암리 381	고려
26	문화재자료 89호	화성리 오층석탑	충남 부여군 외산면 화성리 601	고려
27	문화재자료 90호	대조사 석탑	충남 부여군 임천면 구교리 761	고려
28	문화재자료 104호	동남리 석탑	충남 부여군 부여읍 동남리 16-1 국립부여박물관	고려
29	문화재자료 105호	박물관 석탑	충남 부여군 부여읍 동남리 16-1 국립부여박물관	고려
30	문화재자료 121호	동사리 석탑	충남 부여군 부여읍 동남리 16-1 국립부여박물관	고려
31	보물 104호	보원사지 오층석탑	충남 서산시 운산면 용현리 119	고려

32	시도유형 14호	동문리 오층석탑	충남 서산시 동문동 832－1	고려
33	문화재자료 200호	일락사 삼층석탑	충남 서산시 해미면 황락리3	고려
34	문화재자료 202호	천장사 칠층석탑	충남 서산시 고북면 장요리 1	고려
35	보물 224호	비인 오층석탑	충남 서천군 비인면 성북리 183	고려
36	문화재자료 128호	지현리 삼층석탑	충남 서천군 한산면 지현리 18	고려
37	문화재자료 129호	수암리 삼층석탑	충남 서천군 문산면 수암리 26	조선
38	문화재자료 130호	봉남리 삼층석탑	충남 서천군 마서면 봉남리 58	고려
39	문화재자료 131호	지석리 삼층석탑	충남 서천군 종천면 지석리 26	고려
40	문화재자료 231호	세심사 다층탑	충남 아산시 염치읍 산양리 26	고려
41	문화재자료 232호	관음사 석탑	충남 아산시 영인면 아산리 235	고려
42	문화재자료 235호	인취사 석탑	충남 아산시 신창면 읍내리 200	고려
43	문화재자료 239호	영인오층석탑	충남 아산시 영인면 아산리 235	고려
44	시도유형 119호	비암사 삼층석탑	충남 연기군 전의면 다방리 4	고려
45	문화재자료 42호	대곡리 삼층석탑	충남 연기군 소정면 대곡리 559	조선
46	시도유형 103호	수덕사 삼층석탑	충남 예산군 덕산면 사천리 20	고려
47	문화재자료 174호	향천사 구층석탑	충남 예산군 예산읍 향천리 57	고려

48	문화재자료 175호	예산읍 삼층석탑	충남 예산군 덕산면 상가 리 227	고려
49	문화재자료 176호	장복리 삼층석탑	충남 예산군 대술면 장복 리 24	고려
50	보물 354호	천흥사지 오층석탑	충남 천안시 성거읍 천흥 리 190	고려
51	시도유형 120호	광덕사 삼층석탑	충남 천안시 광덕면 광덕 리 640	고려
52	문화재자료 11호	삼룡리 삼층석탑	충남 천안시 삼용동 삼거 리공원	고려
53	문화재자료 254호	만일사 오층석탑	충남 천안시 성거읍 천흥 리 50-2	고려
54	보물 18호	정산 서정리 구층석탑	충남 청양군 정산면 서정 리 16	고려
55	시도유형 27호	도림사지 삼층석탑	충남 청양군 적곡면 적곡 리 산8	고려
56	시도유형 56호	정산 남천리 석탑	충남 청양군 정산면 남천 리 10	고려
57	문화재자료 147호	계봉사 오층석탑	충남 청양군 목면 본의리 675	고려
58	문화재자료 148호	청양 삼층석탑	충남 청양군 청양읍 읍내 리 4-2	고려
59	시도유형 28호	홍주사 삼층석탑	충남 태안군 태안읍 상옥 리 840-3	고려
60	문화재자료 201호	남문리 오층석탑	충남 태안군 태안읍 남문 리 435-1	고려
61	문화재자료 159호	광경사지 삼층석탑	충남 홍성군 홍성읍 소향 리 34	고려

[전라북도]

1	시도유형 29호	선운사 육층석탑	전북 고창군 아산면 삼인리 500	고려
2	보물 276호	발산리 오층석탑	전북 군산시 개정면 발산리 45-1	고려
3	시도유형 66호	탑동 삼층석탑	전북 군산시 대야면 죽산리 66-1	고려
4	보물 25호	금산사 오층석탑	전북 김제시 금산면 금산리 39	고려
5	보물 27호	금산사육각 다층석탑	전북 김제시 금산면 금산리 39	고려
6	보물 29호	금산사 심원암 북강 삼층석탑	전북 김제시 금산면 금산리 39	고려
7	시도유형 62호	귀신사 석탑	전북 금제시 금산면 청도리 81	고려
8	문화재자료 153호	청도리 삼층석탑	전북 금제시 금산면 청도리 91	고려
9	국보 10호	실상사백장암삼층석탑	전북남원시 산내면 대정리 974	통일신라
10	보물 30호	만복사지 오층석탑	전북 남원시 왕정동 481	고려
11	보물 37호	실상사 삼층석탑	전북 남원시 산내면 입석리 50	통일신라
12	시도유형 11호	용담사 칠층석탑	전북 남원시 주천면 용담리 292	고려
13	문화재자료 60호	창덕암 삼층석탑	전북 남원시 산동면 부절리107	고려
14	시도유형 124호	내소사 삼층석탑	전북 부안군 진서면 석포리 268	고려
15	시도유형 26호	순화리 삼층석탑	전북 순창군 순창읍 순창여중	고려
16	시도유형 92호	강천사 석탑	전북 순창군 팔덕면 청계리 966	고려

17	국보 11호	미륵사지 석탑	전북 익산시 금마면 기양리 97	백제
18	국보 289호	익산 왕궁리 오층석탑	전북 익산시 왕궁면 왕궁리 산80	고려
19	시도유형 192호	심곡사 칠층석탑	전북 익산시 낭산면 낭산리 176	고려
20	시도유형 21호	장수 양악탑	전북 장수군 계북면 양악리 107	고려
21	보물 167호	정읍 은선리 삼층석탑	전북 정읍시 영원면 은선리 43	고려
22	보물 309호	천곡사지 칠층석탑	전북 정읍시 망제동 산10	고려
23	시도유형 13호	장문리 오층석탑	전북 정읍시 고부면 장문리 산12	고려
24	시도유형 95호	남복리 오층석탑	전북 정읍시 고부면 남복리 산10	고려
25	시도유형 96호	용흥리 해정사지 석탑	전북 정읍시 고부면 용흥리 산14	고려
26	시도유형 158호	무성리 삼층석탑	전북 정읍시 칠보면 무성리 349	고려
27	시도유형 10호	운산리 삼층석탑	전북 진안군 상전면 운산리 1423	고려
28	시도유형 72호	회사동 석탑	전북 진안군 상전면 주평리 17	고려
29	시도유형 73호	강정리 오층석탑	전북 진안군 마령면 강정리 2-1	고려
30	시도기념물 35호	마이산 탑	전북 진안군 마령면 동촌리 8	조선
31	문화재자료 122호	금당사 석탑	전북 진안군 마령면 동촌리 6	고려

[전라남도]

1	문화재자료 148호	고흥 상림리 삼층석탑	전남 고흥군 풍양면 야막리 515	고려
2	보물 301호	대흥사 북미륵암 삼층석탑	전남 해남군 삼산면 구림리 산9	고려
3	보물 320호	대흥사 응진전 전 삼층석탑	전남 해남군 삼산면 구림리 799	통일신라
4	보물 529호	금골산 오층석탑	전남 진도군 군내면 둔전리 389	고려
5	시도유형 10호	진도 상만리 오층석탑	전남 진도군 임회면 상만리 675	고려
6	보물 289호	월남사지 삼층석탑	전남 강진군 성전면 월남리 854	고려
7	보물 829호	금곡사 삼층석탑	전남 강진군 군동면 파산리 143-1	고려
8	문화재자료 76호	무위사 삼층석탑	전남 강진군 성전면 월하리 1174	고려
9	국보 44호	보림사 삼층석탑	전남 장흥군 유치면 봉덕리 45	통일신라
10	보물 759호	천관사 삼층석탑	전남 장흥군 관산읍 농안리 740	통일신라
11	시도유형 135호	천관사 오층석탑	전남 장흥군 관산읍 농안리 740	고려
12	보물 943호	보성 우천리 삼층석탑	전남 보성군 조성면 우천리 325	통일신라
13	보물 1115호	보성 봉천리 오층석탑	전남 보성군 복내면 봉천리 767	고려
14	시도유형 141호	보성 옥마리 오층석탑	전남 보성군 노동면 옥마리 348	고려
15	문화재자료 133호	보성 계산리 삼층석탑	전남 보성군 복내면 계산리 590	고려

16	보물 1118호	성풍사지 오층석탑	전남 영암군 영암읍 용흥리 533-1	고려
17	보물 1283호	월출산 용암사지 삼층석탑	전남 영암군 영암읍 회문리 산26-8	고려
18	보물 1433호	도갑사 오층석탑	전남 영암군 군서면 도갑리 8	고려
19	보물 50호	나주북문외 삼층석탑	전남 나주시 대호동82 심향사	고려
20	시도유형 78호	나주 송제리 오층석탑	전남 나주시 세지면 송제리 706-1	고려
21	보물 796호	운주사 구층석탑	전남 화순군 도암면 대초리 22	고려
22	보물 798호	운주사 원형 다층석탑	전남 화순군 도암면 대초리 22	고려
23	문화재자료 63호	한산사지 삼층석탑	전남 화순군 동북면 신율리 949	고려
24	보물 395호	선암사 삼층석탑	전남 순천시 승주읍 죽학리 802	통일신라
25	보물 831호	동화사 삼층석탑	전남 순천시 별량면 대룡리 282	고려
26	보물 945호	금둔사지 삼층석탑	전남 순천시 낙안면 상송리 산2	통일신라
27	시도유형 116호	향림사 삼층석탑	전남 순천시 석현동 230	고려
28	보물 112호	중흥산성 삼층석탑	전남 광양시 옥룡면 운평리 산23	통일신라
29	시도유형 5호	광양 성황리 삼층석탑	전남 광양시 성황동 749	고려
30	시도유형 71호	신안 읍리 삼층석탑	전남 신안군 안좌면 읍리 350-1	고려
31	문화재자료 193호	신안 흑산진리 석탑	전남 신안군 흑산면 진리 721-2	고려
32	보물 1322호	곡성 가곡리 오층석탑	전남 곡성군 오산면 가곡리 2	고려

33	문화재자료 170호	태안사 삼층석탑	전남 곡성군 죽곡면 원당 리 20	고려
34	보물 504호	영광 신천리 삼층석탑	전남 영광군 묘량면 신천 리 1226	고려
35	시도유형 131호	장성 내계리 오층석탑	전남 장성군 삼계면 내계 리 51	고려
36	문화재자료 101호	진원리 오층석탑	전남 장성군 진원면 진원 리 124-1	고려
37	문화재자료 103호	수산리 오층석탑	전남 장성군 장성읍 수산 리 1427	고려
38	보물 506호	담양읍 오층석탑	전남 담양군 담양읍 지침 리 4	고려
39	문화재자료 20호	언곡사지 삼층석탑	전남 담양군 무정면 봉안 리68	고려
40	문화재자료 200호	담양 연동사지삼층석탑	전남 담양군 금성면 금성 리 91-3	고려
41	국보 35호	화엄사사사자삼층석탑	전남 구례군 마산면 황전 리 12	통일신라
42	보물 132호	화엄사동 오층석탑	전남 구례군 마산면 황전 리 12	통일신라
43	보물 133호	화엄사서 오층석탑	전남 구례군 마산면 황전 리 12	통일신라
44	보물 151호	연곡사지 삼층석탑	전남 구례군 토지면 내동 리 산54	통일신라
45	보물 300호	화엄사원통전전사자탑	전남 구례군 마산면 황전 리 12	통일신라
46	보물 509호	구례 논곡리 삼층석탑	전남 구례군 구례읍 논곡 리 산51	통일신라
47	시도유형 12호	구례 사도리 삼층석탑	전남 구례군 마산면 사동 리 산33	고려

[경상북도]

1	국보 20호	불국사 다보탑	경북 경주시 진현동 15	통일신라
2	국보 21호	불국사 석가탑	경북 경주시 진현동 15	통일신라
3	국보 30호	분황사 석탑	경북 경주시 구황동 313	신라
4	국보 37호	경주 구황리 삼층석탑	경북 경주시 구황동 103	통일신라
5	국보 38호	고선사지 삼층석탑	경북 경주시 인왕동 76 국립경주박물관	통일신라
6	국보 39호	월성 나원리 오층석탑	경북 경주시 현곡면 나원리 672	통일신라
7	국보 40호	정혜사지 십삼층석탑	경북 경주시 안강읍 옥산리 1654	통일신라
8	국보 112호	감은사지 삼층석탑	경북 경주시 양북면 용당리 55-1	통일신라
9	국보 236호	장항리사지서오층석탑	경북 경주시 양북면 장항리 1083	통일신라
10	보물 65호	경주 서악리 삼층석탑	경북 경주시 서악동 92-1	통일신라
11	보물 67호	경주 효현리 삼층석탑	경북 경주시 효현동 420	통일신라
12	보물 124호	경주 남산리 삼층석탑	경북 경주시 남산동 227-2	통일신라
13	보물 126호	무장사지 삼층석탑	경북 경주시 암곡동 산1	통일신라
14	보물 168호	경주 천군리 삼층석탑	경북 경주시 천군동 549	통일신라
15	보물 186호	경주남산 용장사곡 삼층석탑	경북 경주시 내남면 용장리 산1	통일신라
16	보물 907호	월성 남사리사지 삼층석탑	경북 경주시 현곡면 남사리 234-2	통일신라
17	보물 908호	월성 용명리사지 삼층석탑	경북 경주시 건천읍 용명리 856-7	통일신라
18	보물 911호	석굴암 삼층석탑	경북 경주시 진현동 999	통일신라
19	보물 912호	마동사지 삼층석탑	경북 경주시 마동 101-2	통일신라
20	보물 1188호	천룡사지 삼층석탑	경북 경주시 내남면 용장리 857-2	통일신라

21	보물1429호	원원사지 삼층석탑	경북 경주시 외동읍 모화리 2-1	통일신라
22	시도유형 205호	기림사 삼층석탑	경북 경주시 양북면 호암리 419	통일신라
23	문화재자료 7호	경주남사리 북삼층석탑	경북 경주시 현곡면 남사리 313-4	통일신라
24	문화재자료 8호	경주 황오동 삼층석탑	경북 경주시 성동동 41-1	고려
25	문화재자료 93호	경주 오야리 삼층석탑	경북 경주시 천북면 오야리 산31	통일신라
26	문화재자료 94호	숭복사지 삼층석탑	경북 경주시 외동읍 말방리 23-1	통일신라
27	문화재자료 95호	감산사지 삼층석탑	경북 경주시 외동읍 괘릉리 5	통일신라
28	보물 113호	청도 봉기리 삼층석탑	경북 청도군 풍각면 봉기리 719-4	통일신라
29	보물 677호	장연사지 삼층석탑	경북 청도군 매전면 장연리 108	통일신라
30	보물 678호	운문사 삼층석탑	경북 청도군 운문면 신원리 1789	통일신라
31	시도유형 116호	청도 덕양동 삼층석탑	경북 청도군 풍각면 덕양리 1372	통일신라
32	문화재자료 294호	불령사 전탑	경북 청도군 매전면 용산리 산98	통일신라
33	보물 429호	불굴사 삼층석탑	경북 경산시 와촌면 강학리 6	통일신라
34	시도유형 115호	선본암 삼층석탑	경북 경산리 와촌면 대한리 산41	통일신라
35	시도유형 117호	반룡사 다층석탑	경북 고령군 고령읍 지산리 171-1 대가야박물관	고려
36	시도유형 60호	동방사지 칠층석탑	경북 성주군 성주읍 예산리 269	고려

37	시도유형 86호	법수사지 삼층석탑	경북 성주군 수륜면 백운리 1214	통일신라
38	시도유형 119호	성주 보월동 삼층석탑	경북 성주군 수륜면 보월리 852	통일신라
39	문화재자료 116호	심원사지 폐탑	경북 성주군 수륜면 백운리 56-1	통일신라
40	보물 189호	송림사 오층전탑	경북 칠곡군 동명면 구덕리 91-6	통일신라
41	보물 510호	칠곡 기성동 삼층석탑	경북 칠곡군 동명면 기성리 1028	통일신라
42	보물 465호	영천 신월동 삼층석탑	경북 영천시 금호읍 신월리 205-1	통일신라
43	보물 675호	영천 화남동 삼층석탑	경북 영천시 신녕면 화남리 499	통일신라
44	시도유형 269호	영천 정각리 삼층석탑	경북 영천시 화북면 정각리 78-1	고려
45	시도유형 332호	은해사 중암암삼층석탑	경북 영천시 청통면 치일리 25-1	고려
46	문화재자료 103호	영천 공덕동 삼층석탑	경북 영천시 화북면 공덕리 173-1	고려
47	문화재자료 104호	은해사 거조암삼층석탑	경북 영천시 청통면 신원리 622	통일신라
48	보물 297호	청암사 수도암삼층석탑	경북 김천시 증산면 수도리 513	통일신라
49	보물 606호	직지사 대웅전 앞 삼층석탑	경북 김천시 대항면 운수리 216	통일신라
50	보물 607호	직지사 비로전 앞 삼층석탑	경북 김천시 대항면 운수리 216	통일신라
51	보물 1186호	직지사 청풍로 앞 삼층석탑	경북 김천시 대항면 운수리 216	통일신라
52	문화재자료 121호	청암사 다층석탑	경북 김천시 증산면 평촌리 688	고려

53	문화재자료 122호	금릉 서부동 폐탑	경북 김천시 개령면 서부리 501-3	통일신라
54	국보 130호	선산 죽장동 오층석탑	경북 구미시 선산읍 죽장리 505-2	통일신라
55	보물 469호	선산 낙산동 삼층석탑	경북 구미시 해평면 낙산리 837-1	통일신라
56	보물 470호	도리사 석탑	경북 구미시 해평면 송곡리 403	고려
57	문화재자료 295호	주륵사 폐탑	경북 구미시 도개면 다곡리 산123	통일신라
58	보물 682호	지보사 삼층석탑	경북 군위군 군위읍 상곡리 280	고려
59	문화재자료 27호	법주사 오층석탑	경북 군위군 소보면 달산리 773	고려
60	문화재자료 186호	군위 화본동 오층석탑	경북 군위군 산성면 화본리 덕림사	고려
61	문화재자료 241호	군위삼존석굴모전석탑	경북 군위군 부계면 남산리 302	통일신라
62	문화재자료 427호	군위 인각사 삼층석탑	경북 군위군 고로면 화북리 612	고려
63	시도유형 203호	보경사 오층석탑	경북포항시 북구송라면 중산리 622	고려
64	보물 117호	상주 화달리 삼층석탑	경북 상주시 사벌면 화달리 422	통일신라
65	보물 683호	상주 상오리 칠층석탑	경북 상주시 화북면 상오리 699	고려
66	문화재자료 125호	갑장사 삼층석탑	경북 상주시 지천동 산5-1	고려
67	문화재자료 127호	상주 낙상동 폐탑	경북 상주시 사벌면 삼덕리 18-7 상주시립박물관	통일신라
68	문화재자료 128호	무곡리 삼층석탑	경북 상주시 공성면 무곡리 46-1	고려

69	문화재자료 238호	북장사 삼층석탑	경북 상주시 내서면 북장 리 38-1	통일신라
70	국보 77호	의성 탑리 오층석탑	경북 의성군 금성면 탑리 리 1383	통일신라
71	보물 188호	의성 관덕동 삼층석탑	경북 의성군 단촌면 관덕 리 889	통일신라
72	보물 327호	의성 빙산사지오층석탑	경북 의성군 춘산면 빙계 리 산70	통일신라
73	시도유형 301호	의성 석탑리 방단형 적석탑	경북 의성군 안평면 석탑 리 산208	고려
74	문화재자료 28호	고운사 삼층석탑	경북 의성군 단촌면 구계 리 221	통일신라
75	문화재자료 29호	의성 쌍호동 삼층석탑	경북 의성군 안사면 쌍호 리 산 11	고려
76	문화재자료 30호	의성 치선동 석탑	경북 의성군 의성읍 치선 리 산42	통일신라
77	문화재자료 405호	의성 대곡사 다층석탑	경북 의성군 다인면 봉정 리 894	고려
78	문화재자료 74호	청송 이촌리 오층석탑	경북 청송군 진보면 이촌 리 64-1	고려
79	보물 674호	유금사 삼층석탑	경북 영덕군 병곡면 금곡 리 815	통일신라
80	국보 16호	안동 신세동 칠층전탑	경북 안동시 법흥동 8-1	통일신라
81	보물 56호	안동 동부동 오층전탑	경북 안동시 운흥동 231	통일신라
82	보물 57호	안동 조탑동 오층전탑	경북 안동시 일직면 조탑 리 139	통일신라
83	보물 114호	안동 옥동 삼층석탑	경북 안동시 평화동 71- 108	통일신라
84	시도유형 45호	나소동 삼층석탑	경북 안동시 와룡면 나소 리 169-2	고려
85	시도유형 99호	안동 이천동 삼층석탑	경북 안동시 이천동 산2	고려

86	시도유형 105호	안동임하동동삼층석탑	경북 안동시 임하면 임하리 566−1	고려
87	시도유형 106호	안동 임하동 십이지 삼층석탑	경북 안동시 임하면 임하리 794	고려
88	시도유형 107호	안동 하리동모전삼층석탑	경북 안동시 풍산읍 하리 1리 207	고려
89	시도유형 108호	안동 하리동 삼층석탑	경북 안동시 풍산읍 하리 1리 56	고려
90	시도유형 109호	안동 죽전동 삼층석탑	경북 안동시 풍산읍 죽전리 1139	고려
91	시도유형 110호	안동 막곡동 삼층석탑	경북 안동시 풍산읍 막곡리 산106	고려
92	시도유형 180호	안동 임하동 오층석탑	경북 안동시 임하면 임하리 656	고려
93	시도유형 182호	봉정사 삼층석탑	경북 안동시 서후면 태장리 901	고려
94	문화재자료 18호	안동 안기동 삼층석탑	경북 안동시 안기동 144−2	고려
95	문화재자료 66호	안동 임하동중앙삼층석탑	경북 안동시 임하면 임하리 625	고려
96	문화재자료 69호	봉림사지 삼층석탑	경북 안동시 서후면 성곡리 816−2	고려
97	문화재자료 70호	안동 대사동 모전석탑	경북 안동시 길안면 대사리 145	통일신라
98	문화재자료 71호	남양사지 삼층석탑	경북 안동시 녹전면 원천리 804	고려
99	문화재자료 343호	안동석탑리방단형 적석탑	경북 안동시 북후면 석탑리 861−1	고려
100	보물 51호	문경 내화리 삼층석탑	경북 문경시 산북면 내화리 48	통일신라
101	보물 169호	봉암사 삼층석탑	경북 문경시 가은읍 원북리 485	통일신라

102	시도유형 185호	문경 갈평리 오층석탑	경북 문경시 문경읍 갈평리 564-3	통일신라
103	보물 53호	개심사지 오층석탑	경북 예천군 예천읍 남본리 200	고려현종
104	보물 426호	예천 동본동 삼층석탑	경북 예천군 예천읍 동본리 466-2	통일신라
105	시도유형 5호	한천사 삼층석탑	경북 예천군 감천면 증거리 184	통일신라
106	시도유형 186호	보문사 삼층석탑	경북 예천군 보문면 수계리 158	고려
107	시도유형 188호	예천 간방동 삼층석탑	경북 예천군 보문면 간방리 290	통일신라
108	보물 249호	부석사 삼층석탑	경북 영주시 부석면 북지리 149	통일신라
109	시도유형 126호	초암사 삼층석탑	경북 영주시 순흥면 배점리 524	통일신라
110	시도유형 130호	부석사 삼층석탑	경북 영주시 부석면 북지리 157	통일신라
111	국보 187호	봉감 모전 오층석탑	경북 영양군 입암면 산해리 391-5	통일신라
112	보물 609호	화천동 삼층석탑	경북 영양군 영양읍 화천리 835	통일신라
113	보물 610호	현일동 삼층석탑	경북 영양군 영양읍 현일리 398-5	통일신라
114	시도유형 8호	용화동 삼층석탑	경북 영양군 일월면 용화리 583	통일신라
115	시도유형 12호	현이동 모전 오층석탑	경북 영양군 영양읍 현이리 462	고려
116	문화재자료 83호	영양 삼지동 모전석탑	경북 영양군 영양읍 삼지리 산17	통일신라
117	문화재자료 84호	영양 신구동 삼층석탑	경북 영양군 입암면 신구리 240	통일신라

118	보물 52호	봉화 서동리 삼층석탑	경북 봉화군 춘양면 서동리춘양중	통일신라
119	시도유형 134호	천성사 삼층석탑	경북 봉화군 봉성면 금봉리 263	고려
120	문화재자료 157호	축서사 삼층석탑	경북 봉화군 물야면 개단리 1	통일신라
121	문화재자료 283호	봉화 운계리 폐탑	경북 봉화군 상운면 운계리 140−1	고려
122	보물 498호	울진 구산리 삼층석탑	경북 울진군 근남면 구산리 1494	통일신라
123	시도유형 135호	불영사 삼층석탑	경북 울진군 서면 하원리 122	통일신라

[경상남도]

1	시도유형 129호	진교리 삼층석탑	경남 하동군 진교면 진교리 338 상평 진교면사무소내	고려
2	시도유형 130호	탑리 삼층석탑	경남 하동군 화개면 탑리 우체국	고려
3	보물 312호	소태리 오층석탑	경남 밀양시 청도면 소태리 1138	고려
4	보물 466호	만어사 삼층석탑	경남 밀양시 삼랑진읍 용전리 4	고려
5	보물 467호	표충사 삼층석탑	경남 밀양시 단장면 구천리 33	통일신라
6	보물 468호	밀양 숭진리 삼층석탑	경남 밀양시 삼랑진읍 숭진리 417	고려
7	보물 1471호	통도사 삼층석탑	경남 양산시 하북면 지산리 583	통일신라
8	시도유형 104호	청동 사리탑	경남 양산시 하북면 지산리 583	고려

9	시도유형 77호	갈계리 삼층석탑	경남 거창군 북상면 갈계리 728−1	고려
10	보물 373호	보천사지 삼층석탑	경남 의령군 의령읍 하리 797−1	고려
11	시도유형 114호	성황리 삼층석탑	경남 의령군 정곡면 성황리 693	통일신라
12	시도유형 24호	안곡리 삼층석탑	경남 김해시 한림면 안곡리 166−1	고려
13	문화재자료 227호	파사석탑	경남 김해시 구산동 119−3	고려
14	문화재자료 262호	김해 신천 망월석탑	경남 김해시 한림읍 신천리 471	고려
15	보물 72호	단속사지동 삼층석탑	경남 산청군 단성면 운리 333	통일신라
16	보물 73호	단속사지서 삼층석탑	경남 산청군 단성면 운리 333	통일신라
17	보물 473호	법계사 삼층석탑	경남 산청군 시천면 중산리 산208	고려
18	보물 1112호	대원사 다층석탑	경남 산청군 삼장면 유평리 21	조선
19	보물 1113호	내원사 삼층석탑	경남 산청군 삼장면 대포리 538	통일신라
20	보물 1114호	산청 대포리 삼층석탑	경남 산청군 삼장면 대포리 576	통일신라
21	시도유형 31호	삼장사지 삼층석탑	경남 산청군 삼장면 평촌리 432	통일신라
22	시도유형 25호	성주사 삼층석탑	경남 창원시 천선동 102	고려
23	시도유형 26호	지귀동 봉림사지삼층석탑	경남 창원시 봉곡동 상북초등학교	고려
24	시도유형 72호	의림사 삼층석탑	경남 마산시 합포구 진북면 인곡리 439	통일신라

25	보물 379호	진양 효자리 삼층석탑	경남 진주시 수곡면 효자리 448	고려
26	시도유형 5호	청곡사 삼층석탑	경남 진주시 금산면 갈전리 18	고려
27	시도유형 200호	두방암 다층석탑	경남 진주시 문산읍 상문리 325	고려
28	문화재자료 270호	이현동 삼층석탑	경남 진주시 이현동 대아고등학교	고려
29	시도유형 73호	다정리 삼층석탑	경남 남해군 이동면 다정리 587-1	고려
30	시도유형 74호	보제암전 삼층석탑	경남 남해군 이동면 상주리 2065	고려
31	문화재자료 42호	정지석탑	경남 남해군 고현면 대사리 768	고려
32	문화재자료 43호	당항 신흥사 삼층석탑	경남 남해군 남면 당항리 872-1	조선
33	시도유형 8호	함안 주리사지사자석탑	경남 함안군 함안면 북촌리 1002-3 함성중학교	통일신라
34	시도유형 68호	장춘사 오층석탑	경남 함안군 칠북면 영동리 산14	고려
35	국보 34호	창녕술정리동삼층석탑	경남 창녕군 창녕읍 술정리 120	통일신라
36	보물 520호	술정리 서삼층석탑	경남 창녕군 창녕읍 술정리 309-1	통일신라
37	시도유형 10호	퇴천 삼층석탑	경남 창녕군 창녕읍 교상리 281-1	통일신라
38	시도유형 11호	관룡사 약사전삼층석탑	경남 창녕군 창녕읍 옥천리 292	고려
39	시도유형 69호	영산 법화암 다층석탑	경남 창녕군 영산면 구계리 산37	고려
40	문화재자료 18호	도천 삼층석탑	경남 창녕군 도천면 송진리 562	고려

41	문화재자료 246호	창녕 보림사지삼층석탑	경남 창녕군 영산면 성내리 591 영산초등학교	통일신라
42	보물 294호	승안사지 삼층석탑	경남 함양군 수동면 우명리 263	고려
43	보물 474호	벽송사 삼층석탑	경남 함양군 마천면 추성리 산18−1	조선
44	시도유형 34호	금대사 삼층석탑	경남 함양군 마천면 가흥리 산17	조선
45	보물 129호	월광사지 삼층석탑	경남 합천군 야로면 월광리 369	통일신라
46	보물 266호	청량사 삼층석탑	경남 합천군 가야면 황산리 973	통일신라
47	보물 518호	해인사원당암다층석탑	경남 합천군 가야면 치인리 10	통일신라
48	보물 1242호	해인사 길상탑	경남 합천군 가야면 치인리 10	통일신라
49	시도유형 254호	해인사 삼층석탑	경남 합천군 가야면 치인리 10	통일신라
50	보물 480호	영암사지 삼층석탑	경남 합천군 가회면 둔내리 1659	통일신라

우리나라 석탑의 장엄 조각 유형

종 목	명 칭	소재지	제작 연대	기단부	탑신부	옥개석	상륜부
국보2	원각사지 삼층석탑	서울종로	조선1467	亞字 3중 4층부터 방형	불상, 나한보살, 용, 사자, 연꽃	다포, 겹처마 기왓골	
9	부여 정림사지 오층석탑	충남부여	백제		초층 소정방 기공문 우주배흘림		
10	실상사 백장암 삼층석탑	전북남원	통일신라		1보살 문비 오주 악천인상 3사천왕		노반+복발 보륜+보개
21	불국사 삼층석탑	경북경주	통일신라		무구정광대다라니경		1973년 남원 실상사 참조 복원
30	분황사 석탑	경북경주	신라		1탑신 각면감실 인왕상, 1915 해체수리		
35	화엄사 사사자 삼층석탑	전남구례	통일신라	안상, 천인상, 사자, 보살	1탑신 각면문비 좌우인왕 사천왕상		노반+복발
38	고선사지 삼층석탑	경북경주	통일신라		1탑신 문비 문비 주위구멍 1975년 덕동댐수몰, 경주박물관옮김		노반+앙화
40	정혜사지 십삼층 석탑	경북경주	통일신라	단층기단	1탑신 감실 1922 수리, 1997 감실 도괴		노반
44	보림사 삼층석탑 및 석등	전남장흥	870년		탑지		상륜부 완전함
48	월정사 팔각 구층석탑	강원평창	고려	안상, 복련	1탑신 각감실, 공양 보살상	풍탁구멍	노반 청동장식
77	의성 탑리 오층석탑	경북의성	통일신라		1탑신 남면 감실		
86	경천사 십층석탑	서울용산	고려		불 보살 초화문 1 탑신명문		
99	갈항사 삼층석탑	서울용산	신라경덕	동탑 이두문 명문	1탑신 구멍		
105	산청 범학리 삼층석탑	서울용산	통일신라	팔부중	1탑신 각면 보살상		
122	진전사지 삼층석탑	강원양양	통일신라	천인상 팔부중상	1탑신 사천왕상		노반

종 목	명 칭	소재지	제작 연대	기단부	탑신부	옥개석	상륜부
130	선산 죽장동 오층석탑	경북구미	통일신라		1탑신 남면 감실		노반
236	월성 장항리 사지 서 오층 석탑	경북경주	통일신라		1탑신 각면 문비, 좌우 인왕상 (1932 복원)		노반
보물 13	광주 춘궁리 삼층석탑	경기하남	고려	안상	1966 수리보수		
18	정산 서정리 구층석탑	충남청약	고려	안상			
19	성주사지 오 층석탑	충남보령	고려		1탑신 별석괴임		
20	성주사지 중 앙 삼층석탑	충남보령	통일신라		1탑신 별석괴임, 남쪽문비		
25	금산사 오층 석탑	전북김제	고려		1탑신 별석괴임		노 반 받 침 우주
27	금산사 육각 다층석탑	전북김제	고려	연꽃조각, 안 상, 사자			
30	만복사지 오 층석탑	전북남원	고려		2, 3, 4탑신괴임별 석 1968 수리		
47	성주사지 서 삼층석탑	충남보령	통일신라	갑석전각1면당 14구멍	1탑신 문비, 1탑 신괴임별석 1971 복원	전각각면 12구멍	노반
50	나주 북문 외 삼층석탑	전남나주	고려	안상 각면 3구	몸돌과 지붕돌 각 각 한돌 사용		노반+복발 일체형
53	개심사지 오 층석탑	경북예천	고려 1010	안상 내 12지 신상, 팔부중상	1탑신 문비, 인왕 상, 1탑신괴임별석		노반+복발 노반우주
65	경주 서악리 삼층석탑	경북경주	통일신라	8석으로 2단 구성	1탑신 문비, 좌우 인왕상, 1탑신괴임 별석		2004년 보수
87	신복사지 삼 층석탑	강원강릉	고려	안상, 상층기단 괴임별석	1, 2, 3탑신괴임별 석, 보살상(보물84)		노반+복발 +보륜
91	여주 창리 삼 층석탑	경기여주	고려	안상, 연꽃모양	1958년 창리절터 옮김		노반
94	사자빈 신사 지 석탑	충북제천	고려	안상, 비로자나 불, 사사자	명문에 의하면 9층		
101	안국사지 석탑	충남당진	고려	간단하게 처리	문비, 여래좌상 3면		노반
104	보원사지 오 층석탑	충남서산	고려	사자, 팔부중상	1탑신 괴임별석		

종 목	명 칭	소재지	제작 연대	기단부	탑신부	옥개석	상륜부
112	중흥산성 삼층석탑	전남광양	통일신라	인왕, 사천왕, 보살	1탑신 연꽃대좌 여래좌상		노반+보주
114	안동 옥동 삼층석탑	경북안동	통일신라	안상		풍탁구멍	노반+복발
124	경주 남산리 삼층석탑	경북경주	통일신라	팔부중상	동서 쌍탑		
126	무장사지 삼층석탑	경북경주	통일신라	안상	1963 복원		노반
133	화엄사서 오층석탑	전남구례	통일신라	안상, 12지신상, 팔부중상	1탑신 사천왕상		노반+보주
166	서울 홍제동 오층석탑	서울용산	고려	결실	2~5층 탑신괴임 별석, 우주, 탱주		
167	정읍 은선리 삼층석탑	전북정읍	고려	백제계양식	2탑신 감실		노반+복발+귀꽃
184	부여 장하리 삼층석탑	충남부여	고려		3탑신감실, 1931, 1962 해체수리		
188	의성 관덕동 삼층석탑	경북의성	통일신라	비천상, 사천왕, 천부상	1탑신보살상		노반 뒤집혀 있음
223	도피안사 삼층석탑	강원철원	통일신라	안상	높은 괴임형		
225	신륵사 다층석탑	경기여주	조선성종3 (1472)	운룡문, 꽃장식우주			
250	범어사 삼층석탑	부산금정	통일신라	안상			노반 뒤집혀 있음
294	승안사지 삼층석탑	경남함양	고려		1탑신사천왕상 1494 보수, 1962 옮김		
297	청암사수도암 삼층석탑	경북김천	통일신라	안상	1탑신 사방불, 1탑신감실여래좌상		노반+복발
300	화엄사원통전 사자탑	전남구례	통일신라	사자상			
312	소태리 오층석탑	경남밀양	고려예종9 (1109)	안상	탑신괴임별석	귀꽃	노반
327	의성빙산사지 오층석탑	경북의성	통일신라		1탑신감실		노반
354	천흥사지 오층석탑	충남천안	고려	안상			노반
357	정도사지 오층석탑	대구	고려	안상	1탑신 문비 1934, 1994 옮김		노반+복발+귀꽃

종목	명칭	소재지	제작 연대	기단부	탑신부	옥개석	상륜부
410	정암사 수마노탑	강원정선	고려		1탑문비, 탑지석5매, 1972 복원		노반+청동장식
426	예천 동본동 삼층석탑	경북예천	통일신라	사천왕상			
435	안성 죽산리 오층석탑	경기안성	고려		1탑신 감실 봉업사지		
444	선림원지 삼층석탑	강원양양	통일신라	팔부중상			
459	제천장락리칠층모전석탑	충북제천	통일신라		1탑신우주, 감실, 1967 복원		노반
464	흥법사지 삼층석탑	강원원주	고려	안상	1탑신 문비		
465	영천 신월동 삼층석탑	경북영천	통일신라	팔부중상	1탑신 각면문비		
469	선산 낙산동 삼층석탑	경북구미	통일신라		1탑신 감실		노반
498	울진 구산리 삼층석탑	경북울진	통일신라		1탑신 문비		
499	낙산사 칠층석탑	강원양양	조선		탑신괴임별석		
506	담양읍 오층석탑	전남담양	고려		탑신괴임별석	풍탁구멍	
510	칠곡 기성동 삼층석탑	경북칠곡	통일신라	안상	1971복원		
520	술정리서 삼층석탑	경남창녕	통일신라	안상			
533	영국사 삼층석탑	충북영동	통일신라	안상	1탑신문비 2004 해체수리		
535	영국사 망탑봉 삼층석탑	충북영동	고려	안상	1탑신문비	1옥개층급받침2단별	
540	홍천괘석리사사자삼층석	강원홍천	고려	안상, 4사자상		옥개+탑신	
580	전문경 5층석탑	서울성북	고려	안상	1탑신문비 간송미술관소장		노반+복발+귀꽃
609	화천동 삼층석탑	경북영양	통일신라	안상,12지상, 팔부중상	1탑신 사천왕상 1974 보수		
610	현일동 삼층석탑	경북영양	통일신라	12지상, 팔부중상	1탑신 사천왕상		

종목	명칭	소재지	제작 연대	기단부	탑신부	옥개석	상륜부
678	운문사 삼층 석탑	경북청도	통일신라	팔부중상	일제 시 보수		
682	지보사 삼층 석탑	경북군위	고려	각변사자2구, 팔부중상	1탑신괴임별석		
683	상주 상오리 칠층석탑	경북상주	고려	하단갑석부연	1탑신 감실 1978 복원, 2005 보수		
779	마곡사 오층 석탑	충남공주	고려		2 탑신 사방불여래 1972 복원	풍탁	라마식 세 계 3곳
796	운주사 구층 석탑	전남화순	고려		2, 9 마름모꼴 화문		노반+보개
829	금곡사 삼층 석탑	전남강진	고려		1탑신각면감실 1988 복원		
945	금둔사지 삼 층석탑	전남순천	통일신라	팔부중상	1탑신문비 공양상 1979 복원		
1112	대원사 다층 석탑	경남산청	조선	우주인물상 사 천왕상	1784 중건		
1118	성풍사지 오 층석탑	전남영암	고려		탑지 1986 복원		노 반 받 침 우주
1119	창경궁내팔각 칠층석탑	서울종로	조선	하단 연꽃받침, 안상			
1187	불탑사 오층 석탑	제주제주	고려	안상, 귀꽃	1탑신 감실 6·25 이후 복원		
1275	한계사지 남 삼층석탑	강원인제	통일신라	안상	1984 옮김		
1285	청량사지 칠 층석탑	충남공주	고려		1탑신 감실 1961 복원		노반
1299	괴산 보안사 삼층석탑	충북괴산	고려	단층기단	1탑신 남면감실		노반
1429	경주원원사지 삼층석탑	경북경주	통일신라	십이지신상	1탑신 사천왕상 1931 복원		노반+앙화

종목	명칭	소재지	제작 연대	기단부	탑신부	옥개석	상륜부
시도지정 1	증심사삼층석탑	광주	통일신라	안상	1971 해체 복원		노반+앙화
5	석남사 삼층석탑	울산울주	통일신라		1973 옮김		노반 받침 우주
8	중원 창동 오층석탑	충북충주	고려		1탑신 괴임별석 1977 옮김		
8	함안 주리사지 사자석탑	경남함안	통일신라	사사자상	2005년 복원 현) 함성중학교		
9	오층석탑	부산	통일신라		1탑신 사천왕상 1966 옮김		노반+복발+귀꽃
9	음성오층모전석탑	충북음성	고려		1탑신 감실 1995옮김 향토박물관		
10	운산리 삼층석탑	전북진안	고려	안상			보주
10	진도 상만리 오층석탑	전남진도	고려				노반+복발+귀꽃
11	용담사 칠층석탑	전북남원	고려		5탑신 감실		
11	동축사 삼층석탑	울산동구	고려		1977 옮김, 2005 복원		노반 받침 우주
11	관룡사 약사전 삼층석탑	경남창녕	고려	안상			
12	현이동 모전 오층석탑	경북영양	고려		1탑신 감실 넝쿨무늬		
13	장문리 오층석탑	전북정읍	고려				노반+복발
18	통도사 삼층석탑	경남양산	고려	안상	1987 해체 복원		노반
19	중금리 삼층석탑	강원횡성	통일신라	팔부신중	1998 횡성댐건설로 이전		노반 + 사방불
21	부여 세탑리 오층석탑	충남부여	고려		노반받침 우주, 탱주		노반+복발+귀꽃
21	장수 양악탑	전북장수	고려		수방사에서 옮김	옥개+탑신	
24	안곡리 삼층석탑	경남김해	고려		1탑신 문비		
25	청주 탑동 오층석탑	충북청주	고려		1탑신 사방불		

종목	명칭	소재지	제작 연대	기단부	탑신부	옥개석	상륜부
25	성주사 삼층석탑	경남창원	고려		1탑신 문비		
26	성주사지 동 삼층석탑	충남보령	통일신라		1탑신 문비, 괴임별석		
29	탑동 삼층석탑	강원평창	고려	안상			노반
29	선운사 육층석탑	전북고창	고려	안상			
31	봉정암 석가사리탑	강원인제	고려	암반기단			
31	신원사 오층석탑	충남공주	고려	안상	1975 보수		
36	방내리 삼층석탑	강원강릉	고려	암반기단	1탑신 사방불		노반+복발
37	등명사지 오층석탑	강원강릉	고려	안상	1탑신 문비		노반+복발+귀꽃
42	대견사지 삼층석탑	경북달성	통일신라	암반기단	1988 복원		
43	용운사지 삼층석탑	강원원주	고려		1탑신괴임별석(복련) 1997 해체 복원		노반+복발+보륜
45	나소동 삼층석탑	경북안동	고려		1탑신 문비 1975 수몰 옮김		노반+복발
56	정산 남천리 석탑	충남청양	고려	안상			
60	동방사지 칠층석탑	경북성주	통일신라		1탑신 감실, 탱주 지기탑	귀꽃	
62	귀신사 석탑	전북김제	고려		1탑신우주별석. 각 층별석받침		
63	현등사 삼층석탑	경기가평	고려	안상			노반 뒤집혀있음
65	청주 보살사 오층석탑	충북청주	1703조선	안상	1, 2탑신탱주, 범어문, 명문	전각무늬	노반+복발+보륜
66	탑동 삼층석탑	전북군산	고려		탑신괴임별서		노반+복발
72	회사동 석탑	전북진안	고려			옥개+탑신	
73	강정리 오층석탑	전북진안	고려		1탑신 문비		
74	보제암전 삼층석탑	경남남해	고려	안상			

종목	명칭	소재지	제작 연대	기단부	탑신부	옥개석	상륜부
86	법수사지 삼층석탑	경북성주	통일신라	안상			
95	남복리 오층석탑	전북정읍	고려	안상	1탑신 4면문비		노반＋복발
98	공주 가척리 석탑	충남공주	고려	안상			
103	원주 보문사 청석탑	강원원주	고려		탑신 범어문자		
104	연주암 삼층석탑	경기과천	조선		1탑신 괴임별석 효녕대군조성		노반＋복발
105	안동 임하동 동삼층석탑	경북안동	통일신라	탑신받침 대좌형별석	1탑신 문비, 2, 3탑신탱주. 1979 복원		
106	안동임하동12 지삼층석탑	경북안동	통일신라	12지상, 팔부중상		옥개＋탑신	
109	안동 죽전동 삼층석탑	경북안동	고려		1탑신 문비		
112	강릉 관음리 오층석탑	강원강릉	고려	안상			노반받침 우주
116	청원사 칠층석탑	경기안성	조선	안상			
118	보은 원정리 삼층석탑	충북보은	고려		1탑신 괴임별석		
120	옥천 두암리 삼층석탑	충북옥천	고려	안상	1탑신 문비		
120	광덕사 삼층석탑	충남천안	고려		1탑신 문비		노반 뒤집혀 있음
124	내소사 삼층석탑	전북부안	고려				노반 뒤집혀 있음
126	초암사 삼층석탑	경북영주	통일신라				노반 뒤집혀 있음
180	양평 지평리 삼층석탑	경기양평	고려		1탑신 사방불 1945 옮김 2001복원		
180	안동 임하동 오층석탑	경북안동	고려		1탑신 문비		
182	봉정사 삼층석탑	경북안동	고려		1탑신 문비		
182	과산 삼방라 삼층석탑	충북괴산	고려		1탑신 사방불		

종목	명칭	소재지	제작 연대	기단부	탑신부	옥개석	상륜부
203	보경사 오층 석탑	경북포항	고려		1탑신 문비		
235	충주 원평리 삼층석탑	충북충주	고려	향로	1탑신 사자상		
269	영천 정각리 삼층석탑	경북영천	고려	연꽃무늬			
문화재자료							
문화재자료 4	강릉 옥천동 석탑재	강원강릉	통일신라	팔부중	1탑신불상1992옮김 강릉시립박물관		
10	홍천 양덕원 삼층석탑	강원홍천	고려	단층	2005. 9.15 도난		노반
11	삼용동 삼층 석탑	충남천안	고려	안상	· 유려왕사지		
13	장남리 삼층 석탑	강원홍천	고려	안상			
18	안동 안기동 삼층석탑	경북안동	통일신라		1탑신 감실		
20	언곡사지 삼 층석탑	전남담양	고려		3탑신 여래상 1996 복원		
27	법주사 오층 석탑	경북군위	고려		1탑신 문비, 명문 2002복원		
28	고운사 삼층 석탑	경북의성	고려	안상			
30	유동리 오층 석탑	강원평창	고려		1탑신 문비		노반
30	의성 치선동 석탑	경북의성	고려		1탑신 사방불		
36	강릉 방내리 삼층석탑	강원강릉	고려		1탑신 사방불		
39	시흥 문원리 삼층석탑	경기과천	고려	안상	1탑신 문비		노반
58	동학사 삼층 석탑	충남공주	고려		1탑신 문비		
69	봉림사지 삼 층석탑	경북안동	고려	안상	1탑신 문비		
76	무위사 삼층 석탑	전남강진	고려	안상			노반+복발

종목	명칭	소재지	제작 연대	기단부	탑신부	옥개석	상륜부
83	영양 삼지동 모전석탑	경북영양	통일신라		1탑신 감실 1998 해체.보수		
84	영양 신구동 삼층석탑	경북영양	고려		1탑신 문비		
93	경주 오야리 삼층석탑	경북경주	통일신라	자연암반	1탑신 감실		
94	숭복사지 삼층석탑	경북경주	통일신라	팔부중	1탑신 문비		
97	금곡사지원광법사부도탑	경북경주	통일신라		1탑신 감실, 사방불		
117	인제 갑둔리 오층석탑	강원인제	고려	안상	1036건립기록		노반+복발
121	청암사 다층석탑	경북김천	고려		1탑신 사방불		
121	동사리 석탑	충남부여	통일신라	안상	1탑신 문비		
122	원주 부흥사지 석탑재	강원원주	고려	사천왕상 (팔부중)			
127	속초 노학동 삼층석탑	강원속초	고려	안상	1탑신 사방불,연화문		
128	무곡리 삼층석탑	경북상주	고려	안상	1탑신 문비 1991 복원		
130	봉남리 삼층석탑	충남서천	고려		1탑신 문비		
131	지석리 삼층석탑	충남서천	고려	안상		연화문	
133	보성 상계리 삼층석탑	전남보성	고려	우주별석	1989복원		
148	청양 삼층석탑	충남청양	고려	단층	1탑신 문비 1961 옮김		노반+복발 +귀꽃
153	청도리 삼층석탑	전북김제	고려	안상			
157	축서사 삼층석탑	경북봉화	통일신라	안상	1999 복원	옥개+탑신	
184	석곡리 석탑	충남예산	고려		1탑신 사방불		옥 개 석 + 노반
184	고흥 상림리 삼층석탑	전남고흥	고려	안상, 기단명문(1201)	1990 복원		

종목	명칭	소재지	제작 연대	기단부	탑신부	옥개석	상륜부
200	담양 연동사지 삼층석탑	전남담양	고려		탑신괴임별석 1996 복원	층급별석	
201	남문리 오층석탑	충남태안	고려			옥개＋탑신	
202	천장사 칠층석탑	충남서산	고려				노반＋복발＋귀꽃
232	관음사 석탑	충남서산	고려		탑신괴임별석		
235	인취사 석탑	충남아산	고려				노반받침 우주
239	영인 오층석탑	충남아산	고려		1탑신 문비		
246	창녕 보림사지 삼층석탑	경남창녕	통일신라	안상	1927 옮김		
254	만일사 오층석탑	충남천안	고려	안상	5탑신석 여래좌상 1970 옮김	옥개＋탑신	
255	수도사 석탑 및 부도군	경남의령	통일신라	안상			
283	봉화 운계리 폐탑	경북봉화	고려		1탑신 감실		
405	의성 대곡사 다층석탑	경북의성	고려	안상			

참고문헌

김원용 외, 한국의 미 9(석탑), 중앙일보, 1992.

김정희, 『신장상』, 대원사, 1998.

김희경, 『한국의 탑』, 열화당, 1982.

강우방·신용철, 『탑』, 솔, 2003.

박경식, KOREAN ART BOOK 10(탑파), 예경, 2001.

박경식, 『우리나라의 석탑』, 역민사, 1999.

정영호, 『석탑』, 대원사, 2003.

장충식, 『한국의 탑』, 일지사, 1989.

・ 저자 ・

김환대

・약 력・

경북 경주 출생
동국대학교 고고미술사학과 졸업
대학원에서 역사교육 전공
경주문화유적답사회장
관광칼럼리스트, 문화재 전문 해설사
문화유적답사 관련 단체에서 활동
현재 어린이 문화체험 학습과 삼국유사 현장기행 답사진행
전국의 석조 문화재를 비롯하여 문화유적을 답사하고 있다.

・주요논저・

「경주지역 십이지신상에 관한 연구」
「한국 석탑의 장엄조식」
「경주 문화재에 대한 이해」
『신라왕릉』
『경주의 불교문화유적』
『경주남산』
『경북지역 통일신라 9세기 불상연구』

한국석탑 장엄조식

• 초판 인쇄	2008년 9월 10일
• 초판 발행	2008년 9월 10일
• 지 은 이	김환대
• 펴 낸 이	채종준
• 펴 낸 곳	한국학술정보㈜
	경기도 파주시 교하읍 문발리 513-5
	파주출판문화정보산업단지
	전화 031) 908-3181(대표) · 팩스 031) 908-3189
	홈페이지 http://www.kstudy.com
	e-mail(출판사업부) publish@kstudy.com
• 등 록	제일산-115호(2000. 6. 19)
• 가 격	35,000원

ISBN 978-89-534-9924-9 93900 (Paper Book)
　　　 978-89-534-9925-6 98900 (e-Book)